ABC de la Liberación
Dr. Miguel Ramírez

ISBN 978-0-9823282-7-9

Corrección de estilo: Beatriz González Castro
Diseño de portada: Miguel Angel Sánchez Carreón
Asesor editorial: Armando Carrasco Z.

Publicado por:
Editorial Mies
Dr. Miguel Ramírez
mies2@hotmail.com
Cel. 333 722 25 70

Impreso y distribuido por *Ingram Book Company*

Si no se indica otro origen para esta traducción las citas bíblicas **(en negritas)** pertenecen a: **La Santa Biblia®** Versión Reina-Valera (RV) Revisión de 1960

Ninguna parte de este libro se puede reproducir, almacenar en ningún sistema, o transmitir en ninguna forma electrónica, mecánica, fotocopia, grabación o por cualquier otro método, sin permiso escrito del autor.

© 2017 Miguel Ramírez

SERIE

ABC

de la Liberación

SEMILLAS
DE AYUDA
PERSONAL

DR. MIGUEL RAMÍREZ

DEDICATORIA

Al Apóstol Norman Parish Jr., ausente en el cuerpo, presente en el Señor, Pionero del ministerio de liberación en Guatemala y América Latina. Siendo mi primer profesor en mostrarme la realidad de la guerra espiritual y de la influencia demoniaca hoy en día. Además de enseñarnos de una forma práctica y bíblica la armas de nuestra milicia para poder ejecutar con autoridad el ministerio de la liberación, complemento de la gran comisión.

AGRADECIMIENTOS

A Dios el Padre, por enviar a su hijo Jesucristo para hacernos libres del pecado y restaurar la relación personal con Él.

A Dios el Hijo, por ejecutar nuestra libertad de todas las maldiciones, vicios y demonios, al morir en la cruz y resucitar, anulando el acta de los decretos que nos era contraria, quitándola de en medio y clavándola en la cruz. Despojando a los principados y a las potestades y dándonos la autoridad sobre toda fuerza del enemigo.

A Dios el Espíritu Santo, que nos bautiza, llena y unge para poner en libertad a los cautivos, sanar toda enfermedad y toda dolencia, y echar fuera a los demonios. Extendiendo así el reino de Dios sobre la tierra. Decretando la Victoria de Cristo y la Iglesia y la derrota del diablo y sus ángeles.

PRÓLOGO

Hace algunos años iniciamos la serie ABC, en esta pretendemos poner los fundamentos o pilares de un tema. La idea principal de esta serie es dar las herramientas básicas necesarias a todos aquellos que desconocen todo o saben muy poco sobre el tema en cuestión; y al mismo tiempo profundizar para aquellos que por la experiencia, el estudio y el conocimiento, practican o difunden la enseñanza.

El ABC de la Liberación, es el tercero de la serie, y tratamos de una forma práctica, sencilla y bíblica dilucidar y exponer diferentes temas que inquietan a todos aquellos que ministran liberación.

Tratamos temas, como: ¿Qué es la liberación?, el pecado de los padres, ¿Puede un cristiano estar influenciado por demonios?, las armas del guerrero en la liberación, casos bíblicos y textos sobre la liberación. Algunos temas son controversiales, pero a la luz de la Palabra de Dios, iremos aclarando dudas, definiendo conceptos y estableciendo la doctrina bíblica respecto a la liberación de pecados generacionales, de demonios, enfermedades y vicios, ya que Dios quiere nuestra completa libertad.

Son temas que podrás enseñar y compartir; pero sobre todo poner en práctica, primeramente en tu vida y después con las personas que veas con necesidades de ser ministradas en su alma y en su cuerpo con una liberación total.

Después de 37 años de experiencia ministerial y de 40 años de ministrar liberación en diferentes etapas ministeriales, consideramos que podemos dar algunas ideas y exponer algunos principios bíblicos de la liberación con conocimiento de causa bíblica, directa y experimental.

Nos falta mucho camino por recorrer, pero espero que al leer este libro te sientas motivado a tomar todo el regalo que Dios proveyó para su pueblo en la salvación, (*Sotería*, palabra griega que significa sanidad, salvación, preservación de vida y liberación). Nuestra salvación es integral y al Señor le interesa tu espíritu, tu alma y tu cuerpo.

Iniciemos pues el camino hacia nuestra libertad total.

Con cariño.

Dr. Miguel Ramírez.

INTRODUCCIÓN

A Satanás no le importa ni le preocupa la gente sin Cristo. Son suyos. Le preocupa la gente que es de Cristo, y hará todo lo que pueda para no soltar ni irse de los templos (los cuerpos de los creyentes), que pertenecen a Cristo. Intentará molestar, dañar, atormentar, atemorizar, seducir, engañar, incluso matar o apartar a la persona de la fuente de su salvación.

Decía Pablo: *"... que Satanás no gane ventaja alguna sobre nosotros; pues no ignoramos sus maquinaciones."* 2ª Corintios 2:11.

¡Pues parece, a diferencia de aquellos primeros creyentes, que nosotros sí hemos ignorado sus maquinaciones!, por eso toma tanta ventaja sobre el pueblo de Dios ¡Qué gran mentira y engaño es esa doctrina que asegura que un verdadero cristiano no puede tener demonios dentro de él! Mientras haya creyentes que sigan pensando así, el enemigo de sus almas seguirá tomando enorme ventaja en sus vidas.

Creyendo así, no se entiende entonces gran parte del ministerio de Jesús, porque Él vino a libertar a los cautivos. Esos cautivos no son los incrédulos, ¡sino los creyentes!: *"El Espíritu de Jehová el Señor está sobre mí, porque me ungió Jehová; me ha enviado **a predicar buenas nuevas a los***

abatidos, *a vendar a los quebrantados de corazón, a publicar* ***libertad a los cautivos, y a los presos apertura de la cárcel;*** *a proclamar el año de la buena voluntad de Jehová, y el día de venganza del Dios nuestro; a consolar a todos los enlutados; a ordenar que a los afligidos de Sion se les dé gloria en lugar de ceniza, óleo de gozo en lugar de luto, manto de alegría en lugar del espíritu angustiado; y serán llamados árboles de justicia, plantío de Jehová, para gloria suya."*, Isaías 61:1-3.

Este es el ministerio de Jesús. El echar fuera toda clase de demonios de los creyentes, era parte muy importante de su ministerio aquí en la tierra, ¿Ha cambiado la cosa hoy en día? Cuando el pueblo de Dios hace lo mismo que Jesús hizo (Jn. 14:12), entonces podemos decir que el reino de Dios se está acercando poderosamente al pueblo de Dios. Jesús dijo: *"Si yo por el Espíritu Santo echo fuera los demonios, ciertamente el Reino de Dios se ha acercado a vosotros."*, Mateo 12:28.

Una de las señales de estar en la perfecta voluntad de Dios, es cuando el pueblo de Dios participa del *pan de los hijos*. Veamos acerca de esta expresión que el Señor Jesús utilizó cuando se dirigió a la mujer sirofenicia cuando esta le pidió que expulsara los demonios de su hija: *"Levantándose de allí, se fue a la región de Tiro y de Sidón; y entrando en una casa, no quiso que nadie lo supiese; pero no pudo esconderse. Porque una mujer, cuya hija tenía un espíritu inmundo, luego que oyó de él, vino y se postró a sus pies. La mujer era griega, y sirofenicia de nación; y le rogaba que echase fuera de su hija al demonio. Pero Jesús le dijo: Deja primero que se sacien los hijos, porque no está bien* **tomar el pan de los hijos** *y echarlo a los perrillos. Respondió ella y le dijo: Sí,*

Señor; pero aun los perrillos, debajo de la mesa, comen de las migajas de los hijos. Entonces le dijo: Por esta palabra, ve; el demonio ha salido de tu hija. Y cuando llegó ella a su casa, halló que el demonio había salido, y a la hija acostada en la cama.", Marcos 7:24-30.

Dios quiere ver a cada verdadero hijo suyo libre de todo demonio o espíritu inmundo; ese es el PAN que Él tiene para cada uno. ¡Cumplamos con nuestro cometido!

Hay demasiados cristianos oprimidos. Demasiados hijos de Dios que no disfrutan del *pan de los hijos*, que es la expulsión de espíritus inmundos y de su fruto, que es la **LIBERACIÓN** pero no se les da, porque no se cree que ese pan exista, o porque no se quiere compartir porque resulta muy caro traducido en horas de trabajo y dedicación, porque quizás falta amor práctico, o porque hay mucha ignorancia y doctrina errónea al respecto. Pero ya es hora de que tú y yo, busquemos ese pan glorioso que nos hace libres.

Seamos honestos...

¿Cuántas veces hemos luchado, peleado y clamado al Cielo para vernos libres de una tentación o de una tendencia pecaminosa y no lo hemos conseguido del todo? ¿Cuántas veces ya nos da vergüenza confesar una y otra vez el mismo pecado que parece nunca llegar a morir en nosotros? ¿Cuántas veces se nos ha dicho: *"Mira a la cruz, mira a la cruz"*, pero a pesar de mirar a la cruz, ese pecado vuelve a producirse?, ¿Y qué de ese temor, depresión, angustia, etc.?, por otro lado, ¿Qué significa realmente *mirar a la cruz*? Por cierto, *mirar a la cruz* significa, entre otras acepciones, el apropiarse de los beneficios de la cruz de Cristo, esto es, poner en práctica la POTESTAD que Él nos ha dado para expulsar intrusos espirituales de nuestras vidas, cumpliendo con Lucas 10:19; *"He aquí os doy POTESTAD para HOLLAR serpientes y escorpiones, y sobre TODA fuerza del enemigo, y nada os dañará."* Así, sí funciona...

Leemos en Hebreos 12:1-2; *"Por tanto, nosotros también, teniendo en derredor nuestro tan grande nube de testigos, **despojémonos de todo peso y del pecado que nos asedia,** y corramos con paciencia la carrera que tenemos por delante, **puestos los ojos en Jesús, el autor y consumador de la fe,** el cual por el gozo puesto delante de él sufrió la cruz, menospreciando el oprobio, y se sentó a la diestra del trono de Dios."*

1) ¿Qué es poner los ojos en Jesús?: Es hacer lo que Él mandó que hiciéramos.

2) También nos dice que nos *despojemos de todo peso.* Ese peso, entre otras cosas, es la opresión demoníaca en nosotros.

¿Cómo atamos ambos cabos? Muy sencillo, la respuesta está en Marcos 16:17; *"Estas señales seguirán a los que creen (eso es, tú y yo), en Mi nombre **echarán fuera demonios.**".* La clave aquí es expulsar de nuestras vidas esos demonios.

Los demonios siempre que pueden, actúan en la oscuridad, siguen el ejemplo de su líder, Satanás, que es el príncipe de las tinieblas. Esas tinieblas son, entre otras cosas: Desconocimiento, ignorancia, incredulidad, falsa doctrina, tradición, temor, etc. Por desconocimiento y por falsa doctrina, los demonios se han quedado oprimiendo la vida de los creyentes de todas las generaciones prácticamente siempre. ¡¡Ya es hora de que sean expuestos a la luz y sean disipadas todas las tinieblas que les protegen y amparan!!

¡DURANTE DEMASIADO TIEMPO LOS DEMONIOS HAN HECHO Y DESHECHO A SUS ANCHAS, SIN QUE NADIE LES HAYA MOLESTADO, PORQUE NO SE HA CREÍDO QUE ESTABAN AHÍ, EN LOS CREYENTES!

Los demonios tienden a esconderse y a no manifestarse dentro de las vidas de los cristianos, ¡Obliguémosles a que den la cara y hay que expulsarlos según Marcos 16:17!, ¡No se van, hay que echarles fuera!

PARA TODO ELLO NOS SERÁ IMPRESCINDIBLE ACTUAR EN FE.

No hay que dirigirse a ellos diciendo algo así como: *Demonios si están ahí, les mando que salgan.* Es mejor hacerlo así: *Demonios SÉ que están ahí, y en el nombre de Jesús, les mando que salgan;* ya que nosotros sabemos que cosas no andan bien en nosotros; por ejemplo: Celos, envidias, temores, pecado sexual, y un muy largo etcétera. Por lo tanto, ordenaremos que salgan los que corresponden a cada naturaleza mencionada; es decir: "espíritu de celos", "espíritu de lujuria", etc.

En el mejor de los casos, si no hay, nada ocurrirá, pero si no has sido ministrado de liberación nunca antes, empezarán a salir cuando por fe les mandes salir. (Veremos más adelante cómo hacerlo)

LOS DEMONIOS SE MANIFIESTAN PARA SALIR CUANDO SON DESCUBIERTOS, Y SON DESCUBIERTOS CUANDO SE ACTÚA EN FE, CREYENDO QUE ESTÁN AHÍ, Y QUE VAN A SALIR, PORQUE VAMOS A ORDENARLES SALIR.

Acerca de los primeros cristianos.

Lo primero que hacían los ministros de Cristo de la Iglesia primitiva cuando alguien se entregaba al Señor, era bautizarle, ver Hechos 2:41; *"Así que, los que recibieron su palabra fueron bautizados; y se añadieron aquel día como tres mil personas."*, lo segundo era empezar a liberarle de demonios.

La inmensa mayoría de los nuevos creyentes, habían sido paganos. Todos venían con demonios que había que expulsar. Para ellos, era común y rutinaria esa práctica. Ya Tertuliano nos explica en sus escritos que los cristianos de su tiempo tenían demonios, pero que iban siendo expulsados en el nombre de Jesús, a diferencia de los paganos que los tenían también, pero que si eran expulsados, volvían de nuevo. La explicación es clara: Los demonios que están en las vidas de los incrédulos tienen derecho legal para permanecer ahí; los demonios que están en las vidas de los verdaderos creyentes no lo tienen, ahora son INTRUSOS. Un intruso es alguien que permanece en un lugar de forma clandestina.

El ejemplo del pescado.

Nos gusta identificarnos con el PEZ. Los cristianos solemos colocar un pez en la parte trasera de nuestro coche, de esa manera estamos diciendo que somos seguidores de Cristo. La palabra griega *Ichtus,* que en español significa pez, era cada letra de ella, las siglas que denominaban quién era Jesús, el Hijo de Dios. Pero además, esa palabra, PEZ, tiene otro significado para nosotros los creyentes. El Señor nos comparó a su vez con peces, y nos da la red espiritual para pescar otros peces. Así que espiritualmente somos peces pescados por las redes del Evangelio y por el Pescador que es Cristo.

Esto nos tiene que dar que pensar. ¿Qué hace un pescador con los peces que ha pescado? Inmediatamente los abre en canal y extrae toda la inmundicia; nunca deposita esos pescados en la cámara frigorífica sin limpiarlos antes, porque si no se echan a perder. No obstante, a la inmensa mayoría de nosotros, peces espirituales, nunca nos abrieron y sacaron lo inmundo, nunca nos limpiaron, ¡nunca nos liberaron!

¡ES HORA DE QUE LO HAGAMOS, EMPEZANDO POR NOSOTROS MISMOS!, LA AUTOLIBERACIÓN DEBERÍA SER UNA PRÁCTICA HABITUAL, HASTA QUE YA NO SEA NECESARIA.

Cada uno de nosotros somos templo del Espíritu Santo. Ese templo tiene que estar limpio de toda inmundicia. Tenemos un claro ejemplo de todo esto en el Antiguo Testamento. Si leemos en 2 Crónicas 29:3-16, ahí nos habla de la limpieza que el rey Ezequías de Judá mandó efectuar en el Templo de Dios. Leemos en el versículo 16: *"Y entrando los sacerdotes dentro de la casa de Jehová para limpiarla,* **sacaron toda la inmundicia que hallaron en el templo de Jehová,** *al atrio de la casa de Jehová; y de allí los levitas la llevaron fuera al torrente de Cedrón."*

Si Dios tuvo tanto interés en que se limpiase un templo hecho de manos humanas, ¡¿Cuánto interés no va a tener en que se limpien los templos que Él ha creado, que somos tú y yo?!

¡PONGAMOS MANOS A LA OBRA!

ÍNDICE

Dedicatoria   5

Agradecimientos   7

Prólogo   9

Introducción   11

Tema 1
   ¿Qué es la liberación?   27

Tema 2
   El pecado de los padres.   47
      Definiciones etimológicas del pecado.   48
      Definiciones bíblicas del pecado.   48
      Controversias de la herencia del pecado de los padres sobre los hijos.   49
      El origen del pecado.   52
      La universalidad del pecado.   53
      El pecado como herencia de los padres sobre los hijos.   54
      Ejemplos de la herencia del pecado.   56
      Las bendiciones como herencia de los padres sobre los hijos.   61
      Consecuencias del pecado   63

Tema 3
    Nuestras iniquidades y nuestros antepasados.   69
        Maldiciones.   71
        Líneas de concupiscencia generacional.   73
        ¿Qué hay que hacer?   74
        Enumerando el proceso.   75
        Por pecado de otras personas sobre el individuo: violación, abuso, trauma, brujería, maldición, dedicaciones, etc.   75
        Por pecado propio.   76

Tema 4
    El poder de la envidia.   79
        Fondo histórico.   80
        Aplicación.   81
        Consecuencias.   82
        La envidia persigue a los hombres que son conquistadores y prósperos.   84
        La manera de neutralizar este demonio.   85

Tema 5
    La amargura.   87
        Causas.   87
        Consecuencias de amargura.   95
        El remedio.   96

Tema 6
Estratagemas que utilizan los demonios para no salir. 97
   Veamos algunas de sus estratagemas. 97
   Cuando el enemigo "vuelve"; la estratagema del "demonio yo-yo". 99
   Cuando el enemigo tiene derecho legal. 100
   Solución a la estratagema demoníaca. 101

Tema 7
Deudas de amor. 103
   Necesidades de los hijos que los padres deben llenar. 104
   ¿Qué hacer con las deudas de amor? 116
   ¿Qué hacer para perdonar de corazón? 118

Tema 8
Siete raíces que causan problemas en nuestras relaciones interpersonales y de las cuales debemos ser liberados. 121

Tema 9
La guerra interna y la guerra cósmica. 131
   La guerra interna. 131
   La guerra cósmica. 140

Tema 10
Las desviaciones sexuales a la luz de la Biblia. 147
   Parámetros establecidos por Dios para la conducta sexual normal. 147
   Desviaciones sexuales. 148

Tema 11
La adoración es precedida por la liberación.   153

Tema 12
Propósitos de la liberación.   159
   Para que le sirvamos.   160
   Para dar testimonio.   161
   Para poseer la tierra.   161
   Para guerrear.   162
   Para despojar al enemigo.   162
   Para notificarle a Satanás su derrota.   163
   Para ofrecer sacrificio.   164
   Para preparar a la Iglesia para la 2ª venida de Cristo.   165
   Para probar la veracidad y validez de la Palabra de Dios.   169
   Para ayudar a establecer el reino de Dios en la tierra (Manifestación del reino de Dios).   185
   Para ser parte de la gran comisión.   189
   Para demostrar el Poder encerrado en el nombre de Jesús.   192
   Para continuar el ministerio de nuestro Señor Jesucristo.   194
   Para aplicar al hombre los beneficios de la obra redentora de Cristo, en la cruz del Calvario.   196
   Para restaurar a la Iglesia, el cristianismo Novo Testamentario.   200
   Para convencer de la necesidad del bautismo del Espíritu Santo y de la operación de los dones en la Iglesia.   202

Tema 13
¿Puede un cristiano estar endemoniado? 217
   El templo de Dios 219
   El arrepentimiento: Una condición para la liberación. 225
   Casos bíblicos que demuestran que los cristianos pueden ser afectados por demonios. 226
   Textos bíblicos que demuestran que un cristiano puede ser afectado por demonios. 241

Tema 14
Armas para vencer al hombre fuerte. 269
   Definición de hombre fuerte. 269
   Nueve áreas donde debemos descubrir al hombre fuerte. 273
   Los espíritus territoriales. 279
   Dividir y conquistar. 282

Tema 15
Las fortalezas de Satanás. 285
   Definición de fortaleza. 285
   Diferentes lugares en nosotros donde Satanás ha construido sus fortalezas y ataduras. 287
   Lista de espíritus demoníacos comunes. 291

Tema 16
Las armas espirituales de todo cristiano. 299
   La Palabra escrita de Dios orada y confesada contra todo ataque y opresión. 300
   El nombre de Jesús. 300
   La sangre de Cristo. 301

El Espíritu Santo y la oración en lenguas es un arma. 302
Los ángeles del Señor son nuestra ayuda. 302
Toda clase de oración es un arma ofensiva y defensiva. 302

Tema 17
  Las armas del guerrero. 303
    El poder del Espíritu Santo. 304
    La Palabra de Dios. 308
    La autoridad de Dios. 309
    El nombre de Jesús. 312
    La oración y el ayuno. 313
    La alabanza. 313
    El buen testimonio. 314
    La santidad. 314
    El ministerio angelical. 315

Tema 18
  Los siete pasos para la liberación. 321
    Honestidad. 321
    Humildad. 322
    Arrepentimiento. 323
    Renuncia y restitución. 324
    Perdón. 326
    Oración. 327
    Guerra espiritual. 328

Tema 19
    Cómo mantenernos libres.   331
        El enemigo.   332
        El proceso.   334
        ¿Cómo mantenernos libres?   334

Tema 20
    No se permiten demonios.   339
        El primer paso: Creer y conocer su autoridad.   340
        El segundo paso: El perdón.   343

Tema 21
    Un caso bíblico de liberación.   347

Tema 22
    La llave a una liberación duradera.   357

Unas palabras finales a manera de conclusión.   365

TEMA 1

◆

¿QUÉ ES LA LIBERACIÓN?

"Y en ningún otro hay salvación; porque no hay otro nombre bajo el cielo, dado a los hombres, en que podamos ser salvos." Hch. 4:12

uchos seres humanos están propensos a estar endemoniados, ya sea espiritual, física o emocionalmente. Y romper con esa esclavitud es uno de los principales objetivos del ministerio de liberación.

Muchos ministros empiezan con este ministerio y no aguantan, porque los demonios se ensañan contra ellos y los demonios harían cualquier cosa por destruir a esa persona.

Para profundizar en ese ministerio hay que escudriñar las escrituras y saber que es un ministerio de Dios y hay que tener una convicción fuerte.

Significado de Liberación: **Efesios 2:1-3**; dice que puede haber tanto influencia como posesión. *"Y él os dio vida a vosotros, cuando estabais muertos en vuestros delitos y pecados, en los cuales anduvisteis en otro tiempo, siguiendo la corriente de este mundo, conforme al príncipe de la potestad del aire, el espíritu que ahora opera en los hijos de desobediencia, entre los cuales también todos nosotros vivimos en otro tiempo en los deseos de nuestra carne, haciendo la voluntad de la carne y de los pensamientos, y éramos por naturaleza hijos de ira, lo mismo que los demás."*

Liberación: Acción de liberar.

1. Acto instantáneo.
2. Proceso progresivo.

Poner en libertad { *Cautivo en prisión. Prisionero de guerra. Esclavo.*

Tiene que ver con:

1. Pecado (culpa, castigo).
2. Vicio.
3. Error (doctrinal).
4. Enfermedad.
5. Demonio.
6. Alteraciones emocionales.
7. Problemas mentales.

Muchos de estos casos están relacionado con demonios.

Sotería (Gr)
{
- Salud.
- Salvación → mental, física, emocional. (Hechos 7:25, 2ª Timoteo 4:18) *"Pero él pensaba que sus hermanos comprendían que Dios les daría libertad por mano suya; mas ellos no lo habían entendido así." Y "Y el Señor me librará de toda obra mala, y me preservará para su reino celestial. A él sea gloria por los siglos de los siglos. Amén."*
- Libertad.
- Preservación de vida.
}

La salvación abarca todas esas áreas, no solamente la del pecado.

El creyente es como un árbol:

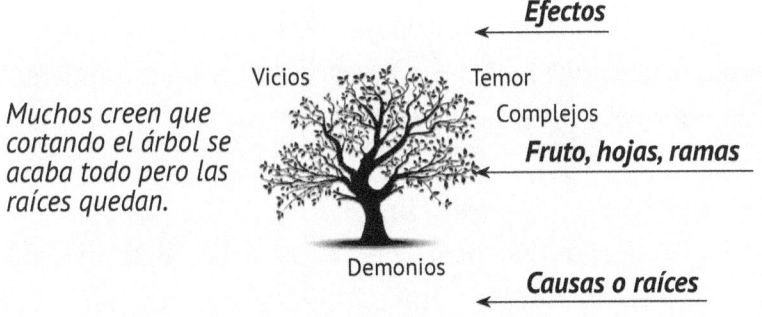

Muchos creen que cortando el árbol se acaba todo pero las raíces quedan.

Nuestros padres nos transmiten demonios desde que somos engendrados en el vientre de nuestra madre o hay problemas que están muy arraigados y por eso se tienen que cortar las raíces y así el árbol muere.

Hay muchos pecados causados por los demonios.

En la liberación se descubren las causas del pecado; y para eso hay que tener los dones del Espíritu Santo como: discernimiento, palabra de revelación, etc. Hay que tomar tiempo, no basta con una oración puesto que las causas e influencias son profundas.

Proverbios 26:2 → dice, que detrás de cada efecto hay una causa y es la que se tiene que destruir.

"Como el gorrión en su vagar, y como la golondrina en su vuelo, Así la maldición nunca vendrá sin causa."

¿Cómo entraron esos demonios en las vidas?

Los demonios que entraron en nuestras vidas, que aún pueden permanecer, y que hay que expulsar con fe y sin miramientos, lo hicieron por diversas causas, según el caso. A saber:

- Por herencia (nuestro linaje).
- Por pecado de otras personas sobre el individuo: Violación, abuso, trauma, trabajos de brujería, maldición, dedicación, etc.
- Por pecado propio.

La liberación hasta hoy en día ha sido una doctrina poco conocida y poco practicada, pero fue parte del crecimiento de la Iglesia primitiva y de la predicación del Evangelio del reino. Por lo tanto analizaremos brevemente a la luz de la palabra esta doctrina.

La primer premisa que queremos establecer es que es una doctrina establecida y practicada por Cristo mismo. En Marcos 1:21-28 dice, *"Y entraron en Capernaum; y los días de reposo, entrando en la sinagoga, enseñaba. Y se admiraban de su doctrina; porque les enseñaba como quien tiene autoridad, y no como los escribas. Pero había en la sinagoga de ellos un hombre con espíritu inmundo, que dio voces, diciendo: ¡Ah! ¿Qué tienes con nosotros, Jesús nazareno? ¿Has venido para destruirnos? Sé quién eres, el Santo de Dios. Pero Jesús le reprendió, diciendo: ¡Cállate, y sal de él! Y el espíritu inmundo, sacudiéndole con violencia, y clamando a gran voz, salió de él. Y todos se asombraron, de tal manera que discutían entre sí, diciendo: ¿Qué es esto? ¿Qué nueva doctrina es esta, que con autoridad manda aun a los espíritus inmundos, y le obedecen? Y muy pronto se difundió su fama por toda la provincia alrededor de Galilea."*, aquí encontramos a Cristo en el inicio de su ministerio y los que lo vieron dijeron: *"¿Qué nueva doctrina es esta, que con autoridad manda a los espíritus inmundos, y le obedecen?"* (v. 27). No es una doctrina nueva, ni mucho menos establecida por alguna organización.

En Lucas 4:18-20, encontramos el plan de trabajo, presentado por Cristo:

"El Espíritu del Señor está sobre mí, Por cuanto me ha ungido para dar buenas nuevas a los pobres; Me ha enviado a sanar a los quebrantados de corazón; A pregonar libertad a los cautivos, Y vista a los ciegos; A poner en libertad a los oprimidos; A predicar el año

agradable del Señor. Y enrollando el libro, lo dio al ministro, y se sentó; y los ojos de todos en la sinagoga estaban fijos en él."

...Me ha ungido para dar buenas nuevas... (Predicación del evangelio).

... Sanar a los quebrantados de corazón... (Sanidad interior).

...Pregonar libertad a los cautivos... (Mensaje de liberación).

...Vista a los ciegos... (Sanidad física).

...A poner en libertad a los oprimidos... (Ministración de liberación).

...A predicar el año agradable del Señor... (Mensaje de salvación).

Como podemos darnos cuenta la liberación tiene dos partes: El mensaje o enseñanza y la práctica o aplicación.

La segunda premisa es que Cristo la practicó mucho:

Marcos 1:34; *"... y echó fuera muchos demonios..."*

Marcos 5:1-12; *"... Sal de este hombre, espíritu inmundo..."*

Mateo 12:28; *"Pero si yo por el Espíritu de Dios echo fuera los demonios,..."*

Mateo 17:14-21; "... *Y reprendió Jesús al demonio...*"

Mateo 8:16-17; "... *y con la palabra echó fuera a los demonios,...*"

Mateo 9:32-34; "... *Y echado fuera el demonio,...*"

Hechos 10:38; "... *y sanando a todos los oprimidos por el diablo,...*"

Cristo dedicó el 30 % de su ministerio a ministrar liberación, echando fuera demonios de las personas, ya que por lo que vemos en las escrituras algunas de las enfermedades son producidas por demonios.

Por ejemplo:

La sarna de Job 2:7; "*Entonces salió Satanás de la presencia de Jehová, e hirió a Job con una sarna maligna desde la planta del pie hasta la coronilla de la cabeza.*"

La mudez. Mateo 9:32-33; "*Mientras salían ellos, he aquí, le trajeron un mudo, endemoniado. Y echado fuera el demonio, el mudo habló; y la gente se maravillaba, y decía: Nunca se ha visto cosa semejante en Israel.*"

La mujer encorvada que tenía espíritu de enfermedad. Lucas 13:10-16; "*Enseñaba Jesús en una sinagoga en el día de reposo; y había allí una mujer que desde hacía dieciocho años tenía espíritu de enfermedad, y andaba encorvada, y en ninguna manera se podía enderezar. Cuando Jesús la vio, la llamó y le dijo: Mujer, eres libre de tu enfermedad. Y puso las manos sobre ella; y ella se enderezó luego, y glorificaba a Dios. Pero el principal de la sinagoga, enojado de que Jesús hubiese sanado en el día de reposo, dijo a la gente: Seis días hay en que se debe trabajar; en éstos, pues, venid y sed sanados, y no en día de reposo. Entonces el Señor le respondió y dijo: Hipócrita, cada uno de vosotros ¿no desata en el día de reposo su buey o su asno del pesebre y lo lleva a beber? Y a esta hija de Abraham, que Satanás había atado dieciocho años, ¿no se le debía desatar de esta ligadura en el día de reposo?"*

La fiebre. Lucas 4:38-39; *"Entonces Jesús se levantó y salió de la sinagoga, y entró en casa de Simón. La suegra de Simón tenía una gran fiebre; y le rogaron por ella. E inclinándose hacia ella, reprendió a la fiebre; y la fiebre la dejó, y levantándose ella al instante, les servía."*, aquí encontramos que "reprendió a la fiebre", no oró por sanidad, sino que la liberó.

Y la demencia. Marcos 5:1-14; *"Vinieron al otro lado del mar, a la región de los gadarenos. Y cuando salió él de la barca, en seguida vino a su encuentro, de los sepulcros, un hombre con un espíritu inmundo, que tenía su morada en los sepulcros, y nadie podía atarle, ni aun con cadenas. Porque muchas veces había sido atado con grillos y cadenas, más las cadenas habían sido hechas pedazos por él, y desmenuzados los grillos; y nadie le podía dominar. Y siempre, de día y de noche, andaba dando voces en los montes y en los sepulcros, e hiriéndose con piedras. Cuando vio, pues, a Jesús de lejos, corrió, y se arrodilló ante él. Y clamando a gran voz, dijo: ¿Qué tienes conmigo, Jesús, Hijo del Dios Altísimo?*

Mateo 17:14-21; *"... Y reprendió Jesús al demonio..."*

Mateo 8:16-17; *"... y con la palabra echó fuera a los demonios,..."*

Mateo 9:32-34; *"... Y echado fuera el demonio,..."*

Hechos 10:38; *"... y sanando a todos los oprimidos por el diablo,..."*

Cristo dedicó el 30 % de su ministerio a ministrar liberación, echando fuera demonios de las personas, ya que por lo que vemos en las escrituras algunas de las enfermedades son producidas por demonios.

Por ejemplo:

La sarna de Job 2:7; *"Entonces salió Satanás de la presencia de Jehová, e hirió a Job con una sarna maligna desde la planta del pie hasta la coronilla de la cabeza."*

La mudez. Mateo 9:32-33; *"Mientras salían ellos, he aquí, le trajeron un mudo, endemoniado. Y echado fuera el demonio, el mudo habló; y la gente se maravillaba, y decía: Nunca se ha visto cosa semejante en Israel."*

La mujer encorvada que tenía espíritu de enfermedad. Lucas 13:10-16; *"Enseñaba Jesús en una sinagoga en el día de reposo; y había allí una mujer que desde hacía dieciocho años tenía espíritu de enfermedad, y andaba encorvada, y en ninguna manera se podía enderezar. Cuando Jesús la vio, la llamó y le dijo: Mujer, eres libre de tu enfermedad. Y puso las manos sobre ella; y ella se enderezó luego, y glorificaba a Dios. Pero el principal de la sinagoga, enojado de que Jesús hubiese sanado en el día de reposo, dijo a la gente: Seis días hay en que se debe trabajar; en éstos, pues, venid y sed sanados, y no en día de reposo. Entonces el Señor le respondió y dijo: Hipócrita, cada uno de vosotros ¿no desata en el día de reposo su buey o su asno del pesebre y lo lleva a beber? Y a esta hija de Abraham, que Satanás había atado dieciocho años, ¿no se le debía desatar de esta ligadura en el día de reposo?"*

La fiebre. Lucas 4:38-39; *"Entonces Jesús se levantó y salió de la sinagoga, y entró en casa de Simón. La suegra de Simón tenía una gran fiebre; y le rogaron por ella. E inclinándose hacia ella, reprendió a la fiebre; y la fiebre la dejó, y levantándose ella al instante, les servía."*, aquí encontramos que "reprendió a la fiebre", no oró por sanidad, sino que la liberó.

Y la demencia. Marcos 5:1-14; *"Vinieron al otro lado del mar, a la región de los gadarenos. Y cuando salió él de la barca, en seguida vino a su encuentro, de los sepulcros, un hombre con un espíritu inmundo, que tenía su morada en los sepulcros, y nadie podía atarle, ni aun con cadenas. Porque muchas veces había sido atado con grillos y cadenas, más las cadenas habían sido hechas pedazos por él, y desmenuzados los grillos; y nadie le podía dominar. Y siempre, de día y de noche, andaba dando voces en los montes y en los sepulcros, e hiriéndose con piedras. Cuando vio, pues, a Jesús de lejos, corrió, y se arrodilló ante él. Y clamando a gran voz, dijo: ¿Qué tienes conmigo, Jesús, Hijo del Dios Altísimo?*

Te conjuro por Dios que no me atormentes. Porque le decía: Sal de este hombre, espíritu inmundo. Y le preguntó: ¿Cómo te llamas? Y respondió diciendo: Legión me llamo; porque somos muchos. Y le rogaba mucho que no los enviase fuera de aquella región. Estaba allí cerca del monte un gran hato de cerdos paciendo. Y le rogaron todos los demonios, diciendo: Envíanos a los cerdos para que entremos en ellos. Y luego Jesús les dio permiso. Y saliendo aquellos espíritus inmundos, entraron en los cerdos, los cuales eran como dos mil; y el hato se precipitó en el mar por un despeñadero, y en el mar se ahogaron. Y los que apacentaban los cerdos huyeron, y dieron aviso en la ciudad y en los campos. Y salieron a ver qué era aquello que había sucedido."

No estamos diciendo que todas las enfermedades son producidas por demonios, pero si muchas de ellas.

La tercera premisa es que: Cristo dio autoridad a sus discípulos para practicarla y para que ellos la pusieran por obra.

Mateo 10:1; *"Entonces llamando a sus doce discípulos, les dio autoridad sobre los espíritus inmundos, para que los echasen fuera,..."*

Marcos 3:13-19; *"...Y estableció a doce,... y que tuviesen autoridad para sanar enfermedades y para echar fuera demonios:..."*

Marcos 6:7-13; *"Después llamó a los doce,... y les dio autoridad sobre los espíritus... Y saliendo, predicaban que los hombres se arrepintiesen. Y echaban fuera muchos demonios,..."*

Lucas 10:17; *"Volvieron los setenta con gozo, diciendo: Señor, aun los demonios se nos sujetan en tu nombre."*

La cuarta premisa es que la Iglesia primitiva o Novo Testamentaria la practicó.

En Samaria, Felipe la practicó. Hechos 8:6-8; *"...Porque de muchos que tenían espíritus inmundos, salían éstos dando grandes voces;..."*

En Chipre, Pablo se enfrenta a Barjesús y lo deja ciego. Hechos 13:6-12; *"Y habiendo atravesado toda la isla hasta Pafos, hallaron a cierto mago, falso profeta, judío, llamado Barjesús, que estaba con el procónsul Sergio Paulo, varón prudente. Este, llamando a Bernabé y a Saulo, deseaba oír la palabra de Dios. Pero les resistía Elimas, el mago (pues así se traduce su nombre), procurando apartar de la fe al procónsul. Entonces Saulo, que también es Pablo, lleno del Espíritu Santo, fijando en él los ojos, dijo: ¡Oh, lleno de todo engaño y de toda maldad, hijo del diablo, enemigo de toda justicia! ¿No cesarás de trastornar los caminos rectos del Señor? Ahora, pues, he aquí la mano del Señor está contra ti, y serás ciego, y no verás el sol por algún tiempo. E inmediatamente cayeron sobre él oscuridad y tinieblas; y andando alrededor, buscaba quien le condujese de la mano. Entonces el procónsul, viendo lo que había sucedido, creyó, maravillado de la doctrina del Señor."*

En Filipos, Pablo echa fuera el espíritu de adivinación (espíritu pitónico) de una muchacha. Hechos 16:16-18; *"Aconteció que mientras íbamos a la oración, nos salió al encuentro una muchacha que tenía espíritu de adivinación, la cual daba gran ganancia a sus amos, adivinando. Esta, siguiendo a Pablo y a nosotros, daba voces, diciendo: Estos hombres son siervos del Dios Altísimo, quienes os anuncian el camino de salvación. Y esto lo hacía por muchos días; más desagradando a Pablo, éste se volvió y dijo al espíritu: Te mando en el nombre de Jesucristo, que salgas de ella. Y salió en aquella misma hora."*

En Efeso donde Pablo estuvo por espacio de dos años. Hechos 19:10-12; *"Así continuó por espacio de dos años, de manera que todos los que habitaban en Asia, judíos y griegos, oyeron la palabra del Señor Jesús. Y hacía Dios milagros extraordinarios por mano de Pablo, de tal manera que aún se llevaban a los enfermos los paños o delantales de su cuerpo, y las enfermedades se iban de ellos, y los espíritus malos salían."*, practicó la liberación. Y dice que *"los espíritus malos salían"*; En Hechos 19:19 dice, *"Asimismo muchos de los que habían practicado la magia trajeron los libros y los quemaron delante de todos; y hecha la cuenta de su precio, hallaron que era cincuenta mil piezas de plata."*

Para la Iglesia primitiva no fue desconocida la doctrina de la liberación.

La quinta premisa es que la liberación es parte de la gran comisión y el cumplimiento de la palabra de Dios.

Marcos 16:15-18; *"... Id... y predicad el evangelio... Y estas señales seguirán a los que creen: En mi nombre <u>echarán fuera demonios</u>;"*. Y en el (v.20) leemos: *"Y ellos, saliendo, predicaron en todas partes,... y confirmando la palabra con <u>las señales</u> que la seguían."*

La liberación es una señal que debe seguir al creyente.

Mateo 8:16-17; *"... trajeron a él muchos endemoniados; y <u>con la palabra echó fuera a los demonios</u>,... para que se cumpliese lo dicho por el profeta Isaías, cuando dijo: El mismo tomó nuestras enfermedades, y llevó nuestras dolencias."*

Lucas 4:17-21; *"Y se le dio el libro del profeta Isaías; y habiendo abierto el libro, halló el lugar donde estaba escrito: El Espíritu del Señor está sobre mí, Por cuanto me ha ungido para dar buenas nuevas a los pobres; Me ha enviado a sanar a los quebrantados de corazón; <u>A pregonar libertad a los cautivos</u>, Y vista a los ciegos; <u>A poner en libertad a los oprimidos</u>; A predicar el año agradable del Señor. Y enrollando el libro, lo dio al ministro, y se sentó; y los ojos de todos en la sinagoga estaban fijos en él. Y comenzó a decirles: Hoy se ha cumplido esta Escritura delante de vosotros."*

Hebreos 4:12-13; *"Porque la palabra de Dios es viva y eficaz, y más cortante que toda espada de dos filos; y penetra hasta partir el alma y el espíritu, las coyunturas y los tuétanos, y discierne los pensamientos y las intenciones del corazón. Y no hay cosa creada que no sea manifiesta en su presencia; antes bien todas las cosas están desnudas y abiertas a los ojos de aquel a quien tenemos que dar cuenta."*

Isaías 53:4; *"Ciertamente llevó él nuestras enfermedades, y sufrió nuestros dolores; y nosotros le tuvimos por azotado, por herido de Dios y abatido."*

La sexta premisa es que la liberación solo puede ser practicada efectivamente con la unción del Espíritu Santo. Por ejemplo, los discípulos fallaron en el caso del muchacho lunático, porque todavía no habían sido bautizados con el poder del Espíritu Santo. Mateo 17:14-16; *"Cuando llegaron al gentío, vino a él un hombre que se arrodilló delante de él, diciendo: Señor, ten misericordia de mi hijo, que es lunático, y padece muchísimo; porque muchas veces cae en el fuego, y muchas en el agua. Y lo he traído a tus discípulos, pero no le han podido sanar."*

Ellos sólo tenían el grado de autoridad que Jesús les había dado.

En el libro de los Hechos, tenemos el caso de los exorcistas ambulantes que intentaron ministrar liberación y salieron desnudos y heridos. Hechos 19:13-16; *"Pero algunos de los judíos, exorcistas ambulantes, intentaron invocar el nombre del Señor Jesús sobre los que tenían espíritus malos, diciendo: Os conjuro por Jesús, el que predica Pablo. Había siete hijos de un tal Esceva, judío, jefe de los sacerdotes, que hacían esto. Pero respondiendo el espíritu malo, dijo: A Jesús conozco, y sé quién es Pablo; pero vosotros, ¿quiénes sois? Y el hombre en quien estaba el espíritu malo, saltando sobre ellos y dominándolos, pudo más que ellos, de tal manera que huyeron de aquella casa desnudos y heridos."*

Esto afirma que los únicos con autoridad para ministrar liberación son los hijos de Dios bajo la unción del Espíritu Santo.

Es curioso notar que de los nueve dones del Espíritu Santo mencionados en 1ª Corintios 12:7-10; *"Pero a cada uno le es dada la manifestación del Espíritu para provecho. Porque a éste es dada por el Espíritu palabra de sabiduría; a otro, palabra de ciencia según el mismo Espíritu; a otro, fe por el mismo Espíritu; y a otro, dones de sanidades por el mismo Espíritu. A otro, el hacer milagros; a otro, profecía; a otro, discernimiento de espíritus; a otro, diversos géneros de lenguas; y a otro, interpretación de lenguas."*, para ministrar liberación se hacen necesarios cinco dones los cuales mencionaremos más adelante en el desarrollo del libro.

La Iglesia primitiva tuvo el poder del Espíritu Santo, el cual se vio manifiesto por medio de sanidades, liberaciones, milagros, maravillas y obras sobrenaturales. Por ejemplo:

La libertad de Pedro. Hechos 12:6-12; *"Y cuando Herodes le iba a sacar, aquella misma noche estaba Pedro durmiendo entre dos soldados, sujeto con dos cadenas, y los guardas delante de la puerta custodiaban la cárcel. Y he aquí que se presentó un ángel del Señor, y una luz resplandeció en la cárcel; y tocando a Pedro en el costado, le despertó, diciendo: Levántate pronto. Y las cadenas se le cayeron de las manos. Le dijo el ángel: Cíñete, y átate las sandalias. Y lo hizo así. Y le dijo: Envuélvete en tu manto, y sígueme. Y saliendo, le seguía; pero no sabía que era verdad lo que hacía el ángel, sino que pensaba que veía una visión. Habiendo pasado la primera y la segunda guardia, llegaron a la puerta de hierro* *que daba a la ciudad, la cual se les abrió por sí misma; y salidos, pasaron una calle, y luego el ángel se apartó de él. Entonces Pedro, volviendo en sí, dijo: Ahora entiendo verdaderamente que el Señor ha enviado su ángel, y me ha librado de la mano de Herodes, y de todo lo que el pueblo de los judíos esperaba. Y habiendo considerado esto, llegó a casa de María la madre de Juan, el que tenía por sobrenombre Marcos, donde muchos estaban reunidos orando."*

El terremoto en Filipos. Hechos 16:25-29; *"Pero a medianoche, orando Pablo y Silas, cantaban himnos a Dios; y los presos los oían. Entonces sobrevino de repente un gran terremoto, de tal manera que los cimientos de la cárcel se sacudían; y al instante se abrieron todas las puertas, y las cadenas de todos se soltaron. Despertando el carcelero, y viendo abiertas las puertas de la cárcel, sacó la espada y se iba a matar, pensando que los presos habían huido. Más Pablo clamó a gran voz, diciendo: No te hagas ningún mal, pues todos estamos aquí. El entonces, pidiendo luz, se precipitó adentro, y temblando, se postró a los pies de Pablo y de Silas;"*

Resurrecciones como la de Dorcas. Hechos 9:36-42; *"Había entonces en Jope una discípula llamada Tabita, que traducido quiere decir, Dorcas. Esta abundaba en buenas obras y en limosnas que hacía. Y aconteció que en aquellos días enfermó y murió. Después de lavada, la pusieron en una sala. Y como Lida estaba cerca de Jope, los discípulos, oyendo que Pedro estaba allí, le enviaron dos hombres, a rogarle: No tardes en venir a nosotros. Levantándose entonces Pedro, fue con ellos; y cuando llegó, le llevaron a la sala, donde le rodearon todas las viudas, llorando y mostrando las túnicas y los vestidos que Dorcas hacía cuando estaba con ellas. Entonces, sacando a todos, Pedro se puso de rodillas y oró; y volviéndose al cuerpo, dijo: Tabita, levántate. Y ella abrió los ojos, y al ver a Pedro, se incorporó. Y él, dándole la mano, la levantó; entonces, llamando a los santos y a las viudas, la presentó viva. Esto fue notorio en toda Jope, y muchos creyeron en el Señor."*

Como la joven en Troas. Hechos 20:7-12; *"El primer día de la semana, reunidos los discípulos para partir el pan, Pablo les enseñaba, habiendo de salir al día siguiente; y alargó el discurso hasta la medianoche. Y había muchas lámparas en el aposento alto donde estaban reunidos; y un joven llamado Eutico, que estaba sentado en la ventana, rendido de un sueño profundo, por cuanto Pablo disertaba largamente, vencido del sueño cayó del tercer piso abajo, y fue levantado muerto. Entonces descendió Pablo y se echó sobre él, y abrazándole, dijo: No os alarméis, pues está vivo. Después de haber subido, y partido el pan y comido, habló largamente hasta el alba; y así salió. Y llevaron al joven vivo, y fueron grandemente consolados."*

Todo lo cual redundó en el crecimiento numérico (cantidad) y espiritual (calidad) de la Iglesia.

La séptima y última premisa es que la Iglesia que ministra liberación y sanidad crece más rápidamente que otras. Pedro Wagner dedica todo un capítulo a este tema en su libro <u>Cuidado ahí vienen los pentecostales</u>. Él dice: "Después de hablar en lenguas, la sanidad divina parece ser el punto más susceptible de tensión entre los pentecostales y no pentecostales en América Latina".

En Guayaquil, Ecuador, la realidad de la sanidad divina tomó a muchos creyentes por sorpresa, pero fue un factor decisivo en el bautismo de 1500 creyentes y la fundación de siete nuevas Iglesias en el período de diez semanas.

El pastor Roberto Aguirre había invitado al evangelista Roberto Espinosa. Ninguno de los pastores le quiso apoyar. Los dirigentes de la Iglesia cuadrangular se pusieron tristes y nerviosos, pero Dios comenzó a respaldar. El propietario de una estación radioemisora local, un día antes de comenzar la actividad, ofreció transmitir la campaña completamente gratis. Él había experimentado la sanidad divina.

La primera noche asistieron mil personas. Roberto Espinosa oró por los enfermos y cuatro sordos fueron sanados y doce que padecían hernias. La asistencia a la segunda noche alcanzó a diez mil y se elevó a veinte mil al final de la primera semana. Y antes que finalizara la cruzada, el número de personas de pie se calculaba entre treinta y cinco mil y cuarenta mil personas.

Por lo tanto, es necesario comprender el papel que juega la oración por los enfermos, si queremos descubrir la dinámica del crecimiento de las Iglesias pentecostales de América Latina.

Los no pentecostales se sienten inclinados a decir ante esta u otras manifestaciones del Espíritu Santo, "tal vez prediquen alguna clase de sanidad corporal espectacular, pero crea una dicotomía que quizás sea beneficiosa para fines de polémica, pero que para los pentecostales pasa desapercibida. No existe la menor duda en la mente de los pentecostales que conozco, que la eterna dimensión de la salvación del alma tiene una prioridad superior que la dimensión transitoria de la sanidad del cuerpo."

La liturgia de muchas Iglesias pentecostales abarca la fe para la sanidad como algo rutinario. En la Iglesia Jotabeche, de Chile, la oración por la sanidad se lleva a cabo después del culto principal.

Wagner, citando a Edward Murphy, que ha llevado a cabo investigaciones especiales para la Iglesia "Brasil para Cristo", estaba presente en un culto durante el cual Manuel Demelo despidió a todos los enfermos con excepción de uno y dijo: "no he despedido a este hombre a propósito. Le afecta un serio problema. Es ciego. Está enfermedad es del diablo. Sé que el Señor Jesucristo le está sanando en este momento. Está siendo sanado".

Wagner continúa citando a Murphy y dice: Obsérvese que Demelo dijo: "esto es del diablo". Esto nos trae a un punto más que necesita ser mencionado en el capítulo de sanidad divina, es decir el exorcismo. El poder demoníaco, no es reconocido ni tratado en muchas de las Iglesias de crecimiento lento en América Latina, pero es un tema frecuente de los sermones, discusiones y conducta en las Iglesias de crecimiento rápido.

Para el año de 1969, solo se había efectuado un análisis detallado del crecimiento por el misionero Hormon Jonson en una obra titulada "Autoridad sobre los espíritus: El espiritismo brasileño y el crecimiento de la Iglesia evangélica". Este trabajo lo realizó como tesis inédita para graduarse con licenciatura del Fuller Theological Seminary. Hoy en día tiene varios libros escritos sobre el tema, por ejemplo: <u>Cerdos en la sala</u>, <u>El dilema</u> y <u>El libro de liberación</u>. Aunque no estamos de acuerdo con toda su metodología, es necesario mencionarlos.

El exorcismo de los demonios es parte fundamental de casi todas las Iglesias pentecostales Latinoamericanas, y según piensa Thomson, por lo menos en Brasil, es la clave más importante del crecimiento de la Iglesia pentecostal.

TEMA 2

◆

El pecado de los padres

"Y le preguntaron sus discípulos, diciendo: Rabí, ¿quién pecó, éste o sus padres, para que haya nacido ciego?" Juan 9:2

Introducción.

Todo pecado es castigado, no hay pecado que se cometa, sin que reciba su justo pago, aun haciéndolo en lo más recóndito del mundo o de nuestros pensamientos, será juzgado y recibirá su justa retribución.

"Porque la paga del pecado es muerte, más la dádiva de Dios es vida eterna en Cristo Jesús Señor nuestro." Ro. 6:23.

I. Definiciones etimológicas del pecado.

No existe una palabra hebrea que por sí sola pueda exhibir el concepto pleno que el A. T. tiene del pecado. La palabra más común para el pecado es *hatta* que significa: Extravió, falta, pecado. Las otras palabras que se utilizan son: *resa* que significa: impiedad, confusión, *awon*, iniquidad, perversión, culpa. *Awen*, error, problema, vanidad, *ma`al*, trasgresión, romper la confianza.

En el N. T., la palabra que se usa más comúnmente es *hamartía*, que significa: no dar en el blanco. *Adikía*, injusticia. *Anomia*, ilegalidad. *Asebia*, impiedad. *Parabisis*, trasgresión. *Paraptoma*, una caída, indicando que se rompe la correcta relación para con Dios. *Ponería*, depravación. *Epithimia*, deseo, concupiscencia. *Apeitheia*, desobediencia.

II. Definiciones bíblicas del pecado.

    A. Vana palabrería, Pr. 10:19; *"En las muchas palabras no falta pecado; Mas el que refrena sus labios es prudente."*
    B. Pensamientos insensatos, el pensamiento del necio. Pr. 24:9; *"El pensamiento del necio es pecado, Y abominación a los hombres el escarnecedor."*
    C. Menosprecio de otros. Pr. 14:21; *"Peca el que menosprecia a su prójimo; Mas el que tiene misericordia de los pobres es bienaventurado."*

D. Descuido de las buenas oportunidades. Stg. 4:17; *"y al que sabe hacer lo bueno, y no lo hace, le es pecado."*
E. Trasgresión de la ley. 1ª Jn. 5:17; *"Toda injusticia es pecado; pero hay pecado no de muerte."*
F. Incredulidad, lo que no proviene de fe. Ro. 14:23; *"Pero el que duda sobre lo que come, es condenado, porque no lo hace con fe; y todo lo que no proviene de fe, es pecado."*

III. Controversias de la herencia del pecado de los padres sobre los hijos.

A. En contra: Cada ser humano es responsable de su propio pecado.

Dt. 24:16; *"Los padres no morirán por los hijos, ni los hijos por los padres; cada uno morirá por su pecado."*

Ez. 18:4-20; *"He aquí que todas las almas son mías; como el alma del padre, así el alma del hijo es mía; el alma que pecare, esa morirá. Y el hombre que fuere justo, e hiciere según el derecho y la justicia; que no comiere sobre los montes, ni alzare sus ojos a los ídolos de la casa de Israel, ni violare la mujer de su prójimo, ni se llegare a la mujer menstruosa, ni oprimiere a ninguno; que al deudor devolviere su prenda, que no cometiere robo, y que diere de su pan al hambriento y cubriere al desnudo con vestido, que no prestare a interés ni tomare usura; que de la maldad retrajere su mano, e hiciere juicio verdadero entre hombre y hombre, en mis ordenanzas caminare, y guardare mis decretos para hacer rectamente, éste es justo; éste vivirá, dice Jehová el Señor. Más si engendrare hijo ladrón, derramador de sangre, o que haga alguna cosa de estas, y que no haga las otras, sino que comiere sobre los montes, o violare la mujer de su prójimo, al pobre y menesteroso oprimiere, cometiere robos, no devolviere la prenda, o alzare sus ojos a los ídolos e hiciere abominación, prestare a interés y tomare usura; ¿vivirá éste? No vivirá. Todas estas abominaciones hizo; de cierto morirá, su sangre será sobre él. Pero si éste engendrare hijo, el cual viere todos los pecados que su padre hizo, y viéndolos no hiciere según ellos; no comiere sobre los montes, ni alzare sus ojos a los ídolos de la casa de Israel; la mujer de su prójimo no violare, ni oprimiere a nadie, la prenda no retuviere, ni cometiere robos; al hambriento diere de su pan, y cubriere con vestido al desnudo; apartare su mano del pobre, interés y usura no recibiere; guardare mis decretos y anduviere en mis ordenanzas; éste no morirá por la maldad de su padre; de cierto vivirá. Su padre, por cuanto hizo agravio, despojó violentamente al hermano, e hizo en medio de su pueblo lo que no es bueno, he aquí que él morirá por su maldad. Y si dijereis: ¿Por qué el hijo no llevará el pecado de su padre? Porque el hijo hizo según el derecho y la justicia, guardó todos mis estatutos y los cumplió, de cierto vivirá. El alma que pecare, esa morirá; el hijo no llevará el pecado del padre, ni el padre llevará el pecado del hijo; la justicia del justo será sobre él, y la impiedad del impío será sobre él."*

Ro.2:5-6; *"Pero por tu dureza y por tu corazón no arrepentido, atesoras para ti mismo ira para el día de la ira y de la revelación del justo juicio de Dios, el cual pagará a cada uno conforme a sus obras:"*

B. A favor: Los hijos heredan el pecado de los padres y son responsables de ellos.

Gn.9:22, 24, 25; *"Y Cam, padre de Canaán, vio la desnudez de su padre, y lo dijo a sus dos hermanos que estaban afuera... Y despertó Noé de su embriaguez, y supo lo que le había hecho su hijo más joven, y dijo: Maldito sea Canaán; Siervo de siervos será a sus hermanos."* El que pecó fue Cam, pero el castigo recayó sobre su hijo Canaán.

Ex. 20:5; *"No te inclinarás a ellas, ni las honrarás; porque yo soy Jehová tu Dios, fuerte, celoso, que visito la maldad de los padres sobre los hijos hasta la tercera y cuarta generación de los que me aborrecen,"*

Jos.7:24-26; *"Entonces Josué, y todo Israel con él, tomaron a Acán hijo de Zera, el dinero, el manto, el lingote de oro, sus hijos, sus hijas, sus bueyes, sus asnos, sus ovejas, su tienda y todo cuanto tenía, y lo llevaron todo al valle de Acor. Y le dijo Josué: ¿Por qué nos has turbado? Túrbete Jehová en este día. Y todos los israelitas los apedrearon, y los quemaron después de apedrearlos. Y levantaron sobre él un gran montón de piedras, que permanece hasta hoy. Y Jehová se volvió del ardor de su ira. Y por esto aquel lugar se llama el Valle de Acor, hasta hoy."*

Ez.18:2; *"¿Qué pensáis vosotros, los que usáis este refrán sobre la tierra de Israel, que dice: Los padres comieron las uvas agrias, y los dientes de los hijos tienen la dentera?"*

IV. El origen del pecado.

A. La tentación. Gn. 3:6; *"Y vio la mujer que el árbol era bueno para comer, y que era agradable a los ojos, y árbol codiciable para alcanzar la sabiduría; y tomó de su fruto, y comió; y dio también a su marido, el cual comió así como ella."*
B. La herencia genética. Sal. 51:5; *"He aquí, en maldad he sido formado, Y en pecado me concibió mi madre."*
C. La concupiscencia. Stg. 1:15; *"Entonces la concupiscencia, después que ha concebido, da a luz el pecado; y el pecado, siendo consumado, da a luz la muerte."*
D. Las pasiones. Stg. 4:1; *"¿De dónde vienen las guerras y los pleitos entre vosotros? ¿No es de vuestras pasiones, las cuales combaten en vuestros miembros?"*

V. La universalidad del pecado.

Gn. 6:5; *"Y vio Jehová que la maldad de los hombres era mucha en la tierra, y que todo designio de los pensamientos del corazón de ellos era de continuo solamente el mal."*

1 R. 8:46; *"Si pecaren contra ti (porque no hay hombre que no peque), y estuvieres airado contra ellos, y los entregares delante del enemigo, para que los cautive y lleve a tierra enemiga, sea lejos o cerca,"*

Sal. 53:3; 130:3; *"Cada uno se había vuelto atrás; todos se habían corrompido; No hay quien haga lo bueno, no hay ni aun uno."*, *"JAH, si mirares a los pecados, ¿Quién, oh Señor, podrá mantenerse?"*

Pr. 20:9; *"¿Quién podrá decir: Yo he limpiado mi corazón, Limpio estoy de mi pecado?"*

Ec. 7:20; *"Ciertamente no hay hombre justo en la tierra, que haga el bien y nunca peque."*

Is. 53:6; 64:6; *"Todos nosotros nos descarriamos como ovejas, cada cual se apartó por su camino; más Jehová cargó en él el pecado de todos nosotros."*, *"Si bien todos nosotros somos como suciedad, y todas nuestras justicias como trapo de inmundicia; y caímos todos nosotros como la hoja, y nuestras maldades nos llevaron como viento."*

Mi. 7:2; *"Faltó el misericordioso de la tierra, y ninguno hay recto entre los hombres; todos acechan por sangre; cada cual arma red a su hermano."*

Ro. 3:23; *"por cuanto todos pecaron, y están destituidos de la gloria de Dios,"*

1ª Jn. 1:8; 5:19; *"Si decimos que no tenemos pecado, nos engañamos a nosotros mismos, y la verdad no está en nosotros."*, *"Sabemos que somos de Dios, y el mundo entero está bajo el maligno."*

VI. El pecado como herencia de los padres sobre los hijos.

Ex. 20:5; 34:7; *"No te inclinarás a ellas, ni las honrarás; porque yo soy Jehová tu Dios, fuerte, celoso, que visito la maldad de los padres sobre los hijos hasta la tercera y cuarta generación de los que me aborrecen,"*, *"que guarda misericordia a millares, que perdona la iniquidad, la rebelión y el pecado, y que de ningún modo tendrá por inocente al malvado; que visita la iniquidad de los padres sobre los hijos y sobre los hijos de los hijos, hasta la tercera y cuarta generación."*

Lv. 26:39; *"que guarda misericordia a millares, que perdona la iniquidad, la rebelión y el pecado, y que de ningún modo tendrá por inocente al malvado; que visita la iniquidad de los padres sobre los hijos y sobre los hijos de los hijos, hasta la tercera y cuarta generación."*

Nm. 14:18, 33; *"Jehová, tardo para la ira y grande en misericordia, que perdona la iniquidad y la rebelión, aunque de ningún modo tendrá por inocente al culpable; que visita la maldad de los padres sobre los hijos hasta los terceros y hasta los cuartos."*, *"Y vuestros hijos andarán pastoreando en el desierto cuarenta años, y ellos llevarán vuestras rebeldías, hasta que vuestros cuerpos sean consumidos en el desierto."*

Sal. 37:28; *"Porque Jehová ama la rectitud, Y no desampara a sus santos. Para siempre serán guardados; Mas la descendencia de los impíos será destruida."*

Pr. 14:11; *"La casa de los impíos será asolada; Pero florecerá la tienda de los rectos."*

Is. 14:20-21; *"No serás contado con ellos en la sepultura; porque tú destruiste tu tierra, mataste a tu pueblo. No será nombrada para siempre la descendencia de los malignos. Preparad sus hijos para el matadero, por la maldad de sus padres; no se levanten, ni posean la tierra, ni llenen de ciudades la faz del mundo."*

Lm. 5:7; *"Nuestros padres pecaron, y han muerto; Y nosotros llevamos su castigo."*

Jer. 32:18; *"que haces misericordia a millares, y castigas la maldad de los padres en sus hijos después de ellos; Dios grande, poderoso, Jehová de los ejércitos es su nombre;"*

VII. Ejemplos de la herencia del pecado.

A. El pecado de Acab cae sobre sus hijos

1 R. 21:29; *"¿No has visto cómo Acab se ha humillado delante de mí? Pues por cuanto se ha humillado delante de mí, no traeré el mal en sus días; en los días de su hijo traeré el mal sobre su casa."*

Otros ejemplos:

1 R. 22:52; *"E hizo lo malo ante los ojos de Jehová, y anduvo en el camino de su padre, y en el camino de su madre, y en el camino de Jeroboam hijo de Nabat, que hizo pecar a Israel;"*

2 Cr. 22:3; *"También él anduvo en los caminos de la casa de Acab, pues su madre le aconsejaba a que actuase impíamente."*

Jer. 9:14; *"antes se fueron tras la imaginación de su corazón, y en pos de los baales, según les enseñaron sus padres."*

Ez. 20:18; *"antes dije en el desierto a sus hijos: No andéis en los estatutos de vuestros padres, ni guardéis sus leyes, ni os contaminéis con sus ídolos."*

Am. 2:4; *"Así ha dicho Jehová: Por tres pecados de Judá, y por el cuarto, no revocaré su castigo; porque menospreciaron la ley de Jehová, y no guardaron sus ordenanzas, y les hicieron errar sus mentiras, en pos de las cuales anduvieron sus padres."*

Mt.14:8; *"Ella, instruida primero por su madre, dijo: Dame aquí en un plato la cabeza de Juan el Bautista."*

B. Tenemos un ejemplo muy claro con los diferentes Herodes.

Herodes el grande.

Mt. 2:1, 3, 7, 16; *"Cuando Jesús nació en Belén de Judea en días del rey Herodes, vinieron del oriente a Jerusalén unos magos,"*, *"Oyendo esto, el rey Herodes se turbó, y toda Jerusalén con él."*, *" Entonces Herodes, llamando en secreto a los magos, indagó de ellos diligentemente el tiempo de la aparición de la estrella;"*, *"Herodes entonces, cuando se vio burlado por los magos, se enojó mucho, y mandó matar a todos los niños menores de dos años que había en Belén y en todos sus alrededores, conforme al tiempo que había inquirido de los magos."*

Lc. 1:5; *"Hubo en los días de Herodes, rey de Judea, un sacerdote llamado Zacarías, de la clase de Abías; su mujer era de las hijas de Aarón, y se llamaba Elisabet."*

Herodes Antipas.

Mt. 14:1-3; *"En aquel tiempo Herodes el tetrarca oyó la fama de Jesús, y dijo a sus criados: Este es Juan el Bautista; ha resucitado de los muertos, y por eso actúan en él estos poderes. Porque Herodes había prendido a Juan, y le había encadenado y metido en la cárcel, por causa de Herodías, mujer de Felipe su hermano;"*

Mr. 6:14; 8:15; *"Oyó el rey Herodes la fama de Jesús, porque su nombre se había hecho notorio; y dijo: Juan el Bautista ha resucitado de los muertos, y por eso actúan en él estos poderes.", "Y él les mandó, diciendo: Mirad, guardaos de la levadura de los fariseos, y de la levadura de Herodes."*

Lc. 9:7; 13:31; 23:7, 11; *"Herodes el tetrarca oyó de todas las cosas que hacía Jesús; y estaba perplejo, porque decían algunos: Juan ha resucitado de los muertos;", "Aquel mismo día llegaron unos fariseos, diciéndole: Sal, y vete de aquí, porque Herodes te quiere matar.", "Y al saber que era de la jurisdicción de Herodes, le remitió a Herodes, que en aquellos días también estaba en Jerusalén. Herodes, viendo a Jesús, se alegró mucho, porque hacía tiempo que deseaba verle; porque había oído muchas cosas acerca de él, y esperaba verle hacer alguna señal. Y le hacía muchas preguntas, pero él nada le respondió. Y estaban los principales sacerdotes y los escribas acusándole con gran vehemencia. Entonces Herodes con sus soldados le menospreció y escarneció, vistiéndole de una ropa espléndida; y volvió a enviarle a Pilato."*

Herodes el Tetrarca.

Hch. 13:1; *"Había entonces en la iglesia que estaba en Antioquía, profetas y maestros: Bernabé, Simón el que se llamaba Niger, Lucio de Cirene, Manaén el que se había criado junto con Herodes el tetrarca, y Saulo."*

Herodes Agripa I.

Hch. 12:1-20; 23:35; *"En aquel mismo tiempo el rey Herodes echó mano a algunos de la iglesia para maltratarles. Y mató a espada a Jacobo, hermano de Juan. Y viendo que esto había agradado a los judíos, procedió a prender también a Pedro. Eran entonces los días de los panes sin levadura. Y habiéndole tomado preso, le puso en la cárcel, entregándole a cuatro grupos de cuatro soldados cada uno, para que le custodiasen; y se proponía sacarle al pueblo después de la pascua. Así que Pedro estaba custodiado en la cárcel; pero la iglesia hacía sin cesar oración a Dios por él. Y cuando Herodes le iba a sacar, aquella misma noche estaba Pedro durmiendo entre dos soldados, sujeto con dos cadenas, y los guardas delante de la puerta custodiaban la cárcel. Y he aquí que se presentó un ángel del Señor, y una luz resplandeció en la cárcel; y tocando a Pedro en el costado, le despertó, diciendo: Levántate pronto. Y las cadenas se le cayeron de las manos. Le dijo el ángel: Cíñete, y átate las sandalias. Y lo hizo así. Y le dijo: Envuélvete en tu manto, y sígueme. Y saliendo, le seguía; pero no sabía que era verdad lo que hacía el ángel, sino que pensaba que veía una visión.*

Habiendo pasado la primera y la segunda guardia, llegaron a la puerta de hierro que daba a la ciudad, la cual se les abrió por sí misma; y salidos, pasaron una calle, y luego el ángel se apartó de él. Entonces Pedro, volviendo en sí, dijo: Ahora entiendo verdaderamente que el Señor ha enviado su ángel, y me ha librado de la mano de Herodes, y de todo lo que el pueblo de los judíos esperaba. Y habiendo considerado esto, llegó a casa de María la madre de Juan, el que tenía por sobrenombre Marcos, donde muchos estaban reunidos orando. Cuando llamó Pedro a la puerta del patio, salió a escuchar una muchacha llamada Rode, la cual, cuando reconoció la voz de Pedro, de gozo no abrió la puerta, sino que corriendo adentro, dio la nueva de que Pedro estaba a la puerta. Y ellos le dijeron: Estás loca. Pero ella aseguraba que así era. Entonces ellos decían: ¡Es su ángel! Más Pedro persistía en llamar; y cuando abrieron y le vieron, se quedaron atónitos. Pero él, haciéndoles con la mano señal de que callasen, les contó cómo el Señor le había sacado de la cárcel. Y dijo: Haced saber esto a Jacobo y a los hermanos. Y salió, y se fue a otro lugar. Luego que fue de día, hubo no poco alboroto entre los soldados sobre qué había sido de Pedro. Más Herodes, habiéndole buscado sin hallarle, después de interrogar a los guardas, ordenó llevarlos a la muerte. Después descendió de Judea a Cesarea y se quedó allí. Y Herodes estaba enojado contra los de Tiro y de Sidón; pero ellos vinieron de acuerdo ante él, y sobornado Blasto, que era camarero mayor del rey, pedían paz, porque su territorio era abastecido por el del rey.", "le dijo: Te oiré cuando vengan tus acusadores. Y mandó que le custodiasen en el pretorio de Herodes."

Herodes Agripa II.

Hch. 25:13; *"Pasados algunos días, el rey Agripa y Berenice vinieron a Cesarea para saludar a Festo."*

Hch. 26:1; *"Entonces Agripa dijo a Pablo: Se te permite hablar por ti mismo. Pablo entonces, extendiendo la mano, comenzó así su defensa:"*

Hch. 26:27; *"¿Crees, oh rey Agripa, a los profetas? Yo sé que crees."*

Dios intento en las 5 generaciones de los Herodes, quitar las maldiciones que pesaban sobre ellos, pero jamás entendieron los planes y propósitos de Dios, hasta que finalmente fueron erradicados de la faz de la tierra.

VIII. Las bendiciones como herencia de los padres sobre los hijos.

Así como se heredan los pecados y las maldiciones de los padres, de igual manera es posible heredar las bendiciones y la buena influencia espiritual que ejercen sobre los hijos.

David sobre Salomón.

1 R. 9:4-5; *"Y si tú anduvieres delante de mí como anduvo David tu padre, en integridad de corazón y en equidad, haciendo todas las cosas que yo te he mandado, y guardando mis estatutos y mis decretos, yo afirmaré el trono de tu reino sobre Israel para siempre, como hablé a David tu padre, diciendo: No faltará varón de tu descendencia en el trono de Israel."*

David sobre Josafat. Cinco generaciones después la influencia-herencia de David, estaba presente (David-Salomón-Roboam-Abías-Asa-Josafat).

2 Cr. 17:3, cf. 20:32; *"Y Jehová estuvo con Josafat, porque anduvo en los primeros caminos de David su padre, y no buscó a los baales,"*

Amasías sobre Uzias, 2 Cr. 26:4; *"E hizo lo recto ante los ojos de Jehová, conforme a todas las cosas que había hecho Amasías su padre."*

Uzias sobre Jotam, 2 Cr. 27:2; *"E hizo lo recto ante los ojos de Jehová, conforme a todas las cosas que había hecho Uzías su padre, salvo que no entró en el santuario de Jehová. Pero el pueblo continuaba corrompiéndose."*

Loida sobre Eunice y ambas sobre Timoteo.

2ª Ti. 1:5; *"trayendo a la memoria la fe no fingida que hay en ti, la cual habitó primero en tu abuela Loida, y en tu madre Eunice, y estoy seguro que en ti también."*

Pr. 11:21; *"Tarde o temprano, el malo será castigado; Mas la descendencia de los justos será librada."*

IX. Consecuencias del pecado.

A. Muerte física y espiritual.

Pr. 11:19; *"Como la justicia conduce a la vida, Así el que sigue el mal lo hace para su muerte."*

Ez. 18:4; *"He aquí que todas las almas son mías; como el alma del padre, así el alma del hijo es mía; el alma que pecare, esa morirá."*

Ro. 5:12; 6:23; *"Por tanto, como el pecado entró en el mundo por un hombre, y por el pecado la muerte, así la muerte pasó a todos los hombres, por cuanto todos pecaron.", "Porque la paga del pecado es muerte, más la dádiva de Dios es vida eterna en Cristo Jesús Señor nuestro."*

Ejemplos:

1. Adán y Eva. Gn. 3:7; 3:19; *"Entonces fueron abiertos los ojos de ambos, y conocieron que estaban desnudos; entonces cosieron hojas de higuera, y se hicieron delantales. ", "Con el sudor de tu rostro comerás el pan hasta que vuelvas a la tierra,*

porque de ella fuiste tomado; pues polvo eres, y al polvo volverás."
2. Moisés. Dt. 32:51; *"por cuanto pecasteis contra mí en medio de los hijos de Israel en las aguas de Meriba de Cades, en el desierto de Zin; porque no me santificasteis en medio de los hijos de Israel."*
3. Saúl. 1 Cr. 10:13; *"Así murió Saúl por su rebelión con que prevaricó contra Jehová, contra la palabra de Jehová, la cual no guardó, y porque consultó a una adivina,"*

B. Separación de Dios.

Sal. 66:18; *"Si en mi corazón hubiese yo mirado a la iniquidad, El Señor no me habría escuchado."*

Is. 59:2; 64:7; *"pero vuestras iniquidades han hecho división entre vosotros y vuestro Dios, y vuestros pecados han hecho ocultar de vosotros su rostro para no oír.", "Nadie hay que invoque tu nombre, que se despierte para apoyarse en ti; por lo cual escondiste de nosotros tu rostro, y nos dejaste marchitar en poder de nuestras maldades."*

Os. 5:6; *"Con sus ovejas y con sus vacas andarán buscando a Jehová, y no le hallarán; se apartó de ellos."*

Por ejemplo el pueblo de Israel, (Ex. 33:3). *"(a la tierra que fluye leche y miel); pero yo no subiré en medio de ti, porque eres pueblo de dura cerviz, no sea que te consuma en el camino."*

Jos. 7:11-12; *"Israel ha pecado, y aun han quebrantado mi pacto que yo les mandé; y también han tomado del anatema, y hasta han hurtado, han mentido, y aun lo han guardado entre sus enseres. Por esto los hijos de Israel no podrán hacer frente a sus enemigos, sino que delante de sus enemigos volverán la espalda, por cuanto han venido a ser anatema; ni estaré más con vosotros, si no destruyereis el anatema de en medio de vosotros."*

C. Abandonados por Dios.

Ejemplos, Sansón (Jue.16:20). *"Y le dijo: ¡Sansón, los filisteos sobre ti! Y luego que despertó él de su sueño, se dijo: Esta vez saldré como las otras y me escaparé. Pero él no sabía que Jehová ya se había apartado de él."*

Saúl (1 S. 16:14; 28:6). *"El Espíritu de Jehová se apartó de Saúl, y le atormentaba un espíritu malo de parte de Jehová.",* *"Y consultó Saúl a Jehová; pero Jehová no le respondió ni por sueños, ni por Urim, ni por profetas."*

Israel (Sal. 81:11-12). *"Pero mi pueblo no oyó mi voz, E Israel no me quiso a mí. Los dejé, por tanto, a la dureza de su corazón; Caminaron en sus propios consejos."*

Hch. 7:42. *"Y Dios se apartó, y los entregó a que rindiesen culto al ejército del cielo; como está escrito en el libro de los profetas: ¿Acaso me ofrecisteis víctimas y sacrificios en el desierto por cuarenta años, casa de Israel?"*

D. Entregados a Desolación.

2 Cr. 30:17; *"Porque había muchos en la congregación que no estaban santificados, y por eso los levitas sacrificaban la pascua por todos los que no se habían purificado, para santificarlos a Jehová."*

E. Entregados a la inmundicia.

Ro. 1:21-24; *"Pues habiendo conocido a Dios, no le glorificaron como a Dios, ni le dieron gracias, sino que se envanecieron en sus razonamientos, y su necio corazón fue entenebrecido. Profesando ser sabios, se hicieron necios, y cambiaron la gloria del Dios incorruptible en semejanza de imagen de hombre corruptible, de aves, de cuadrúpedos y de reptiles. Por lo cual también Dios los entregó a la inmundicia, en las concupiscencias de sus corazones, de modo que deshonraron entre sí sus propios cuerpos,"*

Conclusión.

Todo ser humano trae el pecado y las consecuencias heredadas por los padres desde la 3ª y 4ª generación, razón por la que debemos **arrepentirnos**, después **confesar** y **pedir perdón** por los pecados de nuestras generaciones pasadas y por último **alejarnos del pecado.** Si es posible pedir la ministración personal de algún siervo de Dios, a quien le tengamos absoluta confianza. No olvidando que a partir de ahora debemos caminar en integridad, rectitud y santidad, para que no vengan consecuencias peores.

En un principio, Dios creó al hombre para ser dichoso en todo, y que esa dicha o bendición pasase de generación en generación hasta mil generaciones: *Se acordó para siempre de su pacto; De la palabra que mandó para mil generaciones* (Salmos 105:8). La herencia genético-espiritual, por así llamarla, fue creada por Dios para que a través de ella su bendición llegara a todas las generaciones, a través de cada linaje. El problema es que a causa de la caída del hombre, cuando el diablo obtuvo autoridad por habérsela cedido el ser humano al decidir sujetarse a él en vez de a Dios, ese canal que fue creado para llevar bendición, el maligno lo usó para llevar maldición.

Así pues, los demonios pueden pasar de padres a hijos. Se les llama demonios generacionales. En cuanto a la salud, valen estos ejemplos siguientes: El abuelo murió de cáncer, el padre también, y al hijo le podrá suceder lo mismo. El bisabuelo acabó loco, el abuelo también, y asimismo el padre y luego el hijo. Esto lo saben los profesionales de la medicina, no es nada nuevo.

En cuanto a lo moral, muchas veces, la tendencia a un tipo de pecado en concreto, la tiene el individuo porque la recibió de sus progenitores, o de alguna generación anterior. Nótese que estamos hablando de tendencia. No se está diciendo aquí que por esa razón dicho individuo queda excluido de responsabilidad si comete el pecado concerniente a esa tendencia. Sólo estamos hablando de la tendencia, nunca olvidemos que ni satanás ni sus demonios nos pueden obligar a pecar; sólo nos pueden tentar. La responsabilidad del pecado que comete el hombre, es enteramente del hombre. Leemos en Santiago 1:14-15; "...*cada uno es tentado, cuando de su propia concupiscencia es atraído y seducido. Entonces la concupiscencia, después que ha concebido, da a luz el pecado; y el pecado, siendo consumado, da a luz la muerte.*"

Así pues, como heredamos lo bueno (unos bonitos ojos, un bonito color de cabello, etc.), heredamos lo malo (demonios). Así como heredamos las consecuencias del pecado original de Adán y Eva, heredamos lo que nuestros antecesores sembraron: *Todo lo que el hombre sembrare, eso segará;* (la medida de esa "herencia" la dictaminará el Señor como Juez, jamás el diablo).

TEMA 3

◆

Nuestras iniquidades y nuestros antepasados

"que guarda misericordia a millares, que perdona la iniquidad, la rebelión y el pecado, y que de ningún modo tendrá por inocente al malvado; que visita la iniquidad de los padres sobre los hijos y sobre los hijos de los hijos, hasta la tercera y cuarta generación."
Éxodo 34:7

La Palabra de Dios menciona el confesar las iniquidades de nuestros antepasados. El Señor dice que las iniquidades de nuestros antepasados pasan hasta la tercera y cuarta generación. Eso significa 160 años. ¡Imagínese lo que habrán hecho nuestros antepasados hace 160 años! Como no lo sabemos, lo más cuerdo es confesar las iniquidades de ellos así como las nuestras.

Levítico 26:40-42; dice, *"Y confesarán su iniquidad, y la iniquidad de sus padres, por su prevaricación con que prevaricaron contra mí, y también porque anduvieron conmigo en oposición, yo también habré andado en contra de ellos, y los habré hecho entrar en la tierra de sus enemigos; y entonces se humillará su corazón incircunciso, y reconocerán su pecado. Entonces yo me acordaré de mi pacto con Jacob, y asimismo de mi pacto con Isaac, y también de mi pacto con Abraham me acordaré, y haré memoria de la tierra."*

La iniquidad es un pecado que se comete día tras día como por ejemplo borracheras, adulterios, robos, mentiras, consumo de drogas, etc. hasta que se convierte en un hábito a tal punto que la persona ya no puede controlar dichos impulsos. Los pecados de nuestros antepasados serían si nuestros tatarabuelos cometieron adulterio o robaron, o eran borrachos, etc.

Si el alcoholismo es un problema en su familia, entonces existe iniquidad en sus antepasados. Igualmente, si existen enfermedades del corazón, algún tipo de cáncer, enfermedad mental, adulterio, algún tipo de criminalidad, etc. en su familia, con certeza existe una línea de iniquidad.

Haga la siguiente oración para romper esas cadenas (derechos legales) que el enemigo tiene en usted y su familia:

Padre, en el nombre de Jesús, confieso, me arrepiento y pido perdón en nombre de mis antepasados hasta 10 generaciones por la iniquidad de _____ (nombre la iniquidad). Amén.

Como se dijo anteriormente, las iniquidades son derechos legales que los demonios tienen para quedarse en nosotros. Si no confesamos estas iniquidades, los demonios no van a salir de nuestras vidas.

I. Maldiciones.

Gálatas 3:13; *"Cristo nos redimió de la maldición de la ley, hecho por nosotros maldición (porque está escrito: Maldito todo el que es colgado [crucificado] en un madero," [un árbol].*

Dt. 21:23; *"no dejaréis que su cuerpo pase la noche sobre el madero; sin falta lo enterrarás el mismo día, porque maldito por Dios es el colgado; y no contaminarás tu tierra que Jehová tu Dios te da por heredad."*

Las maldiciones e iniquidades van mano a mano. Después de arrepentirse y confesar las iniquidades, usted está listo para romper las maldiciones que esas iniquidades trajeron consigo.

A la mayoría de nosotros se nos enseñó que cuando aceptamos a Jesús todas las maldiciones salieron automáticamente de nosotros. ¡Este concepto es erróneo! Esa es una mentira del diablo. Es verdad que todos podemos recibir la salvación porque es un presente del Señor pero hay que tomar autoridad legal de la salvación para que se haga realidad. No todos al recibir a Jesús quedaron instantáneamente sanos y libres de toda influencia maligna. Algunos sí porque Dios opera milagros según su perfecta voluntad pero ese milagro de sanidad muchos no lo reciben al momento de aceptar a Jesús. Sin embargo, si esas personas toman autoridad legal de las promesas de la Palabra de Dios, entonces su sanidad se hace realidad. Igualmente ocurre con las maldiciones. La maldición no se quebranta hasta que usted diga: EN EL NOMBRE DE JESUS,

ROMPO LA MALDICIÓN DE _____ AMÉN.

Por ejemplo: Los capítulos 27 y 28 de Deuteronomio se conocen como los capítulos de Bendiciones y Maldiciones. Estudie estos capítulos y rompa las maldiciones y desate las bendiciones en su vida.

Puesto que usted ya ha perdonado a todos los que le ofendieron y ha confesado sus pecados e iniquidades así como los pecados e iniquidades de sus antepasados, las maldiciones ya se pueden romper. Entonces repita lo siguiente: En el nombre de Jesús, rompo la maldición de brujería.

Algunas maldiciones que usted necesita romper son la brujería, la maldición de ilegitimidad (Deuteronomio 23), maldición de idolatría, pobreza, enfermedad, muerte, etc. Desde luego que esta lista puede ser más larga. A medida que usted aprenda más sobre la liberación, el Señor le mostrará las maldiciones que necesitan romperse en su vida y en la de su familia.

Cuando venimos al Señor, naciendo de nuevo, todas las maldiciones Dios las declara rotas gracias a los méritos de Cristo en la cruz. No obstante, aun rotas las maldiciones por la sangre del Cordero, como ministros de Cristo deberemos declararlo, tal y como nos lo enseñó el Maestro: *"De cierto os digo que todo lo que atéis en la tierra, será atado en el cielo; y todo lo que desatéis en la tierra, será desatado en el cielo."* Mateo 18:18.

Una vez hecho esto, deberemos echar fuera los demonios relacionados con esas maldiciones, cumpliendo así con la ley de Cristo: *"Estas señales seguirán a los que creen: En mi nombre echarán fuera demonios..."* (Marcos 16:17).

La tendencia al pecado, y los demonios que la acompañan, es algo que todos heredamos en mayor o menor medida. Eso nos lleva a la siguiente reflexión:

II. Líneas de concupiscencia generacional.

Hay concupiscencia que no es generacional o hereditaria, sino que se formó por el pecado practicado por el individuo antes de venir a Cristo. No obstante, ahora nos centraremos en la concupiscencia de índole generacional. Cuando hablamos de tendencia al pecado, debemos hablar de concupiscencia. Según el diccionario, la *concupiscencia* es codicia ilegítima y desordenada.

Los espíritus inmundos que van de padres a hijos, siguiendo lo que denominamos *las líneas de concupiscencia generacional*, son especialistas según la naturaleza pecaminosa que sea.

Digamos que una de las líneas de concupiscencia generacional de Ramiro, creyente nacido de nuevo, es el temor al hombre. Tiene una fuerte tendencia a *temer al hombre* (al qué dirán, al que pensarán, a caer mal, a no ser aceptado, etc.) Ramiro lucha y lucha para vencer en esa área, pero no puede obtener la victoria total, ¿Por qué?, porque tiene dentro de él espíritus que ejercen control, espíritus de temor, en colaboración con otros de rechazo, negativismo, falta de auto aceptación, falta de autoestima, etc.

III. ¿Qué hay que hacer?

Cortar con esa línea generacional, en este caso, de temor y de los espíritus adyacentes de esta manera: *En el nombre de Jesús de Nazaret, tomo autoridad y corto por fe con esa línea generacional de temor sobre mi vida, ¡Ahora!*

Se puede romper así, porque ya fue rota por Cristo en la Cruz. De hecho, se declara que así se rompió. Una vez que se declara rota esa línea generacional, y tras previo arrepentimiento y confesión del pecado, Ramiro mandará a todo demonio de temor que salga de su vida.

Aquí es necesario tomar un paso de fe grande y literalmente ordenar que ese demonio salga. Ramiro lo hará así: *Espíritu de temor, sé que estás ahí, te he descubierto tú que te escondías. Ahora mismo tomo autoridad sobre ti, porque el Señor me la da (ver Lucas 10:19; "He aquí os doy potestad de hollar serpientes y escorpiones, y sobre toda fuerza del enemigo, y nada os dañará."), y te MANDO que salgas de mí en el nombre de Jesús.*

Así irá procediendo con todo demonio de toda línea generacional que haya previamente identificado.

IV. Enumerando el proceso.

Así sería el orden correcto de actuación en lo referente a la infestación demoníaca por HERENCIA:

A. Arrepentirse y confesar todo pecado personal (conocido y no conocido).
B. Cortar con las líneas de concupiscencia generacional y sus maldiciones (a partir de la concepción) por la cruz de Cristo.
C. Expulsar fuera todo demonio: Dirigiéndose a ellos directamente, y ordenándoles que salgan en el nombre de Jesús.
D. Si existe enfermedad, ordenar que tal o cual órgano del cuerpo sea restaurado en el nombre de Jesús.
E. POR SUPUESTO QUE, EN PRINCIPIO, UNO MISMO PUEDE MINISTRARSE ESA LIBERACIÓN. A ESE PROCESO LO LLAMAMOS: **AUTOLIBERACIÓN**.

V. Por pecado de otras personas sobre el individuo: Violación, abuso, trauma, brujería, maldición, dedicaciones, etc.

Hoy en día, y tristemente, cada vez más se dan tantos casos de abuso y violación de pequeños y de mayores. Esos actos son impulsados enteramente por demonios. Lo que Satanás busca es dañar a las víctimas. La persona violada, es infestada por los demonios del violador, y es presa de innumerables traumas, pero ¡hay solución en Cristo!

El primer paso para ser libre es PERDONAR al ofensor. Perdonar a la persona que te ha herido, así como Dios nos perdonó en Cristo. El perdón destruye todo derecho legal del enemigo para quedarse dentro.

Normalmente, la persona que daña, viola, abusa, lo hace porque ella también sufrió lo propio en el pasado. Es decir, es impulsada por los demonios que entraron en ella a hacer lo mismo que le hicieron. Por lo tanto, deberemos cortar con toda maldición en ese sentido sobre la persona que recibió ese abuso, y así anular por siempre sobre la víctima esa maldad demoníaca del agresor, que venía por muchas generaciones quizás.

Por otra parte, los padres o tutores a veces han sido, sin saberlo, cómplices del enemigo al llevar a sus hijos o tutelados a los curanderos, chamanes, adivinos, echadores de cartas, etc. Todo esto fue entrada de espíritus inmundos.

Todo lo concerniente a pactos, promesas, dedicaciones, votos a falsos cristos, vírgenes, santos. Todo lo concerniente a la falsa religión (sea la que sea). A todo habrá que renunciar, y romper todo pacto con la sangre de Cristo.

VI. Por pecado propio.

Ni que decir que cuando estábamos en el mundo y éramos practicantes del pecado, el enemigo tenía campo más que abierto para entrar en nosotros. ¡Le abríamos las puertas de par en par! Ahora que ya se las hemos cerrado definitivamente al tener a Cristo y no practicar pecado (1ª Juan 5:18; *"Sabemos que todo aquel que ha nacido de Dios, no practica el pecado, pues Aquel que fue engendrado por Dios le guarda, y el maligno no le toca."*), el enemigo que todavía permanece en nosotros es un intruso, y a los intrusos hay que echarles fuera de la casa.

Con fe, y sin dudar, de acuerdo con Marcos 16; 17 que dice, *"Y estas señales seguirán a los que creen: En mi nombre echarán fuera demonios; hablarán nuevas lenguas;"*, manda que todo espíritu inmundo que entró en tu vida salga de ella en el nombre de Jesús.

TEMA 4

◆

El poder de la envidia

"El corazón apacible es vida de la carne; Mas la envidia es carcoma de los huesos" Pr. 14:30

Miremos lo que dice la Palabra de Dios en Ezequiel 25:12; *"Así ha dicho Jehová el Señor: Por lo que hizo Edom, tomando venganza de la casa de Judá, pues delinquieron en extremo, y se vengaron de ellos;"*, por haberles tenido mala VOLUNTAD y ENVIDIA.

Mirar con un corazón malo. De la manera como miras determina como está tu corazón. Los que miran mal le abren la puerta al diablo y a los demonios de baja ralea.

Miremos. 1 Samuel 18:8-11; *"Y se enojó Saúl en gran manera, y le desagradó este dicho, y dijo: A David dieron diez miles, y a mí miles; no le falta más que el reino. Y desde aquel día Saúl no miró con buenos ojos a David. Aconteció al otro día, que un espíritu malo de parte de Dios tomó a Saúl, y él desvariaba en medio de la casa. David tocaba con su mano como los otros días; y tenía Saúl la lanza en la mano. Y arrojó Saúl la lanza, diciendo: Enclavaré a David a la pared. Pero David lo evadió dos veces."*

Abren la puerta a los demonios del infierno, el odio, la brujería y el resentimiento, a tal grado que pueden llevar a la persona al homicidio.

I. Fondo histórico.

Como vemos Edom es la casa de Esaú. Edom quiere decir rojo y el rojo se refiere al pecado, al guiso rojo por el cual Esaú vendió la primogenitura. El rojo tiene que ver con:

- Codicia.
- Los malos deseos.
- La avaricia.
- La carnalidad.
- El materialismo.
- La lujuria.
- La violencia.

Como vemos el guiso rojo fue lo que llevo a Esaú a vender la primogenitura.

II. Aplicación.

¿Cuántas veces como Esaú traicionamos al Señor por las cosas pasajeras del mundo o por el materialismo?

A este hombre llamado Esaú se le conoció como la simiente roja. *Dan*, es una terminología de la cabra en hebreo, viene de la raíz *Aza,* cabra peluda, y el rojo el color de su piel y su naturaleza corrupta y pecaminosa.

Dan = Rojo.

Cuando encontramos la palabra Edom entendemos como la cabra roja, la simiente de los hijos de Esaú, Edom o Sehir, la cabra peluda. De esta simiente vinieron los grandes enemigos de Israel, la gente mala antisemita que odia al pueblo santo y a la Kol Torah, de aquí vino Herodes, de aquí vino Amalek, de aquí vino el famoso Alejandro Magno, de esta simiente mala vino el Rey Herodes que fueron Idumeos hijos de la cabra peluda Esaú y de esta simiente vino el Imperio Romano, los hijos de Quitin que son hijos de Edom, los Romanos que hicieron daño destruyendo el templo y también la Iglesia romana que es representada como una Bestia Roja (Dragón), que ataca a la simiente santa.

Apocalipsis 12:1; *"Apareció en el cielo una gran señal: una mujer vestida del sol, con la luna debajo de sus pies, y sobre su cabeza una corona de doce estrellas."*

Este demonio fue el que destruyó y contaminó la vida de Caín. La envida es una potestad satánica que nace en los corazones que no tienen una excelente relación con JHWH.

Miremos lo que dice el 7065 de Strong sobre Cana. Significa malo, celoso, envidioso, enojado. De esta raíz viene también la raíz Caín.

Este demonio caracterizó la vida de Caín y lo llevó a ser un asesino y homicida que lo indujo a matar a su hermano.

De esta palabra también sale la palabra Cananeo, que son las culturas malas, de mala calidad moral y espiritual.

Si miramos la envidia se mueve en las culturas malas y en medio de las personas de escasos recursos económicos lo que contramata al pobre es la envidia.

III. Consecuencias.

La envida lleva a la persona a la brujería y también a la enfermedad. La causa de muchas enfermedades es la envidia que está en la persona que le da poder al diablo para que lo destruya con enfermedades sicosomáticas y diabólicas como le sucedió al Rey Saúl.

Miremos Proverbios 14:30 dice, *"El corazón apacible es vida de la carne; Mas la envidia es carcoma de los huesos".*

Estas son algunas de las enfermedades que vienen como consecuencia de la envidia:

- Las migrañas.
- Dolores de cabeza.
- Insomnio.
- Locura.
- Resentimiento.
- Cáncer.
- Artritis.
- Esclerosis.
- Dolor al corazón.
- Alta o baja presión.

Esto es lo que genera la envidia, recordemos que cuando Saúl no miro con buenos ojos a David le vino el demonio de locura y de esquizofrenia.

LA UNCIÓN de amor que estaba en David no permitió que el demonio de la envidia acabara con su vida.

Las palabras de un envidioso son como dardos de fuego que matan, las palabras de un envidioso se convierten en hechicería. No hay hechicería o maldición más poderosa que la que sale de alguien que conoce a Cristo. Los grandes hechiceros son las personas que están a nuestro lado. La envidia se transforma en brujería cuando sale de las personas que alguna vez nos amaron.

Miremos lo que dice la palabra, Laban beso a Jacob pero el amor se convirtió en envidia y hechicería. Miremos lo que dice la palabra, *"Todo aquel que aborrece a su hermano es homicida; y sabéis que ningún homicida tiene vida eterna permanente en él"*. 1ª Juan 3:15.

Aquí la palabra nos confronta de tal manera que dice JHWH que todo aquel que es envidioso y homicida no tiene vida permanente o sea que JHWH se encarga de quitarle la vida y que sus días sean de corta duración sobre la tierra. Para los envidiosos la misma hechicería que hay en su corazón los autodestruye con pobreza y con miseria.

Proverbios 27:4 dice: *"Cruel es la ira, e impetuoso el furor; Más ¿quién podrá sostenerse delante de la envidia?*

IV. La envidia persigue a los hombres que son conquistadores y prósperos.

Gn. 26:12-16; dice: *"Y sembró Isaac en aquella tierra, y cosechó aquel año ciento por uno; y le bendijo Jehová. El varón se enriqueció, y fue prosperado, y se engrandeció hasta hacerse muy poderoso. Y tuvo hato de ovejas, y hato de vacas, y mucha labranza; y los filisteos le tuvieron envidia. Y todos los pozos que habían abierto los criados de Abraham su padre en sus días, los filisteos los habían cegado y llenado de tierra. Entonces dijo Abimelec a Isaac: Apártate de nosotros, porque mucho más poderoso que nosotros te has hecho".*

Este demonio es tan zagas que puede estar en medio de la familia de la Fe. Gn 37:11 dice: *"Y sus hermanos le tenían envidia, más su padre meditaba en esto"*.

Los hombres que tienen Visión, Revelación y Unción, tendrán persecución. El éxito despierta envidia de aquellos que están en los niveles bajos de la dependencia, la frustración y la mediocridad.

V. La manera de neutralizar este demonio.

Este demonio se puede neutralizar con la Unción y también con el arma más poderosa que es el amor. Por esta razón Jesús dijo: *"Bendecid a los que os persiguen y hablan toda clase de mal contra vosotros"*. Lc. 6:28.

1ª Corintios 13:4-9 dice: *"El amor es sufrido, es benigno; el amor no tiene envidia, el amor no es jactancioso, no se envanece; no hace nada indebido, no busca lo suyo, no se irrita, no guarda rencor; no se goza de la injusticia, más se goza de la verdad. Todo lo sufre, todo lo cree, todo lo espera, todo lo soporta. El amor nunca deja de ser; pero las profecías se acabarán, y cesarán las lenguas, y la ciencia acabará. Porque en parte conocemos, y en parte profetizamos;"*

TEMA 5

◆

LA AMARGURA

"Se llenó de amargura mi alma, Y en mi corazón sentía punzadas." Salmos 73:21

La amargura, sus causas y consecuencias.

La amargura es otro de los pecados que casi nunca consideramos como tal, pero que tiene consecuencias devastadoras en la misma persona, en su familia y en su entorno. Nadie quiere estar cerca de un amargado.

I. Causas:

Pr. 26:2; *"Como el gorrión en su vagar, y como la golondrina en su vuelo, Así la maldición nunca vendrá sin causa."*

A. Ezequías: Se amargó porque no tenía hijo, y esa amargura le enfermó Is. 38:1-17; (V. 1-5, 9, 10, 15-17). *"En aquellos días Ezequías enfermó*

<u>de muerte. Y vino a él el profeta Isaías hijo de Amoz, y le dijo: Jehová dice así: Ordena tu casa, porque morirás, y no vivirás</u>. Entonces volvió Ezequías su rostro a la pared, e hizo oración a Jehová, y dijo: Oh Jehová, te ruego que te acuerdes ahora que he andado delante de ti en verdad y con íntegro corazón, y que he hecho lo que ha sido agradable delante de tus ojos. Y lloró Ezequías con gran lloro. Entonces vino palabra de Jehová a Isaías, diciendo: <u>Ve y di a Ezequías: Jehová Dios de David tu padre dice así: He oído tu oración, y visto tus lágrimas; he aquí que yo añado a tus días quince años</u>. Y te libraré a ti y a esta ciudad, de mano del rey de Asiria; y a esta ciudad ampararé. Y esto te será señal de parte de Jehová, que Jehová hará esto que ha dicho: He aquí yo haré volver la sombra por los grados que ha descendido con el sol, en el reloj de Acaz, diez grados atrás. Y volvió el sol diez grados atrás, por los cuales había ya descendido. <u>Escritura de Ezequías rey de Judá, de cuando enfermó y sanó de su enfermedad:</u> Yo dije: A la mitad de mis días iré a las puertas del Seol; privado soy del resto de mis años. Dije: No veré a JAH, a JAH en la tierra de los vivientes; ya no veré más hombre con los moradores del mundo. Mi morada ha sido movida y traspasada de mí, como tienda de pastor. Como tejedor corté mi vida; me cortará con la enfermedad; me consumirás entre el día y la noche. Contaba yo hasta la mañana. Como un león molió todos mis huesos; de la mañana a la noche me acabarás. Como la grulla y como la golondrina me quejaba; gemía como la paloma; alzaba en alto mis ojos. Jehová, violencia padezco;

fortaléceme. ¿Qué diré? <u>El que me lo dijo, él mismo lo ha hecho. Andaré humildemente todos mis años, a causa de aquella amargura de mi alma</u>. Oh Señor, por todas estas cosas los hombres vivirán, y en todas ellas está la vida de mi espíritu; pues tú me restablecerás, y harás que viva. <u>He aquí, amargura grande me sobrevino en la paz, más a ti agradó librar mi vida del hoyo de corrupción; porque echaste tras tus espaldas todos mis pecados</u>."

B. Ahitofel: Se amargó, porque el Rey David, durmió con su nieta.

2 S. 11:3; 15:12; 16: 21-23; 23:34; *"Envió David a preguntar por aquella mujer, y le dijeron: Aquella es Betsabé hija de Eliam, mujer de Urías heteo."*, *"Y mientras Absalón ofrecía los sacrificios, llamó a Ahitofel gilonita, consejero de David, de su ciudad de Gilo. Y la conspiración se hizo poderosa, y aumentaba el pueblo que seguía a Absalón."*, *"Y Ahitofel dijo a Absalón: Llégate a las concubinas de tu padre, que él dejó para guardar la casa; y todo el pueblo de Israel oirá que te has hecho aborrecible a tu padre, y así se fortalecerán las manos de todos los que están contigo. Entonces pusieron para Absalón una tienda sobre el terrado, y se llegó Absalón a las concubinas de su padre, ante los ojos de todo Israel. Y el consejo que daba Ahitofel en aquellos días, era como si se consultase la palabra de Dios. Así era todo consejo de Ahitofel, tanto con David como con Absalón."*, *"Elifelet hijo*

de Ahasbai, hijo de Maaca, Eliam hijo de Ahitofel, gilonita,"

C. **Asaf:** Se amargó por ser el segundo en el ministerio de alabanza.

Sal. 73:1-3, 21; *"Ciertamente es bueno Dios para con Israel, Para con los limpios de corazón. En cuanto a mí, casi se deslizaron mis pies; Por poco resbalaron mis pasos. Porque tuve envidia de los arrogantes, Viendo la prosperidad de los impíos."*, *"Se llenó de amargura mi alma, Y en mi corazón sentía punzadas."*

D. **El ejército de David:** Se amargó por las deudas, la pobreza.

1 S. 22:2; *"Y se juntaron con él todos los afligidos, y todo el que estaba endeudado, y todos los que se hallaban en amargura de espíritu, y fue hecho jefe de ellos; y tuvo consigo como cuatrocientos hombres."*

E. **Noemí:** Se amargó porque perdió a sus seres queridos.

Rt. 1:20-21; *"Y ella les respondía: No me llaméis Noemí, sino llamadme Mara; porque en grande amargura me ha puesto el Todopoderoso. Yo me fui llena, pero Jehová me ha vuelto con las manos vacías. ¿Por qué me llamaréis Noemí, ya que Jehová ha dado testimonio contra mí, y el Todopoderoso me ha afligido?"*

F. Esaú: Se amargó por el engaño de su hermano.

Gn. 27:34-41; *"Cuando Esaú oyó las palabras de su padre, clamó con una muy grande y muy amarga exclamación, y le dijo: Bendíceme también a mí, padre mío. Y él dijo: Vino tu hermano con engaño, y tomó tu bendición. Y Esaú respondió: Bien llamaron su nombre Jacob, pues ya me ha suplantado dos veces: se apoderó de mi primogenitura, y he aquí ahora ha tomado mi bendición. Y dijo: ¿No has guardado bendición para mí? Isaac respondió y dijo a Esaú: He aquí yo le he puesto por señor tuyo, y le he dado por siervos a todos sus hermanos; de trigo y de vino le he provisto; ¿qué, pues, te haré a ti ahora, hijo mío? Y Esaú respondió a su padre: ¿No tienes más que una sola bendición, padre mío? Bendíceme también a mí, padre mío. Y alzó Esaú su voz, y lloró. Entonces Isaac su padre habló y le dijo: He aquí, será tu habitación en grosuras de la tierra, Y del rocío de los cielos de arriba; Y por tu espada vivirás, y a tu hermano servirás; Y sucederá cuando te fortalezcas, Que descargarás su yugo de tu cerviz. Y aborreció Esaú a Jacob por la bendición con que su padre le había bendecido, y dijo en su corazón: Llegarán los días del luto de mi padre, y yo mataré a mi hermano Jacob."*

G. Los Israelitas: Se amargaron a causa de la opresión (el rigor) de los egipcios.

Ex. 1:13-14; *"Y los egipcios hicieron servir a los hijos de Israel con dureza, y amargaron su vida con dura servidumbre, en hacer barro y ladrillo, y en toda labor del campo y en todo su servicio, al cual los obligaban con rigor."*

H. Job: Se amargó a causa de la enfermedad.

Job 7:11; 9:18; 10:1; 23:2; *"Por tanto, no refrenaré mi boca; Hablaré en la angustia de mi espíritu, Y me quejaré con la amargura de mi alma."*, *"No me ha concedido que tome aliento, Sino que me ha llenado de amarguras."*, *"Está mi alma hastiada de mi vida; Daré libre curso a mi queja, Hablaré con amargura de mi alma."*, *"Hoy también hablaré con amargura; Porque es más grave mi llaga que mi gemido."*

I. Ana: Se amargó ante las burlas de su rival, porque era estéril (v.10).

1 S. 1:6-7,10; *"Y su rival la irritaba, enojándola y entristeciéndola, porque Jehová no le había concedido tener hijos. Así hacía cada año; cuando subía a la casa de Jehová, la irritaba así; por lo cual Ana lloraba, y no comía... ella con amargura de alma oró a Jehová, y lloró abundantemente."*

J. Simón: Porque perdió el trabajo y la fama.

Hch. 8:23; v.9-12; *"porque en hiel de amargura y en prisión de maldad veo que estás."*, *"Pero había un hombre llamado Simón, que antes ejercía la magia en aquella ciudad, y había engañado a la gente de*

Samaria, haciéndose pasar por algún grande. A éste oían atentamente todos, desde el más pequeño hasta el más grande, diciendo: Este es el gran poder de Dios. Y le estaban atentos, porque con sus artes mágicas les había engañado mucho tiempo. Pero cuando creyeron a Felipe, que anunciaba el evangelio del reino de Dios y el nombre de Jesucristo, se bautizaban hombres y mujeres."

K. David: Cuando Absalón usurpó el reino.

2 S. 17:8; *"Y añadió Husai: Tú sabes que tu padre y los suyos son hombres valientes, y que están con amargura de ánimo, como la osa en el campo cuando le han quitado sus cachorros. Además, tu padre es hombre de guerra, y no pasará la noche con el pueblo."*

L. Como los comerciantes de Tiro: Que se amargaron cuando fueron destruidos sus negocios.

Ez. 27:30-31; *"y harán oír su voz sobre ti, y gritarán amargamente, y echarán polvo sobre sus cabezas, y se revolcarán en ceniza. Se raerán por ti los cabellos, se ceñirán de cilicio, y endecharán por ti endechas amargas, con amargura del alma."*

M. Jeremías: Se amargó porque el pueblo no le escuchó.

Lm. 3:5-15; (v.14). *"Ciertamente contra mí volvió y revolvió su mano todo el día. Hizo envejecer mi carne y mi piel; quebrantó mis huesos; Edificó baluartes contra* *mí, y me rodeó de amargura y de trabajo. Me dejó en oscuridad, como los ya muertos de mucho tiempo. Me cercó por todos lados, y no puedo salir; ha hecho más pesadas mis cadenas; Aun cuando clamé y di voces, cerró los oídos a mi oración; Cercó mis caminos con piedra labrada, torció mis senderos. Fue para mí como oso que acecha, como león en escondrijos; Torció mis caminos, y me despedazó; me dejó desolado. Entesó su arco, y me puso como blanco para la saeta. Hizo entrar en mis entrañas las saetas de su aljaba. <u>Fui escarnio a todo mi pueblo, burla de ellos todos los días;</u> Me llenó de amarguras, me embriagó de ajenjos."*

N. Las madres: Se amargan por la rebelión (necedad) de sus hijos.

Pr. 17:25; *"El hijo necio es pesadumbre de su padre, Y amargura a la que lo dio a luz."*

Y por la cautividad de sus hijos.

1 S. 30:6; *"Y David se angustió mucho, porque el pueblo hablaba de apedrearlo, pues todo el pueblo estaba en amargura de alma, cada uno por sus hijos y por sus hijas; más David se fortaleció en Jehová su Dios."*

O. La Ciudad de Sion: Se amargó por la traición de sus amigos.

Lm. 1:2-4; *"Amargamente llora en la noche, y sus lágrimas están en sus mejillas. No tiene quien la consuele de todos sus amantes; Todos sus amigos le faltaron, se le volvieron enemigos. Judá ha ido en cautiverio a causa de la aflicción y de la dura servidumbre; Ella habitó entre las naciones, y no halló descanso; Todos sus perseguidores la alcanzaron entre las estrechuras. Las calzadas de Sion tienen luto, porque no hay quien venga a las fiestas solemnes; Todas sus puertas están asoladas, sus sacerdotes gimen, Sus vírgenes están afligidas, y ella tiene amargura."*

Sal. 41:9; 55:12-14; *"Aun el hombre de mi paz, en quien yo confiaba, el que de mi pan comía, Alzó contra mí el calcañar.", "Porque no me afrentó un enemigo, Lo cual habría soportado; Ni se alzó contra mí el que me aborrecía, Porque me hubiera ocultado de él; Sino tú, hombre, al parecer íntimo mío, Mi guía, y mi familiar; Que juntos comunicábamos dulcemente los secretos, Y andábamos en amistad en la casa de Dios."*

II. Consecuencias de la amargura:

Normalmente la persona más afectada es la que deja que la amargura le contamine.

A. Mata: Quita el gusto por la comida, Job 21:25; *"Y este otro morirá en amargura de ánimo, Y sin haber comido jamás con gusto."*

B. **Nos aparta:** de la gracia de Dios, He.12:15; *" Mirad bien, no sea que alguno deje de alcanzar la gracia de Dios; que brotando alguna raíz de amargura, os estorbe, y por ella muchos sean contaminados;"*

C. **Contamina:** a otros, He.12:15(b); *"que brotando alguna raíz de amargura, os estorbe, y por ella muchos sean contaminados;"*

D. **Aprisiona:** Hch. 8:23; *"porque en hiel de amargura y en prisión de maldad veo que estás."*

E. **Provoca la ira de Dios:** Dios mismo se convierte en nuestro enemigo, Os. 12:14; *"Efraín ha provocado a Dios con amarguras; por tanto, hará recaer sobre él la sangre que ha derramado, y su Señor le pagará su oprobio."*

F. **Contrista al Espíritu Santo:** Ef. 4:27, 30; (v.27). *"ni deis lugar al diablo.", "Y no contristéis al Espíritu Santo de Dios, con el cual fuisteis sellados para el día de la redención."*

III. El remedio:

Para quitar la amargura el remedio más efectivo es el perdón. Ef. 4:31; *"Quítense de vosotros toda amargura, enojo, ira, gritería y maledicencia, y toda malicia."*

TEMA 6

Estratagemas que utilizan los demonios para no salir

"Entonces va, y toma consigo otros siete espíritus peores que él, y entrados, moran allí; y el postrer estado de aquel hombre viene a ser peor que el primero. Así también acontecerá a esta mala generación." Mateo 12:45

Los demonios son muy astutos. Obran amparándose en nuestras debilidades para hacer lo que quieren. Este también es el caso para no salir de la que creen es su casa pero que ya no lo es.

I. Veamos algunas de esas estratagemas:

A. La primera es la INCREDULIDAD; DUDA; ESCEPTICISMO. Si logran hacer perder la fe al creyente, lo han conseguido todo. Cuando el ministrado se sienta incrédulo o con muchas dudas o escepticismo, deberá reprender todo espíritu de esa índole y ordenar que se vaya en el nombre de Jesús.

B. Otra es el TEMOR. El temor bloquea, y paraliza. El temor es una de las estrategias que más usa el enemigo de nuestras almas. Muchas veces el ministrado no dice nada por TEMOR a qué pensará la persona que la está liberando, o por PENA. Es mejor ser honesto y decir lo que está ocurriendo. Esto ahorra mucho tiempo y esfuerzo innecesario.

C. Otra es la CONDENACIÓN. Los demonios son seres condenados, y lo que hacen es intentar hacer sentir a la persona lo mismo. Si la persona salva llega a sentirse enormemente culpable o condenada, no facilitará la liberación. Hay que reprender todo espíritu de condenación. Recordemos que la Palabra de Dios dice: *"Ahora, pues, ninguna condenación hay para los que están en Cristo Jesús"*. Romanos 8:1

D. Otra es el SUEÑO y el CANSANCIO. Los demonios intentan aturdir, cansar, dejar sin fuerzas a la persona para que no pueda colaborar. Hay que reprender al espíritu de sueño, fatiga, cansancio, etc., y a todo demonio que esté actuando en ese sentido.

E. Otra estratagema es el DESÁNIMO, la DESESPERACIÓN y el TORMENTO.

El enemigo siempre intentará distraer cualquier esfuerzo nuestro, así que antes de ir a la sesión de liberación, se debe atar y destruir toda obra de demonios sobre la persona a ministrar y sobre la que ministra.

II. Cuando el enemigo "vuelve"; la estratagema del "demonio yo-yo".

De vez en cuando he oído hablar acerca del llamado *"demonio yo-yo"*, queriendo decir con ello, que existe la posibilidad de que los demonios vuelvan a entrar en las personas que son liberadas. Yo no comparto en absoluto con esta teoría, excepto cuando la persona cae de nuevo en práctica de pecado.

Normalmente lo que ocurre es que cuando se creyó que la liberación había concluido, en realidad no fue así. Ocurre sobre todo después de una manifestación violenta de expulsión del que creíamos era el *hombre fuerte*. La persona parecía que ya estaba libre y todos nos alegramos mucho. Pasó el tiempo, y todos pensábamos que ya todo había acabado, y hasta nos olvidamos del tema. Mientras tanto, lo que ocurrió es que, al haber detenido la ministración por creer que la persona ya estaba libre, los demonios que quedaban se escondieron y se manifestaron después pretendiendo que habían vuelto, cuando en realidad se habían quedado agazapados dentro, esperando el momento propicio para molestar, causando el consiguiente desánimo y frustración. Esta es la estratagema del diablo para desgastar y desanimar. Por favor, no ignoremos su astucia y maquinaciones. Tengamos en cuenta que la liberación total de un individuo, no es cosa de una sesión ni de dos.

III. Cuando el enemigo tiene derecho legal.

Pecado oculto; corazón no quebrantado:

Muchas veces el enemigo no se manifiesta para salir, ni sale, porque existe pecado oculto. Tristemente, a veces el enemigo tiene derecho legal para no salir porque existe pecado oculto en la vida de la persona. La liberación sólo es efectiva cuando la persona se ha arrepentido de todo pecado, y desea fervientemente vivir para Cristo. Dice Santiago 1:8 que, *"El hombre de doble ánimo es inconstante en todos sus caminos"*.

El creyente que es de doble ánimo (o doble alma o mente), quiere servir a Dios, pero sin renunciar a servirse a sí mismo. Busca lo suyo. Nunca podrá haber una liberación real en tal persona. No nos engañemos, Dios no puede ser burlado.

El que ministra deberá asegurarse en lo posible de que la persona a ministrar es de recto corazón ante Dios. Pidamos a Dios que revele todo pecado oculto, y toda forma de vida que no sea enteramente recta ante Dios.

Por contrapartida, el hecho de que aparentemente estén saliendo demonios de una persona determinada, tampoco nos asegura que esa persona anda rectamente ante el Señor necesariamente. Dando aquí un ejemplo extremo pero no menos cierto, los satanistas y los brujos cuando quieren introducirse en alguna Iglesia cristiana con el fin de destruirla, haciéndose pasar por cristianos, ellos mismos pueden hacer que sus propios demonios vayan saliendo como una estratagema para intentar convencer a los líderes de la Iglesia que son lo que no son. Lógicamente, esos demonios vuelven a ellos más tarde.

SÓLO ES EFECTIVA LA LIBERACIÓN EN AQUELLOS QUE SE HAN ARREPENTIDO DE SUS PECADOS Y DE TODA PRÁCTICA DE ELLOS, Y ESTÁN DECIDIDOS A SEGUIR AL CORDERO DE DIOS DE VERDAD.

La liberación no es como ir al dentista a donde va uno a que le saquen la muela dañada. La liberación persigue el objetivo de poder acercarse más y de verdad a Jesús. La liberación es el pan de los hijos de Dios; es para los santos que aman a Dios de verdad.

IV. Solución a la estratagema demoníaca.

Una vez identificado el enemigo, éste deberá salir al dar la orden de expulsión en el nombre de Jesús. Según sea el caso, a veces parecerá que nada ocurre, pero hay que insistir, y seguir insistiendo con Fe. Ha habido muchos casos que no han empezado a manifestarse sino al cabo de media hora de estar ministrando, o más. Siempre intentarán esconderse y no manifestarse para no ser reconocidos. Su principal estrategia para no salir, es hacernos creer que ahí no hay nada (llevan muchos siglos de práctica).

Dice Santiago: *"Pero pida con fe, no dudando nada; porque el que duda es semejante a la onda del mar, que es arrastrada por el viento y echada de una parte a otra. No piense, pues, quien tal haga, que recibirá cosa alguna del Señor"*.

TEMA 7

◆

DEUDAS DE AMOR

"Aunque mi padre y mi madre me dejaran, Con todo, Jehová me recogerá." Sal. 27:10

Son todas aquellas deudas que están afectando nuestras emociones, sentimientos y carácter. Antes de ir a una guerra, no solamente somos entrenados, sino que también somos equipados, de la misma manera para enfrentar las demandas de la vida, necesitamos estar equipados, ya que si no lo estamos, entonces experimentaremos una frustración mucho más permanente.

I. Necesidades de los hijos que los padres deben llenar.

A. Bienvenida y aceptación total.

Sal. 139:13-16; *"Porque tú formaste mis entrañas; Tú me hiciste en el vientre de mi madre. Te alabaré; porque formidables, maravillosas son tus obras; Estoy maravillado, Y mi alma lo sabe muy bien. No fue encubierto de ti mi cuerpo, Bien que en oculto fui formado, Y entretejido en lo más profundo de la tierra. Mi embrión vieron tus ojos, Y en tu libro estaban escritas todas aquellas cosas Que fueron luego formadas, Sin faltar una de ellas."*

Mr. 10:13-16; *"Y le presentaban niños para que los tocase; y los discípulos reprendían a los que los presentaban. Viéndolo Jesús, se indignó, y les dijo: Dejad a los niños venir a mí, y no se lo impidáis; porque de los tales es el reino de Dios. De cierto os digo, que el que no reciba el reino de Dios como un niño, no entrará en él. Y tomándolos en los brazos, poniendo las manos sobre ellos, los bendecía."*

Sal. 22:9-11; *"Pero tú eres el que me sacó del vientre; El que me hizo estar confiado desde que estaba a los pechos de mi madre. Sobre ti fui echado desde antes de nacer; Desde el vientre de mi madre, tú eres mi Dios. No te alejes de mí, porque la angustia está cerca; Porque no hay quien ayude."*

Job 10:8-12; *"Tus manos me hicieron y me formaron; ¿Y luego te vuelves y me deshaces? Acuérdate que como a barro me diste forma; ¿Y en polvo me has de volver? ¿No me vaciaste como leche, Y como queso me cuajaste? Me vestiste de piel y carne, Y me tejiste con huesos y nervios. Vida y misericordia me concediste, Y tu cuidado guardó mi espíritu."*

Is. 64:8; *"Ahora pues, Jehová, tú eres nuestro padre; nosotros barro, y tú el que nos formaste; así que obra de tus manos somos todos nosotros."*

Ez. 16:4-14; *"Y en cuanto a tu nacimiento, el día que naciste no fue cortado tu ombligo, ni fuiste lavada con aguas para limpiarte, ni salada con sal, ni fuiste envuelta con fajas. No hubo ojo que se compadeciese de ti para hacerte algo de esto, teniendo de ti misericordia; sino que fuiste arrojada sobre la faz del campo, con menosprecio de tu vida, en el día que naciste. Y yo pasé junto a ti, y te vi sucia en tus sangres, y cuando estabas en tus sangres te dije: ¡Vive! Sí, te dije, cuando estabas en tus sangres: ¡Vive! Te hice multiplicar como la hierba del campo; y creciste y te hiciste grande, y llegaste a ser muy hermosa; tus pechos se habían formado, y tu pelo había crecido; pero estabas desnuda y descubierta. Y pasé yo otra vez junto a ti, y te miré, y he aquí que tu tiempo era tiempo de amores; y extendí mi manto sobre ti, y cubrí tu desnudez; y te di juramento y entré en pacto contigo, dice Jehová el Señor, y fuiste mía. Te lavé con agua, y lavé tus sangres de encima de ti, y te ungí con aceite; y te vestí de bordado, te calcé de tejón, te ceñí de lino y te cubrí de seda. Te atavié con adornos, y puse brazaletes en tus brazos y collar a tu cuello. Puse joyas en tu nariz, y zarcillos en tus orejas, y una hermosa diadema en tu cabeza. Así fuiste adornada de oro y de plata, y tu vestido era de lino fino, seda y bordado; comiste flor de harina de trigo, miel y aceite; y fuiste hermoseada en extremo, prosperaste hasta llegar a reinar. Y salió tu renombre entre las naciones a causa de tu hermosura; porque era perfecta, a causa de mi hermosura que yo puse sobre ti, dice Jehová el Señor."*

El número de hijo que ocupamos dentro de la familia determina muchas veces nuestra aceptación. Si fue rechazado en el embarazo, él bebe siente y graba sentimientos y emociones aún desde el embarazo. Muchas de estas personas juegan con el suicidio, y mantiene una baja autoestima, creen que nunca triunfarán en la vida. Por eso es necesario que encuentren en Dios la suplencia de esas carencias, ya sea como Padre o Madre, ya que ellos son la figura principal de formación.

Sal. 139:16; dice que Dios ya tenía todo el manual de mi vida aún antes de que mis propios padres pensaran en tenerme como su hijo. Dios me calificó y me dio un valor. Aunque mis padres, no me hubieran planificado, deseado o amado, mi Padre espiritual (Dios), Él si tenía planeado todo lo que me iba a suceder en sus planes divinos.

B. Presencia activa de ambos padres.

Sal. 27:10; *"Aunque mi padre y mi madre me dejaran, Con todo, Jehová me recogerá."*

Is. 49:15-16; *"¿Se olvidará la mujer de lo que dio a luz, para dejar de compadecerse del hijo de su vientre? Aunque olvide ella, yo nunca me olvidaré de ti. He aquí que en las palmas de las manos te tengo esculpida; delante de mí están siempre tus muros."*

Mt. 28:20; *"enseñándoles que guarden todas las cosas que os he mandado; y he aquí yo estoy con vosotros todos los días, hasta el fin del mundo. Amén."*

Is. 51:3; 63:16; *"Ciertamente consolará Jehová a Sion; consolará todas sus soledades, y cambiará su desierto en paraíso, y su soledad en huerto de Jehová; se hallará en ella alegría y gozo, alabanza y voces de canto."*, *"Pero tú eres nuestro padre, si bien Abraham nos ignora, e Israel no nos conoce; tú, oh Jehová, eres nuestro padre; nuestro Redentor perpetuo es tu nombre."*

La presencia no debe ser decorativa. Aún más cuando se pierde a uno de los padres, ya sea por un viaje, por divorcio o abandono. Esto produce un sentimiento de pérdida y abandono, que lleva a la persona a ser controladora o celosa, porque hay miedo de perder otra vez. Cuanto más cuando el hijo jamás conoció a sus Padres. Es una persona insegura que no tiene un sostén firme, siempre va a caminar cojeando, por eso debemos entender *que JHWH, nos recoge (adopta) con todo lo que yo soy*. Is. 49:15-16 dice que Dios jamás se olvidará de nosotros.

C. Amor expresado. Es la relación en donde hay abrazos, hay besos, hay juegos, etc.

Is. 40:11; 66:10-11; *"Como pastor apacentará su rebaño; en su brazo llevará los corderos, y en su seno los llevará; pastoreará suavemente a las recién paridas.", "Alegraos con Jerusalén, y gozaos con ella, todos los que la amáis; llenaos con ella de gozo, todos los que os enlutáis por ella; para que maméis y os saciéis de los pechos de sus consolaciones; para que bebáis, y os deleitéis con el resplandor de su gloria."*

Jer. 31:3; *"Jehová se manifestó a mí hace ya mucho tiempo, diciendo: Con amor eterno te he amado; por tanto, te prolongué mi misericordia."*

Jn. 3:16; *"Porque de tal manera amó Dios al mundo, que ha dado a su Hijo unigénito, para que todo aquel que en él cree, no se pierda, más tenga vida eterna."*

1ª Jn. 4:10; *"En esto consiste el amor: no en que nosotros hayamos amado a Dios, sino en que él nos amó a nosotros, y envió a su Hijo en propiciación por nuestros pecados."*

La falta de amor expresado produce homosexuales. También si una madre no es afectiva o es dominante con sus hijas, produce lesbianismo en ellas. Los que tienen problemas de una masturbación compulsiva, es porque no hubo un amor expresado. Con la mujer Samaritana, no fue enfocado su pecado, sino su necesidad de amor. Es necesario encontrar en Dios la figura del Padre o de la Madre, que supla y exprese ese amor.

D. Valoración de nuestra individualidad.

Dt. 10:17; *"Porque Jehová vuestro Dios es Dios de dioses y Señor de señores, Dios grande, poderoso y temible, que no hace acepción de personas, ni toma cohecho;"*

Is. 43:4; *"Porque a mis ojos fuiste de gran estima, fuiste honorable, y yo te amé; daré, pues, hombres por ti, y naciones por tu vida."*

Hch. 10:34; *"Entonces Pedro, abriendo la boca, dijo: En verdad comprendo que Dios no hace acepción de personas,"*

Ro. 2:11; *"porque no hay acepción de personas para con Dios."*

Zac. 2:8; *"Porque así ha dicho Jehová de los ejércitos: Tras la gloria me enviará él a las naciones que os despojaron; porque el que os toca, toca a la niña de su ojo."*

No debemos ser comparados, ni ser preferidos o de los no preferidos, ya que eso produce rivalidad entre los hermanos. Como en el caso de José, que sus hermanos querían matarlo. No importa el lugar en que hallamos nacido, no debe haber diferencia, y debemos recordar que Dios nos ve de una manera especial a cada uno de nosotros. Si esto no es sanado, cuando llegamos al Señor, podemos llegar a pensar que Dios también tiene preferidos, y eso nos seguirá dañando. Ambos sufren, tanto el que es preferido, como el que no lo es.

E. Estímulo y proyección para la vida.

Pr. 18:21; 23:7; *"La muerte y la vida están en poder de la lengua, Y el que la ama comerá de sus frutos."*, *"Porque cuál es su pensamiento en su corazón, tal es él. Come y bebe, te dirá; Mas su corazón no está contigo."*

1ª P. 3:9; *"no devolviendo mal por mal, ni maldición por maldición, sino por el contrario, bendiciendo, sabiendo que fuisteis llamados para que heredaseis bendición."*

Jer. 29:11 ; *" Porque yo sé los pensamientos que tengo acerca de vosotros, dice Jehová, pensamientos de paz, y no de mal, para daros el fin que esperáis."*

1ª P. 2:9; *"Más vosotros sois linaje escogido, real sacerdocio, nación santa, pueblo adquirido por Dios, para que anunciéis las virtudes de aquel que os llamó de las tinieblas a su luz admirable;"*

Lo que nuestros Padres nos dicen siembra lo que somos y nos hace actuar ya que forma nuestra conducta y carácter. Las palabras de los padres son proféticas sobre los hijos. Y como hijos vivimos en función de esas palabras que nuestros padres sembraron en nosotros, ya que esas palabras son proyección de vida para nosotros. Debemos aprender a cambiar nuestro enfoque creyendo ahora las palabras que Dios nos ha dado.

F. Cuidados. (Accidentes, abuso sexual, etc.)

Is. 43:18-19; *"No os acordéis de las cosas pasadas, ni traigáis a memoria las cosas antiguas. He aquí que yo hago cosa nueva; pronto saldrá a luz; ¿no la conoceréis? Otra vez abriré camino en el desierto, y ríos en la soledad."*

Gn. 50:20; *"Vosotros pensasteis mal contra mí, mas Dios lo encaminó a bien, para hacer lo que vemos hoy, para mantener en vida a mucho pueblo."*

Ro. 8:28; 37-39; *"Y sabemos que a los que aman a Dios, todas las cosas les ayudan a bien, esto es, a los que conforme a su propósito son llamados."*, *"Antes, en todas estas cosas somos más que vencedores por medio de aquel que nos amó. Por lo cual estoy seguro de que ni la muerte, ni la vida, ni ángeles, ni principados, ni potestades, ni lo presente, ni lo por venir,"*

Cuando un niño es abusado, guarda resentimiento contra sus padres, ya que ellos (los hijos) piensan ¡Cómo es que sus padres no fueron capaces de cuidarlos o guardarlos de ese abuso sexual!

G. Corrección sin abusos.

He. 12:7-11; *"Si soportáis la disciplina, Dios os trata como a hijos; porque ¿qué hijo es aquel a quien el padre no disciplina? Pero si se os deja sin disciplina, de la cual todos han sido participantes, entonces sois bastardos, y no hijos. Por otra parte, tuvimos a nuestros padres terrenales que nos disciplinaban, y los venerábamos. ¿Por qué no obedeceremos mucho mejor al Padre de los espíritus, y viviremos? Y aquéllos, ciertamente por pocos días nos disciplinaban como a ellos les parecía, pero éste para lo que nos es provechoso, para que participemos de su santidad. Es verdad que ninguna disciplina al presente parece ser causa de gozo, sino de tristeza; pero después da fruto apacible de justicia a los que en ella han sido ejercitados."*

Ez. 34:11-25; *"Porque así ha dicho Jehová el Señor: He aquí yo, yo mismo iré a buscar mis ovejas, y las reconoceré. Como reconoce su rebaño el pastor el día que está en medio de sus ovejas esparcidas, así reconoceré mis ovejas, y las libraré de todos los lugares en que fueron esparcidas el día del nublado y de la oscuridad. Y yo las sacaré de los pueblos, y las juntaré de las tierras; las traeré a su propia tierra, y las apacentaré en los montes de Israel, por las riberas, y en todos los lugares habitados del país. En buenos pastos las apacentaré, y en los altos montes de Israel estará su aprisco; allí dormirán en buen redil, y en pastos suculentos serán apacentadas sobre los montes de Israel. Yo apacentaré mis ovejas, y yo les daré aprisco, dice Jehová el Señor. Yo buscaré la perdida, y haré volver al redil la descarriada; vendaré la perniquebrada, y fortaleceré la débil; más a la engordada y a la fuerte destruiré; las apacentaré con justicia. Más en cuanto a vosotras, ovejas mías, así ha dicho Jehová el Señor: He aquí yo juzgo entre oveja y oveja, entre carneros y machos cabríos. ¿Os es poco que comáis los buenos pastos, sino que también holláis con vuestros pies lo que de vuestros pastos queda; y que bebiendo las aguas claras, enturbiáis además con vuestros pies las que quedan? Y mis ovejas comen lo hollado de vuestros pies, y beben lo que con vuestros pies habéis enturbiado. Por tanto, así les dice Jehová el Señor: He aquí yo, yo juzgaré entre la oveja engordada y la oveja flaca, por cuanto empujasteis con el costado y con el hombro, y acorneasteis con vuestros cuernos a todas las débiles, hasta que las echasteis y las dispersasteis. Yo salvaré a mis ovejas, y nunca más serán para rapiña; y juzgaré entre oveja y oveja. Y levantaré sobre ellas a un pastor, y él las apacentará; a mi siervo David, él las apacentará, y él les será por pastor. Yo Jehová les seré por Dios, y mi siervo David príncipe en medio de ellos. Yo Jehová he hablado. Y estableceré con ellos pacto de paz, y quitaré de la tierra las fieras; y habitarán en el desierto con seguridad, y dormirán en los bosques."*

Jer. 30:10; *"Tú, pues, siervo mío Jacob, no temas, dice Jehová, ni te atemorices, Israel; porque he aquí que yo soy el que te salvo de lejos a ti y a tu descendencia de la tierra de cautividad; y Jacob volverá, descansará y vivirá tranquilo, y no habrá quien le espante."*

Job 5:18; *"Porque él es quien hace la llaga, y él la vendará; El hiere, y sus manos curan."*

H. Estabilidad. (Dios no cambia).

Mal. 3:6; *"Porque yo Jehová no cambio; por esto, hijos de Jacob, no habéis sido consumidos."*

Nm. 23:19; *"Dios no es hombre, para que mienta, Ni hijo de hombre para que se arrepienta. Él dijo, ¿y no hará? Habló, ¿y no lo ejecutará?"*

Stg. 3:17; *"Pero la sabiduría que es de lo alto es primeramente pura, después pacífica, amable, benigna, llena de misericordia y de buenos frutos, sin incertidumbre ni hipocresía."*

El hecho de estar cambiando de casa, o de Iglesia produce mucha inestabilidad.

I. El consejo. (Dios es nuestro consejero).

Is. 9:6; *"Porque un niño nos es nacido, hijo nos es dado, y el principado sobre su hombro; y se llamará su nombre Admirable, Consejero, Dios Fuerte, Padre Eterno, Príncipe de Paz."*

He. 9:8; *"dando el Espíritu Santo a entender con esto que aún no se había manifestado el camino al Lugar Santísimo, entre tanto que la primera parte del tabernáculo estuviese en pie."*

A veces nuestros hijos desconocen las cosas más básicas de la vida. Nuestros hijos deben crecer con la dirección y el consejo de los padres.

J. La enseñanza de quien es Dios, y como comunicarse con él. La imagen que nuestros padres nos den, es la imagen que nosotros tendremos de Dios.

He. 9:8; *"dando el Espíritu Santo a entender con esto que aún no se había manifestado el camino al Lugar Santísimo, entre tanto que la primera parte del tabernáculo estuviese en pie."*

Is. 9:6; *"Porque un niño nos es nacido, hijo nos es dado, y el principado sobre su hombro; y se llamará su nombre Admirable, Consejero, Dios Fuerte, Padre Eterno, Príncipe de Paz."*

¿Qué imagen me dio mi Padre terrenal, de mi Padre celestial? Mientras la primera parte (la imagen que predomine en mi mente) permanezca en pie, no se me va a manifestar el camino al lugar santísimo.

II. ¿Qué hacer con las deudas de amor?

A. Perdonar a quienes tenían que llenar esa necesidad.
Mt. 18. Aquí habla de perdonar a los que nos dejaron las deudas.

1. Perdonar es: Renunciar a algo que me tenían pendiente o que me debían. Mt. 18:21-35; *"Entonces se le acercó Pedro y le dijo: Señor, ¿cuántas veces perdonaré a mi hermano que peque contra mí? ¿Hasta siete? Jesús le dijo: No te digo hasta siete, sino aun hasta setenta veces siete. Por lo cual el reino de los cielos es semejante a un rey que quiso hacer cuentas con sus siervos. Y comenzando a hacer cuentas, le fue presentado uno que le debía diez mil talentos. A éste, como no pudo pagar, ordenó su señor venderle, y a su mujer e hijos, y todo lo que tenía, para que se le pagase la deuda. Entonces aquel siervo, postrado, le suplicaba, diciendo: Señor, ten paciencia conmigo, y yo te lo pagaré todo. El señor de aquel siervo, movido a misericordia, le soltó y le perdonó la deuda. Pero saliendo aquel siervo, halló a uno de sus consiervos, que le debía cien denarios; y asiendo de él, le ahogaba, diciendo: Págame lo que me debes. Entonces su consiervo, postrándose a sus pies, le rogaba diciendo: Ten paciencia conmigo, y yo te lo pagaré todo. Más él no quiso, sino fue y le echó en la cárcel, hasta que pagase la deuda. Viendo sus consiervos lo que pasaba, se entristecieron mucho, y fueron y refirieron a su señor todo lo que había pasado. Entonces,*

llamándole su señor, le dijo: Siervo malvado, toda aquella deuda te perdoné, porque me rogaste. ¿No debías tú también tener misericordia de tu consiervo, como yo tuve misericordia de ti? Entonces su señor, enojado, le entregó a los verdugos, hasta que pagase todo lo que le debía. Así también mi Padre celestial hará con vosotros si no perdonáis de todo corazón cada uno a su hermano sus ofensas."

2. Es una decisión y no un sentimiento. Es decidirse a no guardar más sentimientos negativos. Es una decisión que se toma conscientemente. Hay que hacer una lista de lo que decidimos perdonar. Mi. 7:18; *"¿Qué Dios como tú, que perdona la maldad, y olvida el pecado del remanente de su heredad? No retuvo para siempre su enojo, porque se deleita en misericordia."*

3. Es un acto de obediencia a Dios.

4. Es borrar, no es cubrir.

5. Es la capacidad de restaurar una relación, y hacer bien a quienes nos hicieron un mal. Mt. 5:43-48; *"Oísteis que fue dicho: Amarás a tu prójimo, y aborrecerás a tu enemigo. Pero yo os digo: Amad a vuestros enemigos, bendecid a los que os maldicen, haced bien a los que os aborrecen, y orad por los que os ultrajan y os persiguen; para que seáis hijos de vuestro Padre que está en los cielos, que hace salir su sol sobre malos y buenos, y que hace*

llover sobre justos e injustos. Porque si amáis a los que os aman, ¿qué recompensa tendréis? ¿No hacen también lo mismo los publicanos? Y si saludáis a vuestros hermanos solamente, ¿qué hacéis de más? ¿No hacen también así los gentiles? Sed, pues, vosotros perfectos, como vuestro Padre que está en los cielos es perfecto."

B. **Recurrir al Padre por excelencia para que satisfaga nuestras necesidades.**

C. **Renunciar a las fuentes que buscaron para satisfacer esas necesidades.** Jer. 2:13; *"Porque dos males ha hecho mi pueblo: me dejaron a mí, fuente de agua viva, y cavaron para sí cisternas, cisternas rotas que no retienen agua."*

III. ¿Qué hacer para perdonar de corazón?

A. Entender que guardando resentimiento, no hago ningún daño a la persona que me ofendió, sino que yo me hago daño a mí mismo.
B. Quitarme del papel de víctima.
C. Comprender que también he ofendido, y que si no tengo misericordia, tampoco la tendrán conmigo.
D. Decidirme a renunciar al pasado. Y empezar con una nueva expectativa de lo que Dios va a hacer.
E. Entender que si yo no perdono, Dios tampoco me perdonará.

Is. 43:18-19. Cuando perdonamos es que entonces las cosas serán nuevas. *"No os acordéis de las cosas pasadas, ni traigáis a memoria las cosas antiguas. He aquí que yo hago cosa nueva; pronto saldrá a luz; ¿no la conoceréis? Otra vez abriré camino en el desierto, y ríos en la soledad."*

TEMA 8

◆

SIETE RAÍCES QUE CAUSAN PROBLEMAS EN NUESTRAS RELACIONES INTERPERSONALES Y DE LAS CUALES DEBEMOS SER LIBERADOS

"¿Andarán dos juntos, si no estuvieren de acuerdo?"
Amos 3:3

Gn. 2:21-25; *"Entonces Jehová Dios hizo caer sueño profundo sobre Adán, y mientras éste dormía, tomó una de sus costillas, y cerró la carne en su lugar. Y de la costilla que Jehová Dios tomó del hombre, hizo una mujer, y la trajo al hombre. Dijo entonces Adán: Esto es ahora hueso de mis huesos y carne de mi carne; ésta será llamada Varona, porque del varón fue tomada. Por tanto, dejará el hombre a su padre y a su madre, y se unirá a su mujer, y serán una sola carne. Y estaban ambos desnudos, Adán y su mujer, y no se avergonzaban."*

Este es el ejemplo de una perfecta relación. Adán y Eva mantenían una relación vertical genuina y perfecta con Dios el Padre, y tenían una relación horizontal perfecta entre ellos. No había nada de qué avergonzarse, no tenían temor, ni sentían rechazo.

Gn. 3:1-20; *"Pero la serpiente era astuta, más que todos los animales del campo que Jehová Dios había hecho; la cual dijo a la mujer: ¿Conque Dios os ha dicho: No comáis de todo árbol del huerto? Y la mujer respondió a la serpiente: Del fruto de los árboles del huerto podemos comer; pero del fruto del árbol que está en medio del huerto dijo Dios: No comeréis de él, ni le tocaréis, para que no muráis. Entonces la serpiente dijo a la mujer: No moriréis; sino que sabe Dios que el día que comáis de él, serán abiertos vuestros ojos, y seréis como Dios, sabiendo el bien y el mal. Y vio la mujer que el árbol era bueno para comer, y que era agradable a los ojos, y árbol codiciable para alcanzar la sabiduría; y tomó de su fruto, y comió; y dio también a su marido, el cual comió así como ella. Entonces fueron abiertos los ojos de ambos, y conocieron que estaban desnudos; entonces cosieron hojas de higuera, y se hicieron delantales. Y oyeron la voz de Jehová Dios que se paseaba en el huerto, al aire del día; y el hombre y su mujer se escondieron de la presencia de Jehová Dios entre los árboles del huerto. Mas Jehová Dios llamó al hombre, y le dijo: ¿Dónde estás tú? Y él respondió: Oí tu voz en el huerto, y tuve miedo, porque estaba desnudo; y me escondí. Y Dios le dijo: ¿Quién te enseñó que estabas desnudo? ¿Has comido del árbol de que yo te mandé no comieses? Y el hombre respondió: La mujer que me diste por compañera me dio del árbol, y yo comí. Entonces Jehová*

Dios dijo a la mujer: ¿Qué es lo que has hecho? Y dijo la mujer: La serpiente me engañó, y comí. Y Jehová Dios dijo a la serpiente: Por cuanto esto hiciste, maldita serás entre todas las bestias y entre todos los animales del campo; sobre tu pecho andarás, y polvo comerás todos los días de tu vida. Y pondré enemistad entre ti y la mujer, y entre tu simiente y la simiente suya; ésta te herirá en la cabeza, y tú le herirás en el calcañar. A la mujer dijo: Multiplicaré en gran manera los dolores en tus preñeces; con dolor darás a luz los hijos; y tu deseo será para tu marido, y él se enseñoreará de ti. Y al hombre dijo: Por cuanto obedeciste a la voz de tu mujer, y comiste del árbol de que te mandé diciendo: No comerás de él; maldita será la tierra por tu causa; con dolor comerás de ella todos los días de tu vida. Espinos y cardos te producirá, y comerás plantas del campo. Con el sudor de tu rostro comerás el pan hasta que vuelvas a la tierra, porque de ella fuiste tomado; pues polvo eres, y al polvo volverás. Y llamó Adán el nombre de su mujer, Eva por cuanto ella era madre de todos los vivientes."

Aquí aparece en escena otro personaje, Satanás en forma de una serpiente, después de la caída, el patrón de una relación perfecta, ya no continuó, así es que ahora hay que aprender a solucionar los problemas que hay en todas las relaciones interpersonales. Satanás odia de una manera muy directa y fuerte a la humanidad, porque el hombre es hecho a la imagen de Dios, así es que lo que intenta hacer es destruir a la humanidad por todos los medios posibles.

Raíz 1. La tentación. v. 2-5; *"Y la mujer respondió a la serpiente: Del fruto de los árboles del huerto podemos comer;*

pero del fruto del árbol que está en medio del huerto dijo Dios: No comeréis de él, ni le tocaréis, para que no muráis. Entonces la serpiente dijo a la mujer: No moriréis; sino que sabe Dios que el día que comáis de él, serán abiertos vuestros ojos, y seréis como Dios, sabiendo el bien y el mal."

Satanás teme a la verdadera unidad. Así es que lo primero que va a hacer es dividir. La tentación es algo normal y cotidiano en nuestra vida; muchos de nosotros le tenemos miedo a la tentación porque no conocemos lo que somos en Dios. Dios nos quiere llevar a nuevos niveles, y por eso también nos aplica exámenes, por eso es importante que aprendamos a vencer a la tentación. **Cuando vencemos a la tentación, eso va a producir un gran fruto para nuestro propio crecimiento.**

Raíz 2. El pecado. v.6; *"Y vio la mujer que el árbol era bueno para comer, y que era agradable a los ojos, y árbol codiciable para alcanzar la sabiduría; y tomó de su fruto, y comió; y dio también a su marido, el cual comió así como ella."*

1ª Jn. 2:16; *"Porque todo lo que hay en el mundo, los deseos de la carne, los deseos de los ojos, y la vanagloria de la vida, no proviene del Padre, sino del mundo."*

En ellos comenzó un sentimiento de resistencia contra Dios. La intimidad con Dios y entre ellos se destruyó, las relaciones interpersonales se dañaron. Los deseos de los ojos y la vanagloria de la vida nos comienzan a hacer sentir autosuficientes, la arrogancia invade el corazón y los intereses personales dominan las relaciones interpersonales. El problema realmente no son los demonios, sino el pecado dentro de nosotros, ya que los demonios son síntomas del pecado que hay dentro de nosotros.

Es como si tuviéramos un bote de basura, en donde las moscas rodean a la basura, si yo le echo insecticida a las moscas, esas se van a morir, pero como sigue la basura las moscas van a regresar; así que lo que debo hacer es quitar la basura.

Raíz 3. La vergüenza. v. 7; *"Entonces fueron abiertos los ojos de ambos, y conocieron que estaban desnudos; entonces cosieron hojas de higuera, y se hicieron delantales."*

Es una raíz que debilita y mata la intimidad. La vergüenza produce desacuerdos y falta de comunicación entre el matrimonio. Una persona que tiene vergüenza, normalmente evade la mirada. La liberación, nos liberta de este demonio de vergüenza. Hay que aprender a amarnos incondicionalmente, tener compasión, perdonarnos en el nombre del Señor, y de esa manera seremos liberados.

Para vencer la vergüenza; debemos aprender a perdonarnos a nosotros mismos, Stg.5:16; *"Confesaos vuestras ofensas unos a otros, y orad unos por otros, para que seáis sanados. La oración eficaz del justo puede mucho."*, pero si no lo podemos hacer, entonces debemos acercarnos a una persona madura, para que le comentemos lo que nos ha pasado y que él nos extienda su perdón en el nombre del Señor, para entonces poder ser libres.

Raíz 4. La culpabilidad. (v.8, *"Y oyeron la voz de Jehová Dios que se paseaba en el huerto, al aire del día; y el hombre* *y su mujer se escondieron de la presencia de Jehová Dios entre los árboles del huerto."*).

Esa culpabilidad nos lleva a escondernos, y es una de las armas poderosas que el enemigo utiliza para mantenernos cautivos y oprimidos.

Ya que la culpa hace sentir a las personas como personas de segunda categoría, y eso hace que las relaciones interpersonales con nuestros hermanos y aún con Dios mismo sean relaciones superficiales.

El remedio para la culpabilidad, es poner la sangre de Cristo, sobre nuestras vidas. La culpabilidad tiene una raíz muy fuerte en el orgullo y la autosuficiencia. La culpabilidad ata, y lleva a las personas a la religiosidad, y al legalismo, así es que también debe de haber arrepentimiento del orgullo y la autosuficiencia. Recordemos que nuestra propia justicia es como trapo de inmundicia delante del Señor. Is. 64:6; *"Si bien todos nosotros somos como suciedad, y todas nuestras justicias como trapo de inmundicia; y caímos todos nosotros como la hoja, y nuestras maldades nos llevaron como viento."*

Dios primero quiere hacer su obra en mí, antes de que yo haga la obra de Dios.

Raíz 5. El miedo. v. 9-10; *"Más Jehová Dios llamó al hombre, y le dijo: ¿Dónde estás tú? Y él respondió: Oí tu voz en el huerto, y tuve miedo, porque estaba desnudo; y me escondí."*

Es el resultado de la vergüenza y de la culpabilidad que vinieron por el pecado cometido. El miedo puede hacer a una persona dominante o manipuladora en una relación. El temor es síntoma de problemas aún más profundos. Pero el verdadero y perfecto amor echa fuera el temor.

El temor también se manifiesta a través del mal carácter, de la ira, y el enojo. (Mt. 18). Debemos aprender a tratar los problemas que tenemos, y para solucionar esos problemas, no solamente debemos levantar la alfombra para depositar debajo la basura, sino que debemos aprender a tratar con el problema. A menudo necesitamos arreglar este problema para poder solucionar nuestras relaciones interpersonales, debemos anular el temor al rechazo, para así poder iniciar una relación interpersonal sólida.

Raíz 6. La auto justificación que nos lleva a culpar a otros. v. 11-13; *"Y Dios le dijo: ¿Quién te enseñó que estabas desnudo? ¿Has comido del árbol de que yo te mandé no comieses? Y el hombre respondió: La mujer que me diste por compañera me dio del árbol, y yo comí. Entonces Jehová Dios dijo a la mujer: ¿Qué es lo que has hecho? Y dijo la mujer: La serpiente me engañó, y comí."*

Normalmente no nos gusta asumir nuestras responsabilidades, sino que normalmente culpamos a otros. Lo que debemos confesar son nuestros propios pecados, no los pecados de otros. Ni Adán, ni Eva estaban dispuestos a asumir su responsabilidad.

Raíz 7. La maldición. v. 14-19; *"Y Jehová Dios dijo a la serpiente: Por cuanto esto hiciste, maldita serás entre todas* *las bestias y entre todos los animales del campo; sobre tu pecho andarás, y polvo comerás todos los días de tu vida. Y pondré enemistad entre ti y la mujer, y entre tu simiente y la simiente suya; ésta te herirá en la cabeza, y tú le herirás en el calcañar. A la mujer dijo: Multiplicaré en gran manera los dolores en tus preñeces; con dolor darás a luz los hijos; y tu deseo será para tu marido, y él se enseñoreará de ti. Y al hombre dijo: Por cuanto obedeciste a la voz de tu mujer, y comiste del árbol de que te mandé diciendo: No comerás de él; maldita será la tierra por tu causa; con dolor comerás de ella todos los días de tu vida. Espinos y cardos te producirá, y comerás plantas del campo. Con el sudor de tu rostro comerás el pan hasta que vuelvas a la tierra, porque de ella fuiste tomado; pues polvo eres, y al polvo volverás."*

Cayó a partir de entonces sobre Adán y Eva, sobre los animales y sobre toda la creación. Y a partir de entonces la maldición comenzó a crecer en toda la humanidad, y en todo lo que existe. La maldición fue produciendo deterioro y destrucción, siendo la última manifestación de la maldición la muerte. En el capítulo 4 de Génesis, en la segunda generación, hubo homicidios, venganza, odios, etc. Como consecuencia lógica del pecado.

El remedio. En Gn 3:14 dice, *"Y Jehová Dios dijo a la serpiente: Por cuanto esto hiciste, maldita serás entre todas las bestias y entre todos los animales del campo; sobre tu pecho andarás, y polvo comerás todos los días de tu vida."*, en medio de toda esta devastación, el Señor da el remedio. Lea 1ª Jn. 3:8, 11, 14. *"El que practica el pecado es del diablo; porque el diablo peca desde el principio. Para esto apareció el*

Hijo de Dios, para deshacer las obras del diablo.", "Porque este es el mensaje que habéis oído desde el principio: Que nos amemos unos a otros.", "Nosotros sabemos que hemos pasado de muerte a vida, en que amamos a los hermanos. El que no ama a su hermano, permanece en muerte."

Jesucristo vino con el propósito de destruir y desarraigar todas las obras del diablo, y es el Espíritu Santo, quien quiere destruir toda esa estructura en nuestra vida, llevándonos en primer lugar al arrepentimiento, librándonos de toda vergüenza, y temor.

TEMA 9

♦

LA GUERRA INTERNA Y LA GUERRA CÓSMICA

"Porque no tenemos lucha contra sangre y carne, sino contra principados, contra potestades, contra los gobernadores de las tinieblas de este siglo, contra huestes espirituales de maldad en las regiones celestes." Ef. 6:12

I. La guerra interna.

Pr. 16:32 dice: *"Mejor es el que se enseñorea de su espíritu, que el que toma una ciudad"*. Para poder ser efectivos en la guerra espiritual, primero debemos aprender a controlar nuestro propio espíritu.

La guerra interna es la que se lleva a cabo dentro de nosotros entre el viejo hombre (la carne) y nuestro nuevo hombre (el espíritu). Nuestra vieja naturaleza ha sido pervertida por el pecado personal y el ancestral.

Ef. 4:22-24; *"En cuanto a la pasada manera de vivir, despojaos del viejo hombre, que está viciado conforme a los deseos engañosos, y renovaos en el espíritu de vuestra mente, y vestíos del nuevo hombre, creado según Dios en la justicia y santidad de la verdad."*

Col. 3:9-10; *"No mintáis los unos a los otros, habiéndoos despojado del viejo hombre con sus hechos, y revestido del nuevo, el cual conforme a la imagen del que lo creó se va renovando hasta el conocimiento pleno,"*

Nosotros desde que nacemos ya somos pecadores. El único que fue concebido sin pecado fue nuestro Señor Jesucristo.

Mientras haya demonios en nosotros será imposible que podamos dominar al viejo hombre (nuestra carne). Muchas de las personas, al nacer ya nacen infectadas de demonios, a través de los genes.

Nosotros somos llamados a despojarnos del viejo hombre, esta lucha es la más dura de todas. Romanos 8 dice que la carne no quiere ni puede someterse; los demonios se nos someten y sujetan y son echados fuera, pero el viejo hombre opone una tenaz resistencia para no ser sometido a Dios. También debemos renovarnos en el espíritu de nuestra mente.

La guerra entre el viejo y el nuevo hombre se lleva a cabo en nuestra mente. Y el que llega a controlar nuestra mente, eventualmente llegará a controlar todo nuestro ser.

Ef. 4:25-28; *"Por lo cual, desechando la mentira, hablad verdad cada uno con su prójimo; porque somos miembros los unos de los otros. Airaos, pero no pequéis; no se ponga el sol sobre vuestro enojo, ni deis lugar al diablo. El que hurtaba, no hurte más, sino trabaje, haciendo con sus manos lo que es bueno, para que tenga qué compartir con el que padece necesidad."*, en estos versículos se nos muestra la forma práctica de ir venciendo los malos hábitos. Lo opuesto a la ira, es la mansedumbre, no habla mentira, sino la verdad, trabaja y no hurta, además de que ayuda a otros. No habla palabras torpes, sino que edifica con sus palabras a otros.

Cuando le damos lugar al viejo hombre y no al nuevo, el Espíritu Santo se contrista, Ef. 4:30; *"Y no contristéis al Espíritu Santo de Dios, con el cual fuisteis sellados para el día de la redención."*, además se le dan derechos legales al diablo, para hacer estragos en la vida del hombre, v.27 *"ni deis lugar al diablo."*

Gá. 5:16-17 dice que el hombre viejo se opone al nuevo hombre, aquí se ve reflejada la lucha interna. Si quiero hacer lo bueno, el viejo hombre se opone, y si quiero hacer lo malo, el nuevo hombre se opone. Por eso Pablo decía, que el bien que él quería hacer no lo podía hacer porque el viejo hombre se oponía. (v.19-21 *"Y manifiestas son las obras de la carne, que son: adulterio, fornicación, inmundicia, lascivia, idolatría, hechicerías, enemistades, pleitos, celos, iras, contiendas, disensiones, herejías, envidias, homicidios, borracheras, orgías, y cosas semejantes a estas; acerca de las cuales os amonesto, como ya os lo he dicho antes, que los que practican tales cosas no heredarán el reino de Dios."*). Aquí está la lista de todo lo que somos capaces de hacer a través del viejo hombre.

Toda liberación es un proceso, ya que somos como un edificio de muchos pisos, y de cada uno tienen que ir saliendo los demonios.

A. Carne. Tiene tres diferentes significados:

1. Materia:

Ef. 6:12; *"Porque no tenemos lucha contra sangre y carne, sino contra principados, contra potestades, contra los gobernadores de las tinieblas de este siglo, contra huestes espirituales de maldad en las regiones celestes."*

1ª Ti. 3:16; *"E indiscutiblemente, grande es el misterio de la piedad: Dios fue manifestado en carne, Justificado en el Espíritu, Visto de los ángeles, Predicado a los gentiles, Creído en el mundo, Recibido arriba en gloria."*

Lc. 24:39; *"Mirad mis manos y mis pies, que yo mismo soy; palpad, y ved; porque un espíritu no tiene carne ni huesos, como veis que yo tengo."*

2. La humanidad: Es la raza humana en general;

Lc.3:6; *"Y verá toda carne la salvación de Dios."*

Hch. 2:17; *"Y en los postreros días, dice Dios, Derramaré de mi Espíritu sobre toda carne, Y vuestros hijos y vuestras hijas profetizarán; Vuestros jóvenes verán visiones, Y vuestros ancianos soñarán sueños;"*

3. Naturaleza humana: Corrompida o pervertida a causa del pecado;

Gá. 5:19; *"Y manifiestas son las obras de la carne, que son: adulterio, fornicación, inmundicia, lascivia,"*

Ro. 7:18; *"Y yo sé que en mí, esto es, en mi carne, no mora el bien; porque el querer el bien está en mí, pero no el hacerlo."*

El hombre tiene dos naturalezas, en Stg. 1:8; Pablo le llamó: *"cuerpo de pecado"*, Ro. 6:6; dice: *"sabiendo esto, que nuestro viejo hombre fue crucificado juntamente con él, para que el cuerpo del pecado sea destruido, a fin de que no sirvamos más al pecado."*, Col. 2:11; nos dice, *"En él también fuisteis circuncidados con circuncisión no hecha a mano, al echar de vosotros el cuerpo pecaminoso carnal, en la circuncisión de Cristo;"*, Ro. 7:24. Nos muestra *"¡Miserable de mí! ¿Quién me librará de este cuerpo de muerte?"*, en Mateo 24:28 y en Lc. 17:37 habla de: *"Donde estuviere el cuerpo muerto, allí se juntarán las águilas"*. Nuestro viejo hombre atrae a los demonios. Mientras en nosotros exista lo carnal, Satanás y sus demonios son atraídos.

Job 39:29-30; *"Desde allí acecha la presa; Sus ojos observan de muy lejos. Sus polluelos chupan la sangre; Y donde hubiere cadáveres, allí está ella."*

Mt.13:4, 19, 32; *"Y mientras sembraba, parte de la semilla cayó junto al camino; y vinieron las aves y la comieron."*, *"Cuando alguno oye la palabra del reino y no la entiende, viene el malo, y arrebata lo que fue sembrado en su corazón. Este es el que fue sembrado junto al camino."*, *"el cual a la verdad es la más pequeña de todas las semillas; pero cuando ha crecido, es la mayor de las hortalizas, y se hace árbol, de tal manera que vienen las aves del cielo y hacen nidos en sus ramas."*

Para que todo cristiano pueda mortificar su carne, es necesario que primero sea liberado de demonios, Ro.8:13; *"porque si vivís conforme a la carne, moriréis; más si por el Espíritu hacéis morir las obras de la carne, viviréis."*

1ª Co. 9:27; *"sino que golpeo mi cuerpo, y lo pongo en servidumbre, no sea que habiendo sido heraldo para otros, yo mismo venga a ser eliminado."*

Según Ro. 7:23; y 8:2, dice que en la carne opera *"la ley del pecado y de la muerte"*, y en el espíritu opera la *"ley del espíritu de vida en Cristo Jesús"*.

B. Al viejo hombre como no tiene salvación hay que:

1. Despojarlo.

Ef.4:22, 25, 31; *"En cuanto a la pasada manera de vivir, despojaos del viejo hombre, que está viciado conforme a los deseos engañosos,"*, *"Por lo cual, desechando la mentira, hablad verdad cada uno con su prójimo; porque somos miembros los unos de los otros."*, *"Quítense de vosotros toda amargura, enojo, ira, gritería y maledicencia, y toda malicia."*

Col.3:8-24; *"Pero ahora dejad también vosotros todas estas cosas: ira, enojo, malicia, blasfemia, palabras deshonestas de vuestra boca. No mintáis los unos a los otros, habiéndoos despojado del viejo hombre con sus hechos, y revestido del nuevo, el cual conforme a la imagen del que lo creó se va renovando hasta el conocimiento pleno, donde no hay griego ni judío, circuncisión ni incircuncisión, bárbaro ni escita, siervo ni libre, sino que Cristo es el todo, y en todos. Vestíos, pues, como escogidos de Dios, santos y amados, de entrañable misericordia, de benignidad, de humildad, de mansedumbre, de paciencia; soportándoos unos a otros, y perdonándoos unos a otros si alguno tuviere queja contra otro. De la manera que Cristo os perdonó, así también hacedlo vosotros. Y sobre todas estas cosas vestíos de amor, que es el vínculo perfecto. Y la paz de Dios gobierne en vuestros corazones, a la que asimismo fuisteis llamados en un solo cuerpo; y sed agradecidos. La palabra de Cristo more en abundancia en vosotros, enseñándoos y exhortándoos unos a otros en toda sabiduría, cantando con gracia en vuestros corazones al Señor con salmos e himnos y cánticos espirituales. Y todo lo que hacéis, sea de palabra o de hecho, hacedlo todo en el nombre del Señor Jesús, dando gracias a Dios Padre por medio de él. Casadas, estad sujetas a vuestros maridos, como conviene en el Señor. Maridos, amad a vuestras mujeres, y no seáis ásperos con ellas. Hijos, obedeced a vuestros padres en todo, porque esto agrada al Señor. Padres, no exasperéis a vuestros hijos, para que no se desalienten. Siervos, obedeced en todo a vuestros amos terrenales, no sirviendo al ojo, como los que quieren agradar a los hombres, sino con corazón sincero, temiendo a Dios. Y todo lo que hagáis, hacedlo de corazón, como para el Señor y no para los hombres; sabiendo que del Señor recibiréis la recompensa de la herencia, porque a Cristo el Señor servís."*

1ª P. 2:1; *"Desechando, pues, toda malicia, todo engaño, hipocresía, envidias, y todas las detracciones,"*

2. Subyugarlo.

1ª Co. 9:27; *"sino que golpeo mi cuerpo, y lo pongo en servidumbre, no sea que habiendo sido heraldo para otros, yo mismo venga a ser eliminado.".* **(Reina-Valera Antigua (RVA)** *"poner en servidumbre"*).

3. Mortificarlo.

   Ro. 8:13; *"porque si vivís conforme a la carne, moriréis; más si por el Espíritu hacéis morir las obras de la carne, viviréis."*

   Col.3:5; *"Amortiguad, pues, vuestros miembros que están sobre la tierra: fornicación, inmundicia, molicie, mala concupiscencia, y avaricia, que es idolatría:"* **(Reina-Valera Antigua (RVA)** *"Amortiguad, pues vuestros miembros"*).

4. Crucificarlo.

   Ro. 6:6; *"sabiendo esto, que nuestro viejo hombre fue crucificado juntamente con él, para que el cuerpo del pecado sea destruido, a fin de que no sirvamos más al pecado."*

   Gá. 5:24; *"Pero los que son de Cristo han crucificado la carne con sus pasiones y deseos."*

   Los que son de Cristo, han crucificado su carne, y eso es necesario para participar de la primera resurrección.

Todo hombre antes de ser *"santificado"*, tiene que ser *"liberado"*. El único hombre que nunca tuvo demonios fue Jesucristo.

II. La guerra cósmica.

Joel 2:2-4, 7; *"Día de tinieblas y de oscuridad, día de nube y de sombra; como sobre los montes se extiende el alba, así vendrá un pueblo grande y fuerte; semejante a él no lo hubo jamás, ni después de él lo habrá en años de muchas generaciones. Delante de él consumirá fuego, tras de él abrasará llama; como el huerto del Edén será la tierra delante de él, y detrás de él como desierto asolado; ni tampoco habrá quien de él escape. Su aspecto, como aspecto de caballos, y como gente de a caballo correrán...Como valientes correrán, como hombres de guerra subirán el muro; cada cual marchará por su camino, y no torcerá su rumbo."*

Is. 13:3; *"Yo mandé a mis consagrados, asimismo llamé a mis valientes para mi ira, a los que se alegran con mi gloria."*

Hablan de que solamente los valientes formaran parte del ejército de Dios.

Zac. 3:2; *"Y dijo Jehová a Satanás: Jehová te reprenda, oh Satanás; Jehová que ha escogido a Jerusalén te reprenda. ¿No es éste un tizón arrebatado del incendio?"*

Nosotros tenemos participación activa en la guerra final del Señor, pero para eso el Señor está escogiendo a las personas que van a formar parte del ejercito de Dios.

Cuando la Iglesia se involucre en la guerra espiritual, es cuando Satanás será derrotado, y caerá con grande ira. Ap. 12:7-17; *"Después hubo una gran batalla en el cielo: Miguel y sus ángeles luchaban contra el dragón; y luchaban el dragón y sus ángeles; pero no prevalecieron, ni se halló ya lugar para ellos en el cielo. Y fue lanzado fuera el gran dragón, la serpiente antigua, que se llama diablo y Satanás, el cual engaña al mundo entero; fue arrojado a la tierra, y sus ángeles fueron arrojados con él. Entonces oí una gran voz en el cielo, que decía: Ahora ha venido la salvación, el poder, y el reino de nuestro Dios, y la autoridad de su Cristo; porque ha sido lanzado fuera el acusador de nuestros hermanos, el que los acusaba delante de nuestro Dios día y noche. Y ellos le han vencido por medio de la sangre del Cordero y de la palabra del testimonio de ellos, y menospreciaron sus vidas hasta la muerte. Por lo cual alegraos, cielos, y los que moráis en ellos. ¡Ay de los moradores de la tierra y del mar! porque el diablo ha descendido a vosotros con gran ira, sabiendo que tiene poco tiempo. Y cuando vio el dragón que había sido arrojado a la tierra, persiguió a la mujer que había dado a luz al hijo varón. Y se le dieron a la mujer las dos alas de la gran águila, para que volase de delante de la serpiente al desierto, a su lugar, donde es sustentada por un tiempo, y tiempos, y la mitad de un tiempo. Y la serpiente arrojó de su boca, tras la mujer, agua como un río, para que fuese arrastrada por el río. Pero la tierra ayudó a la mujer, pues la tierra abrió su boca y tragó el río que el dragón había echado de su boca.*

Entonces el dragón se llenó de ira contra la mujer; y se fue a hacer guerra contra el resto de la descendencia de ella, los que guardan los mandamientos de Dios y tienen el testimonio de Jesucristo.". La Iglesia dará a luz un hijo varón, (que es una Iglesia madura), hay una Iglesia dentro de la Iglesia.

Dt. 7:9-10, 13-14; *"Conoce, pues, que Jehová tu Dios es Dios, Dios fiel, que guarda el pacto y la misericordia a los que le aman y guardan sus mandamientos, hasta mil generaciones; y que da el pago en persona al que le aborrece, destruyéndolo; y no se demora con el que le odia, en persona le dará el pago. ...Y te amará, te bendecirá y te multiplicará, y bendecirá el fruto de tu vientre y el fruto de tu tierra, tu grano, tu mosto, tu aceite, la cría de tus vacas, y los rebaños de tus ovejas, en la tierra que juró a tus padres que te daría. Bendito serás más que todos los pueblos; no habrá en ti varón ni hembra estéril, ni en tus ganados."*, dice que el reino le será entregado a Jesucristo, y después los santos del Altísimo poseerán el reino. Dt. 7:21-24; *"No desmayes delante de ellos, porque Jehová tu Dios está en medio de ti, Dios grande y temible. Y Jehová tu Dios echará a estas naciones de delante de ti poco a poco; no podrás acabar con ellas en seguida, para que las fieras del campo no se aumenten contra ti. Más Jehová tú Dios las entregará delante de ti, y él las quebrantará con grande destrozo, hasta que sean destruidas. El entregará sus reyes en tu mano, y tú destruirás el nombre de ellos de debajo del cielo; nadie te hará frente hasta que los destruyas."*

Los ángeles nos necesitan más a nosotros, que lo que nosotros los necesitamos a ellos, ya que ellos carecen de autoridad espiritual. Los ángeles no tienen autoridad para reprender a

Satanás, pero el cristiano si tiene esa autoridad, para poder reprender al enemigo.

2ª P. 2:11 dice, *"mientras que los ángeles, que son mayores en fuerza y en potencia, no pronuncian juicio de maldición contra ellas delante del Señor."* Ellos son mayores en fuerza y en potencia que los seres humanos.

2 S. 14:17-20, dice que son mayores que el ser humano en conocimiento. *"Tu sierva, pues, dice: Sea ahora de consuelo la respuesta de mi señor el rey, pues que mi señor el rey es como un ángel de Dios para discernir entre lo bueno y lo malo. Así Jehová tu Dios sea contigo. Entonces David respondió y dijo a la mujer: Yo te ruego que no me encubras nada de lo que yo te preguntare. Y la mujer dijo: Hable mi señor el rey. Y el rey dijo: ¿No anda la mano de Joab contigo en todas estas cosas? La mujer respondió y dijo: Vive tu alma, rey señor mío, que no hay que apartarse a derecha ni a izquierda de todo lo que mi señor el rey ha hablado; porque tu siervo Joab, él me mandó, y él puso en boca de tu sierva todas estas palabras. Para mudar el aspecto de las cosas Joab tu siervo ha hecho esto; pero mi señor es sabio conforme a la sabiduría de un ángel de Dios, para conocer lo que hay en la tierra."*. **Pero en autoridad somos superiores a los ángeles,** *porque Jesucristo nos confirió su autoridad.*

Ef. 3:10; *"para que la multiforme sabiduría de Dios sea ahora dada a conocer por medio de la iglesia a los principados y potestades en los lugares celestiales,"*, por eso a nosotros se nos fue conferido el notificarle al enemigo en los lugares celestes, sobre la multiforme sabiduría de Dios, 1ª Co. 2:6-8;

"Sin embargo, hablamos sabiduría entre los que han alcanzado madurez; y sabiduría, no de este siglo, ni de los príncipes de este siglo, que perecen. Más hablamos sabiduría de Dios en misterio, la sabiduría oculta, la cual Dios predestinó antes de los siglos para nuestra gloria, la que ninguno de los príncipes de este siglo conoció; porque si la hubieran conocido, nunca habrían crucificado al Señor de gloria."

En la cruz, Cristo destruyó, derrotó y deshizo las obras del diablo. 1ª Co. 1:20-24; *"¿Dónde está el sabio? ¿Dónde está el escriba? ¿Dónde está el disputador de este siglo? ¿No ha enloquecido Dios la sabiduría del mundo? Pues ya que en la sabiduría de Dios, el mundo no conoció a Dios mediante la sabiduría, agradó a Dios salvar a los creyentes por la locura de la predicación. Porque los judíos piden señales, y los griegos buscan sabiduría; pero nosotros predicamos a Cristo crucificado, para los judíos ciertamente tropezadero, y para los gentiles locura; más para los llamados, así judíos como griegos, Cristo poder de Dios, y sabiduría de Dios."*

Cristo es la sabiduría de Dios, ya que fue el plan maestro de Dios.

Sal. 149:6-9; *"Exalten a Dios con sus gargantas, Y espadas de dos filos en sus manos, Para ejecutar venganza entre las naciones, Y castigo entre los pueblos; Para aprisionar a sus reyes con grillos, Y a sus nobles con cadenas de hierro; Para ejecutar en ellos el juicio decretado; Gloria será esto para todos sus santos. Aleluya."*

La Palabra de Dios es vital en el cumplimiento del juicio sobre Satanás y sus demonios. Y los que tenemos que hacer esta tarea, somos la Iglesia del Señor Jesucristo.

El plan de Dios ya fue consumado, pero la Iglesia es la ejecutora del plan de Dios sobre la humanidad, y sobre los demonios.

TEMA 10

Las desviaciones sexuales a la luz de la Biblia

"Y como ellos no aprobaron tener en cuenta a Dios, Dios los entregó a una mente reprobada, para hacer cosas que no convienen;" Romanos 1:28

esviación: Es una variación del procedimiento normal, o es algo que se aparta del camino trazado.

I. Parámetros establecidos por Dios para la conducta sexual normal.

A. Debe ser heterosexual. Varón y hembra los creó Dios. Gn. 1:27-28; *"Y creó Dios al hombre a su imagen, a imagen de Dios lo creó; varón y hembra los creó. Y los bendijo Dios, y les dijo: Fructificad y multiplicaos;*

llenad la tierra, y sojuzgadla, y señoread en los peces del mar, en las aves de los cielos, y en todas las bestias que se mueven sobre la tierra."

B. Debe haber matrimonio. Hebreos 13:4; *"Honroso sea en todos el matrimonio, y el lecho sin mancilla; pero a los fornicarios y a los adúlteros los juzgará Dios."*

C. Que no haya parentesco alguno. Lv. 18:6; *"Ningún varón se llegue a parienta próxima alguna, para descubrir su desnudez. Yo Jehová."*

D. No debe haber poligamia. 1ª Ti. 3:2; *"Pero es necesario que el obispo sea irreprensible, marido de una sola mujer, sobrio, prudente, decoroso, hospedador, apto para enseñar;"*

II. Desviaciones sexuales.

Romanos 1:24-27; *"Por lo cual también Dios los entregó a la inmundicia, en las concupiscencias de sus corazones, de modo que deshonraron entre sí sus propios cuerpos, ya que cambiaron la verdad de Dios por la mentira, honrando y dando culto a las criaturas antes que al Creador, el cual es bendito por los siglos. Amén. Por esto Dios los entregó a pasiones vergonzosas; pues aun sus mujeres cambiaron el uso natural por el que es contra naturaleza, y de igual modo también los hombres, dejando el uso natural de la mujer, se encendieron en su lascivia unos con otros, cometiendo hechos vergonzosos hombres con hombres, y recibiendo en sí mismos la retribución debida a su extravío."*

A. La pornografía: Es la descripción de la prostitución. Es toda imagen que representa o describe cualquier conducta erótica ya sea de una o más personas.

B. La prostitución: Es el acto sexual por una remuneración.

C. Exhibicionismo: Es la tendencia a exhibir los genitales o practicar el acto sexual en público.

D. Voyeurismo: Son deseos incontrolables de ver el acto sexual o la desnudez de otros, eso también se aplica a los que les gusta ver la pornografía. Lv.18:6-18; 20:17; *"Ningún varón se llegue a parienta próxima alguna, para descubrir su desnudez. Yo Jehová. La desnudez de tu padre, o la desnudez de tu madre, no descubrirás; tu madre es, no descubrirás su desnudez. La desnudez de la mujer de tu padre no descubrirás; es la desnudez de tu padre. La desnudez de tu hermana, hija de tu padre o hija de tu madre, nacida en casa o nacida fuera, su desnudez no descubrirás. La desnudez de la hija de tu hijo, o de la hija de tu hija, su desnudez no descubrirás, porque es la desnudez tuya. La desnudez de la hija de la mujer de tu padre, engendrada de tu padre, tu hermana es; su desnudez no descubrirás. La desnudez de la hermana de tu padre no descubrirás; es parienta de tu padre. La desnudez de la hermana de tu madre no descubrirás, porque parienta de tu madre es. La desnudez del hermano de tu padre no descubrirás;*

no llegarás a su mujer; es mujer del hermano de tu padre. La desnudez de tu nuera no descubrirás; mujer es de tu hijo, no descubrirás su desnudez. La desnudez de la mujer de tu hermano no descubrirás; es la desnudez de tu hermano. La desnudez de la mujer y de su hija no descubrirás; no tomarás la hija de su hijo, ni la hija de su hija, para descubrir su desnudez; son parientas, es maldad. No tomarás mujer juntamente con su hermana, para hacerla su rival, descubriendo su desnudez delante de ella en su vida.", "Si alguno tomare a su hermana, hija de su padre o hija de su madre, y viere su desnudez, y ella viere la suya, es cosa execrable; por tanto serán muertos a ojos de los hijos de su pueblo; descubrió la desnudez de su hermana; su pecado llevará."

E. Orgías: Son toda práctica sexual donde intervienen más de dos personas. Va ligada con el exhibicionismo y con el voyeurismo. Gá. 5:21-22; *"envidias, homicidios, borracheras, orgías, y cosas semejantes a estas; acerca de las cuales os amonesto, como ya os lo he dicho antes, que los que practican tales cosas no heredarán el reino de Dios. Más el fruto del Espíritu es amor, gozo, paz, paciencia, benignidad, bondad, fe,"*

F. Homosexualismo: Relaciones amorosas o eróticas entre personas del mismo sexo.

Dt. 23:17; *"No haya ramera de entre las hijas de Israel, ni haya sodomita de entre los hijos de Israel."*

Lv. 18:22; *"No te echarás con varón como con mujer; es abominación."*

Ro.1:26-27; *"Por esto Dios los entregó a pasiones vergonzosas; pues aun sus mujeres cambiaron el uso natural por el que es contra naturaleza, y de igual modo también los hombres, dejando el uso natural de la mujer, se encendieron en su lascivia unos con otros, cometiendo hechos vergonzosos hombres con hombres, y recibiendo en sí mismos la retribución debida a su extravío."*

G. Pedofilia: Atracción sexual hacia los niños del sexo opuesto.

H. Pederastia: Atracción sexual hacia niños del mismo sexo. Esto está muy ligado con el homosexualismo, y estás dos desviaciones producen abuso sexual en los niños. En gran parte el homosexualismo está basado en el abuso sexual, físico, emocional o psicológico. El 80% de los homosexuales fueron abusados en su infancia.

I. Fetichismo: Usar prendas de otros para lograr una excitación sexual, sustituyendo el acto sexual-genital normal.

J. Violación sexual: Es tomar por la fuerza a otra persona para satisfacer sus deseos sexuales. Sea hombre o mujer.

Dt. 22:25; *"Más si un hombre hallare en el campo a la joven desposada, y la forzare aquel hombre, acostándose con ella, morirá solamente el hombre que se acostó con ella;"*

K. Sadomasoquismo. Es un acrónimo de los términos sadismo y masoquismo, en el cual una persona obtiene placer al ser dominado o maltratado durante el acto sexual.

1. Sadismo: Es el placer de ver sufrir a otros.
2. Masoquismo: Es cuando se experimenta placer sexual al ser lastimado física o psicológicamente por otros.

Nota: Toda cosa buena tiene un precio, una de las grandes realidades de la vida es que nada es gratis.

2ª Ti. 2:3-4; *"Tú, pues, sufre penalidades como buen soldado de Jesucristo. Ninguno que milita se enreda en los negocios de la vida, a fin de agradar a aquel que lo tomó por soldado."*

TEMA 11

LA ADORACIÓN ES PRECEDIDA POR LA LIBERACIÓN

"Saca mi alma de la cárcel, para que Alabe tu nombre...." Sal. 142:7

Una persona aprisionada espiritualmente no puede alabar a Dios. Satanás es un enemigo acérrimo de la adoración a Dios.

Sal. 116:16-17; *"Oh Jehová, ciertamente yo soy tu siervo, Siervo tuyo soy, hijo de tu sierva; Tú has roto mis prisiones. Te ofreceré sacrificio de alabanza, E invocaré el nombre de Jehová."*

Sal. 126:1-2; *"Cuando Jehová hiciere volver la cautividad de Sion.... Entonces nuestra boca se llenara de risa, y nuestra lengua de alabanza;..."*

Cuando Dios nos libera es entonces que podemos alabar con libertad al Señor.

La rebelión oprime (la rebeldía es la puerta a la cautividad) *"algunos moraban en tinieblas y sombra de muerte, aprisionados en aflicción y en hierros. Por cuanto fueron rebeldes a las palabras de Jehová y aborrecieron el consejo del altísimo"*. Sal. 107:10-11.

Pero cuando el Señor libera, entonces se debe alabar a Dios. *"Luego que clamaron a Jehová en su angustia, los libro de sus aflicciones; los saco de las tinieblas y de la sombra de muerte y rompió sus prisiones. ALABEN LA MISERICORDIA DE JEHOVA y sus maravillas con los hijos de los hombres"*. Sal. 107:12-15.

Cuando Dios nos libera entonces es fácil **ALABAR A DIOS,** *"....Alaben la misericordia de Jehová y las maravillas para con los hijos de los hombres; ofrezcan sacrificios de Alabanza y publiquen sus obras con júbilo"*. Sal. 107:17-22.

En el evangelio de Lucas 13:10-17; *"Enseñaba Jesús en una sinagoga en el día de reposo; y había allí una mujer que desde hacía dieciocho años tenía espíritu de enfermedad, y andaba encorvada, y en ninguna manera se podía enderezar. Cuando Jesús la vio, la llamó y le dijo: <u>Mujer, eres libre de tu enfermedad</u>. Y puso las manos sobre ella; <u>y ella se enderezó luego, y glorificaba a Dios</u>. Pero el principal de la sinagoga, enojado de que Jesús hubiese sanado en el día de reposo, dijo a la gente: Seis días hay en que se debe trabajar; en éstos, pues, venid y sed sanados, y no en día de reposo. Entonces* *el Señor le respondió y dijo: Hipócrita, cada uno de vosotros ¿no desata en el día de reposo su buey o su asno del pesebre y lo lleva a beber? Y a esta hija de Abraham, que Satanás había atado dieciocho años, ¿no se le debía desatar de esta ligadura en el día de reposo? Al decir él estas cosas, se avergonzaban todos sus adversarios; pero todo el pueblo se regocijaba por todas las cosas gloriosas hechas por él.*", encontramos el caso de la mujer encorvada y vemos todo un proceso:

(v.12; *"Cuando Jesús la vio, la llamó y le dijo: Mujer, eres libre de tu enfermedad."*). Primero la liberó.

(v.13; *"Y puso las manos sobre ella; y ella se enderezó luego, <u>y glorificaba a Dios.</u>"*). Después la sanó y entonces Glorificaba a Dios.

En Hch. 3:1-10; *"Pedro y Juan subían juntos al templo a la hora novena, la de la oración. Y era traído un hombre cojo de nacimiento, a quien ponían cada día a la puerta del templo que se llama la Hermosa, para que pidiese limosna de los que entraban en el templo. Este, cuando vio a Pedro y a Juan que iban a entrar en el templo, les rogaba que le diesen limosna. Pedro, con Juan, fijando en él los ojos, le dijo: Míranos. Entonces él les estuvo atento, esperando recibir de ellos algo. Más Pedro dijo: No tengo plata ni oro, pero lo que tengo te doy; en el nombre de Jesucristo de Nazaret, levántate y anda. Y tomándole por la mano derecha le levantó; y al momento se le afirmaron los pies y tobillos; y saltando, se puso en pie y anduvo; <u>y entró con ellos en el templo, andando, y saltando, y alabando a Dios. Y todo el pueblo le vio andar y alabar a Dios.</u> Y le reconocían que era el que se sentaba a pedir* *limosna a la puerta del templo, la Hermosa; y se llenaron de asombro y espanto por lo que le había sucedido."*

Vemos la sanidad del cojo de nacimiento. Que después de ser sanado dice la escritura: *"Saltando, y Alabando a Dios, y todo el pueblo le vio andar y **Alabar a Dios**"*. (v. 8-9).

Conclusión.

Sin liberación no puede haber completa **Adoración, ni Alabanza,** si no hay una liberación total (Sal. 22:3). *"Pero tú eres santo, Tú que habitas entre las alabanzas de Israel."*

Pablo y Silas fueron liberados como resultado de la *Alabanza a Dios.* Hch. 16:23-26; *"Después de haberles azotado mucho, los echaron en la cárcel, mandando al carcelero que los guardase con seguridad. El cual, recibido este mandato, los metió en el calabozo de más adentro, y les aseguró los pies en el cepo. Pero a medianoche, <u>orando Pablo y Silas, cantaban himnos a Dios;</u> y los presos los oían. Entonces sobrevino de repente un gran terremoto, de tal manera que los cimientos de la cárcel se sacudían; y al instante se abrieron todas las puertas, y las cadenas de todos se soltaron."*

El endemoniado Gadareno se arrodilló (**Adoró**) y así se abrieron las puertas de su liberación. Mr. 5:6-13; *"Cuando vio, pues, a Jesús de lejos, corrió, <u>y se arrodilló ante él.</u> Y clamando a gran voz, dijo: ¿Qué tienes conmigo, Jesús, Hijo del Dios Altísimo? Te conjuro por Dios que no me atormentes. Porque* *le decía: Sal de este hombre, espíritu inmundo. Y le preguntó: ¿Cómo te llamas? Y respondió diciendo: Legión me llamo; porque somos muchos. Y le rogaba mucho que no los enviase fuera de aquella región. Estaba allí cerca del monte un gran hato de cerdos paciendo. Y le rogaron todos los demonios, diciendo: Envíanos a los cerdos para que entremos en ellos. Y luego Jesús les dio permiso. Y saliendo aquellos espíritus inmundos, entraron en los cerdos, los cuales eran como dos mil; y el hato se precipitó en el mar por un despeñadero, y en el mar se ahogaron."*

La mujer sirofenicia se postró (**Adoró**) ante Jesús y su hija fue liberada. Mt. 15:21-28; *"Saliendo Jesús de allí, se fue a la región de Tiro y de Sidón. Y he aquí una mujer cananea que había salido de aquella región clamaba, diciéndole: ¡Señor, Hijo de David, ten misericordia de mí! Mi hija es gravemente atormentada por un demonio. Pero Jesús no le respondió palabra. Entonces acercándose sus discípulos, le rogaron, diciendo: Despídela, pues da voces tras nosotros. El respondiendo, dijo: No soy enviado sino a las ovejas pérdidas de la casa de Israel. Entonces ella vino y se postró ante él, diciendo: ¡Señor, socórreme! Respondiendo él, dijo: No está bien tomar el pan de los hijos, y echarlo a los perrillos. Y ella dijo: Sí, Señor; pero aun los perrillos comen de las migajas que caen de la mesa de sus amos. Entonces respondiendo Jesús, dijo: Oh mujer, grande es tu fe; hágase contigo como quieres. Y su hija fue sanada desde aquella hora."*

Cuando estemos verdaderamente libres comenzaremos a cumplir los propósitos de Dios para nuestra vida y ministerio.

TEMA 12

◆

Propósitos de la liberación

"el cual nos ha librado de la potestad de las tinieblas, y trasladado al reino de su amado Hijo," Col. 1:13

Introducción.

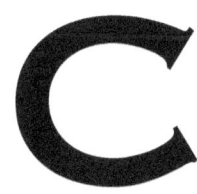

Cuando el Señor nos liberta es con propósitos específicos, además de que él nos saca con mano poderosa del reino de las tinieblas.

Ex. 6:1,6; 7:4-5; 12:12; 13:3, 14, 16; 14:8; *"Jehová respondió a Moisés: Ahora verás lo que yo haré a Faraón; porque con mano fuerte los dejará ir, y con mano fuerte los echará de su tierra… Por tanto, dirás a los hijos de Israel: Yo soy JEHOVÁ; y yo os sacaré de debajo de las tareas pesadas de Egipto, y os libraré de su servidumbre, y os redimiré con brazo extendido, y con juicios grandes;… Y Faraón no os oirá; más yo pondré mi mano sobre Egipto, y sacaré a mis ejércitos, mi pueblo, los hijos de Israel, de la tierra de Egipto, con grandes juicios. Y sabrán los egipcios que yo soy Jehová, cuando extienda mi mano sobre Egipto, y saque a los hijos de Israel de en medio de ellos... Pues yo pasaré aquella noche por la tierra de Egipto, y heriré a todo primogénito en la tierra de Egipto, así de los hombres como de las bestias; y ejecutaré mis juicios en todos los dioses de Egipto. Yo Jehová... Y Moisés dijo al pueblo: Tened memoria de este día, en el cual habéis salido de Egipto, de la casa de servidumbre, pues Jehová os ha sacado de aquí con mano fuerte; por tanto, no comeréis leudado... Y cuando mañana te pregunte tu hijo, diciendo: ¿Qué es esto?, le dirás: Jehová nos sacó con mano fuerte de Egipto, de casa de servidumbre;... Te será, pues, como una señal sobre tu mano, y por un memorial delante de tus ojos, por cuanto Jehová nos sacó de Egipto con mano fuerte... Y endureció Jehová el corazón de Faraón rey de Egipto, y él siguió a los hijos de Israel; pero los hijos de Israel habían salido con mano poderosa."*

I. Para que le sirvamos:

Lc. 4:38-39; *"Entonces Jesús se levantó y salió de la sinagoga, y entró en casa de Simón. La suegra de Simón tenía una gran fiebre; y le rogaron por ella. E inclinándose hacia ella, reprendió a la fiebre; y la fiebre la dejó, y levantándose ella al instante, <u>les servía</u>."*

Ex. 4:22-23; 7:16; 8:1,20; *"Y dirás a Faraón: Jehová ha dicho así: Israel es mi hijo, mi primogénito. Ya te he dicho que dejes ir a mi hijo, para que me sirva, mas no has querido dejarlo ir; he aquí yo voy a matar a tu hijo, tu primogénito... y dile: Jehová el Dios de los hebreos me ha enviado a ti, diciendo: Deja ir a mi pueblo, para que me sirva en el desierto; y he aquí que hasta ahora no has querido oír... Entonces Jehová dijo a Moisés: Entra a la presencia de Faraón y dile: Jehová ha dicho así: Deja ir a mi pueblo, para que me sirva... Jehová dijo a Moisés: Levántate de mañana y ponte delante de Faraón, he aquí él sale al río; y dile: Jehová ha dicho así: Deja ir a mi pueblo, para que me sirva."*

II. Para dar testimonio:

Mr. 5:18-20; *"Al entrar él en la barca, el que había estado endemoniado le rogaba que le dejase estar con él. Más Jesús no se lo permitió, sino que le dijo: Vete a tu casa, a los tuyos, y cuéntales cuán grandes cosas el Señor ha hecho contigo, y cómo ha tenido misericordia de ti. Y se fue, y comenzó a publicar en Decápolis cuán grandes cosas había hecho Jesús con él; y todos se maravillaban."*

III. Para poseer la tierra:

Ex. 3:8; 13:5; *"y he descendido para librarlos de mano de los egipcios, y sacarlos de aquella tierra a una tierra buena y ancha, a tierra que fluye leche y miel, a los lugares del cananeo, del heteo, del amorreo, del ferezeo, del heveo y del* *jebuseo... Y cuando Jehová te hubiere metido en la tierra del cananeo, del heteo, del amorreo, del heveo y del jebuseo, la cual juró a tus padres que te daría, <u>tierra que destila leche y miel</u>, harás esta celebración en este mes."*

IV. Para guerrear:

Ex. 6:26; 7:4; 12:41, 51; 13:17; *"Este es aquel Aarón y aquel Moisés, a los cuales Jehová dijo: Sacad a los hijos de Israel de la tierra de Egipto por sus ejércitos... Y Faraón no os oirá; más yo pondré mi mano sobre Egipto, y <u>sacaré a mis ejércitos</u>, mi pueblo, los hijos de Israel, de la tierra de Egipto, con grandes juicios... Y pasados los cuatrocientos treinta años, en el mismo día todas <u>las huestes de Jehová</u> salieron de la tierra de Egipto... Y en aquel mismo día sacó Jehová a los hijos de Israel de la tierra de Egipto por sus ejércitos... Y luego que Faraón dejó ir al pueblo, Dios no los llevó por el camino de la tierra de los filisteos, que estaba cerca; porque dijo Dios: Para que no se arrepienta el pueblo cuando vea la guerra, y se vuelva a Egipto."*

V. Para despojar al enemigo:

Ex. 11:2-3; 12:35-36; *"Habla ahora al pueblo, y que cada uno pida a su vecino, y cada una a su vecina, alhajas de plata y de oro. Y Jehová dio gracia al pueblo en los ojos de los egipcios. También Moisés era tenido por gran varón en* *la tierra de Egipto, a los ojos de los siervos de Faraón, y a los ojos del pueblo... E hicieron los hijos de Israel conforme al mandamiento de Moisés, pidiendo de los egipcios alhajas de plata, y de oro, y vestidos. Y Jehová dio gracia al pueblo delante de los egipcios, y les dieron cuanto pedían; <u>así despojaron a los egipcios</u>."*

VI. Para notificarle a Satanás su derrota:

Ef. 2:10-11; *"Porque somos hechura suya, creados en Cristo Jesús para buenas obras, las cuales Dios preparó de antemano para que anduviésemos en ellas. Por tanto, acordaos de que en otro tiempo vosotros, los gentiles en cuanto a la carne, erais llamados incircuncisión por la llamada circuncisión hecha con mano en la carne."*

He. 2:14-15; *"Así que, por cuanto los hijos participaron de carne y sangre, él también participó de lo mismo, para destruir por medio de la muerte al que tenía el imperio de la muerte, esto es, al diablo, y librar a todos los que por el temor de la muerte estaban durante toda la vida sujetos a servidumbre."*

Marcos 1:21-28; *"Y entraron en Capernaum; y los días de reposo, entrando en la sinagoga, enseñaba. Y se admiraban de su doctrina; porque les enseñaba como quien tiene autoridad, y no como los escribas. Pero había en la sinagoga de ellos un hombre con espíritu inmundo, que dio voces, diciendo: ¡Ah! ¿qué tienes con nosotros, Jesús nazareno? ¿Has venido para destruirnos? Sé quién eres, el Santo de Dios. Pero Jesús le reprendió, diciendo: ¡Cállate, y sal de él! Y el espíritu inmundo, sacudiéndole con violencia, y clamando a gran voz, salió de él. Y todos se asombraron, de tal manera que discutían entre sí, diciendo: ¿Qué es esto? ¿Qué nueva doctrina es esta, que con autoridad manda aun a los espíritus inmundos, y le obedecen? Y muy pronto se difundió su fama por toda la provincia alrededor de Galilea."*

Co. 2:13-15; *"Y a vosotros, estando muertos en pecados y en la incircuncisión de vuestra carne, os dio vida juntamente con él, perdonándoos todos los pecados, anulando el acta de los decretos que había contra nosotros, que nos era contraria, quitándola de en medio y clavándola en la cruz, y despojando a los principados y a las potestades, los exhibió públicamente, triunfando sobre ellos en la cruz."*

Ro. 16:20; *"Y el Dios de paz aplastará en breve a Satanás bajo vuestros pies. La gracia de nuestro Señor Jesucristo sea con vosotros."*

VII. Para ofrecer sacrificio:

Ex. 5:1, 17; *"Después Moisés y Aarón entraron a la presencia de Faraón y le dijeron: Jehová el Dios de Israel dice así: Deja ir a mi pueblo a celebrarme fiesta en el desierto… Y él respondió: Estáis ociosos, sí, ociosos, y por eso decís: Vamos y <u>ofrezcamos sacrificios a Jehová</u>."*

VIII. Para preparar a la Iglesia para la 2ª venida de Cristo.

Abdías 1:15; día de Jehová (ira, juicio).
Abdías 1:17; habrá salvamento (liberación) en el Monte Sión (Iglesia).
Abdías 1:21; subirán salvadores al Monte Sion para juzgar al Monte de Esaú.

Jacob
Reino de Dios

Esau
Reino de Satanás

Cuando uno acusa está juzgando, emitiendo juicio y condenando y es lo que uno hace al echar fuera a los demonios. Muchos creen que cuando venga CRISTO se rendirán las huestes y el hombre; pero antes habrá una lucha tremenda. El reino de Esaú (Satanás) tiene que ser destruido antes que se establezca el reino de Jehová (**Apocalipsis 12:7**).

Reino de Dios
Ángeles y redimidos

Reino de Satanás
Satanás y sus huestes

Daniel 12:1-2; La Gran Batalla. *"En aquel tiempo se levantará Miguel, el gran príncipe que está de parte de los hijos de tu pueblo; y será tiempo de angustia, cual nunca fue desde que hubo gente hasta entonces; pero en aquel tiempo será libertado tu pueblo, todos los que se hallen escritos en el libro. Y muchos de los que duermen en el polvo de la tierra serán despertados, unos para vida eterna, y otros para vergüenza y confusión perpetua."*

La liberación es un paso en la Iglesia para la venida de Cristo. **Mateo 12:22.** Los demonios afectan también los sentidos o sea (el cuerpo).

Proverbios 24:10-12; *"Si fueres flojo en el día de trabajo, Tu fuerza será reducida. Libra a los que son llevados a la muerte; Salva a los que están en peligro de muerte. Porque si dijeres: Ciertamente no lo supimos, ¿Acaso no lo entenderá el que pesa los corazones? El que mira por tu alma, él lo conocerá, Y dará al hombre según sus obras."*

Si nosotros somos flojos en el día de trabajo de (lucha) la fuerza será reducida. No hay pretexto de que <u>*¡yo no sabía!*</u>

Si no sabemos de liberación debemos aprender, porque el Señor a cada uno dará su paga.

La Liberación nos prepara para la 2a. venida de CRISTO, porque se purifica o (se libera). **1ª Juan 3:2-3;** *"Amados,* *ahora somos hijos de Dios, y aún no se ha manifestado lo que hemos de ser; pero sabemos que cuando él se manifieste, seremos semejantes a él, porque le veremos tal como él es. Y todo aquel que tiene esta esperanza en él, se purifica a sí mismo, así como él es puro."*

1. Es parte del proceso de santificación, es responsabilidad personal (él se purifica no espera que Dios lo purifique).
2. La liberación es uno de los medios con los cuales es uno libre de placeres sexuales, aberraciones, etc.

Limpiémonos de toda contaminación que procede de la carne y del espíritu (demonio) perfeccionando la santidad (santificación).

CARNE: Material, humanidad, naturaleza pecaminosa. La naturaleza caída no es regenerada, en nuestro ser hay 2 naturalezas.

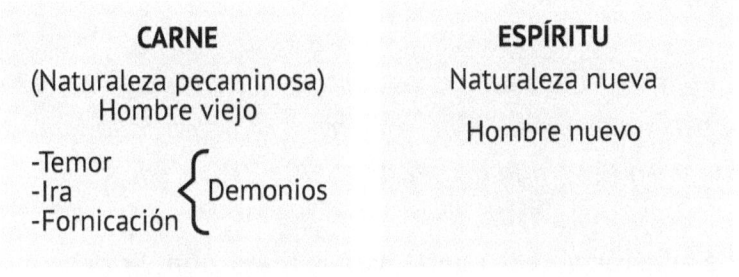

En el Espíritu "Nunca" hay demonios. Los demonios en un cristiano (lo debilitan).

Después de la liberación uno necesita someter a la carne crucificándola en la cruz de Cristo. Todo ser humano nace con la naturaleza pecaminosa, el único que no nació en esa naturaleza fue Cristo porque fue engendrado por el Espíritu Santo. **Romanos 8:3;** *"Porque lo que era imposible para la ley, por cuanto era débil por la carne, Dios, enviando a su Hijo en semejanza de carne de pecado y a causa del pecado, condenó al pecado en la carne;"*

Los demonios aprisionan al Espíritu y no desarrollan los dones. Es muy importante el ministerio de liberación.

	ESPÍRITU		
		ALMA	
1ª de Tesalonicenses 5:23	**Mente** Malos pensamientos Dudas	**Voluntad** Rebeldía Soberbia	**Corazón** Rencor Amargura
	CUERPO Enfermedades, fornicación		

"Y el mismo Dios de paz os santifique por completo; y todo vuestro ser, espíritu, alma y cuerpo, sea guardado irreprensible para la venida de nuestro Señor Jesucristo."

La confesión abre la puerta para la liberación. Se debe motivar a la persona para que confiese, para de una vez sacar las raíces del asunto.

Cuando uno entra al ministerio de liberación no se debe andar contando lo que sucede, porque es traición y no es digno de ese ministerio.

En la liberación no solo salen los demonios, sino que también se confiesan los pecados. Una base legal que le da uno al Diablo para que trabaje es el *pecado*.

IX. Para probar la veracidad y validez de la Palabra de Dios.

Cada caso de liberación es un milagro (**Mateo 8:16-17**). La liberación es el cumplimiento de la Palabra de Dios (**Isaías 53:4**).

La Palabra de Dios descubre a los demonios porque no hay cosa que esté oculta ante su presencia (**Hebreos 4:12-13**).

El Señor no nos da espíritu de temor (**2ª Timoteo 1:7**).

Liberación (**Lucas 4:17-21**) {
1) Mensaje "pregonar" →diagnóstico
2) Ministración "poner en liberación"
Aplicación → Tratamiento
}

(**Marcos 1:21-28**) → El primer mensaje de liberación y ministración. ¿Qué nueva doctrina es esta?

La Palabra de Dios en la liberación.

Sal. 107:10-20; *"Algunos moraban en tinieblas y sombra de muerte, aprisionados en aflicción y en hierros, Por cuanto fueron rebeldes a las palabras de Jehová, Y aborrecieron el consejo del Altísimo. Por eso quebrantó con el trabajo sus corazones; Cayeron, y no hubo quien los ayudase. Luego que clamaron a Jehová en su angustia, Los libró de sus aflicciones; Los sacó de las tinieblas y de la sombra de muerte, Y rompió sus prisiones. Alaben la misericordia de Jehová, Y sus maravillas para con los hijos de los hombres. Porque quebrantó las puertas de bronce, Y desmenuzó los cerrojos de hierro. Fueron afligidos los insensatos, a causa del camino de su rebelión a causa de sus maldades; Su alma abominó todo alimento, Y llegaron hasta las puertas de la muerte. Pero clamaron a Jehová en su angustia, Y los libró de sus aflicciones. Envió su palabra, y los sanó, los libró de su ruina."*

Jn. 5:24; 6:60-63; *"De cierto, de cierto os digo: El que oye mi palabra, y cree al que me envió, tiene vida eterna; y no vendrá a condenación, más ha pasado de muerte a vida...Al oírlas, muchos de sus discípulos dijeron: Dura es esta palabra; ¿quién la puede oír? Sabiendo Jesús en sí mismo que sus discípulos murmuraban de esto, les dijo: ¿Esto os ofende? ¿Pues qué, si viereis al Hijo del Hombre subir adonde estaba primero? El espíritu es el que da vida; la carne para nada aprovecha; las palabras que yo os he hablado son espíritu y son vida."*

Introducción.

Como pueblo de Dios no le hemos dado la importancia que la Palabra se merece, ya que normalmente nos cuesta obedecerla, sin saber que en la Palabra de Dios está todo el potencial de Dios para obrar todo lo que él quiere. El mismo dijo: *"el cielo y la tierra pasarán, más mis palabras no pasarán".* Mt. 24:35.

A. Es Dios mismo.

Jn. 1:1-3; *"En el principio era el Verbo, y el Verbo era con Dios, y el Verbo era Dios. Este era en el principio con Dios. Todas las cosas por él fueron hechas, y sin él nada de lo que ha sido hecho, fue hecho."*

B. Tiene poder creativo.

Gn. 1:3, 6, 9, 11, 14, 20, 24; *"Y dijo Dios: Sea la luz; y fue la luz…Luego dijo Dios: Haya expansión en medio de las aguas, y separe las aguas de las aguas… Dijo también Dios: Júntense las aguas que están debajo de los cielos en un lugar, y descúbrase lo seco. Y fue así… Después dijo Dios: Produzca la tierra hierba verde, hierba que dé semilla; árbol de fruto que dé fruto según su género, que su semilla esté en él, sobre la tierra. Y fue así….Dijo luego Dios: Haya lumbreras en la expansión de los cielos para separar el día de la noche; y sirvan de señales para las estaciones, para días y años,… Dijo Dios: Produzcan las aguas seres vivientes, y aves que vuelen sobre la tierra, en la abierta expansión de los cielos…. Luego dijo Dios: Produzca la tierra seres vivientes según su género, bestias y serpientes y animales de la tierra según su especie. Y fue así."*

He. 11:3; (todo el universo fue creado por medio de la Palabra de Dios). *"Por la fe entendemos haber sido constituido el universo por la palabra de Dios, de modo que lo que se ve fue hecho de lo que no se veía."*

Sal. 33:6,9; *"Por la palabra de Jehová fueron hechos los cielos, Y todo el ejército de ellos por el aliento de su boca….Porque él dijo, y fue hecho; Él mandó, y existió."*

Jn. 15:3; *"Porque él dijo, y fue hecho; Él mandó, y existió."*

C. Santifica.

1ª Ti. 4:5; *"porque por la palabra de Dios y por la oración es santificado."*

La santificación tiene que ver con la liberación. 2ª Co. 7:1; *"Así que, amados, puesto que tenemos tales promesas, limpiémonos de toda contaminación de carne y de espíritu, perfeccionando la santidad en el temor de Dios."*

El Señor Jesús en su oración final decía: *"Santifícalos en tu verdad, tu Palabra es verdad"*. Jn. 17:17.

D. Tiene todo el poder suficiente para liberar, por ejemplo cuando Dios llamó a Moisés, el gran problema que el planteó fue que él no era hombre de fácil palabra, leamos Ex. 4:10, 6:30; *"Entonces dijo Moisés a Jehová: ¡Ay, Señor! nunca he sido hombre de fácil palabra, ni antes, ni desde que tú hablas a tu siervo; porque soy tardo en el habla y torpe de lengua... Y Moisés respondió delante de Jehová: He aquí, yo soy torpe de labios; ¿cómo, pues, me ha de oír Faraón?"* Ya que el pueblo de Israel fue liberado por el poder de la Palabra que Dios le dio a Moisés, y leamos también Ex. 4:28; *"Entonces contó Moisés a Aarón todas las palabras de Jehová que le enviaba, y todas las señales que le había dado."*

Los que temieron y creyeron la Palabra que Dios le había dado a Moisés, fueron librados de la muerte, aún sus animales. Ex. 9:20-25; *"De los siervos de Faraón, el que tuvo temor de la palabra de Jehová hizo huir sus criados y su ganado a casa; más el que no puso en su corazón la palabra de Jehová, dejó sus criados y sus ganados en el campo. Y Jehová dijo a Moisés: Extiende tu mano hacia el cielo, para que venga granizo en toda la tierra de Egipto sobre los hombres, y sobre las bestias, y sobre toda la hierba del campo en el país de Egipto. Y Moisés extendió su vara hacia el cielo, y Jehová hizo tronar y granizar, y el fuego se descargó sobre la tierra; y Jehová hizo llover granizo sobre la tierra de Egipto. Hubo, pues, granizo, y fuego mezclado con el granizo, tan grande, cual nunca hubo en toda la tierra de Egipto desde que fue habitada. Y aquel granizo hirió en toda la tierra de Egipto todo lo que estaba en el campo, así hombres como bestias; asimismo destrozó el granizo toda la hierba del campo, y desgajó todos los árboles del país."*

El gran secreto de Moisés fue que JHWH hablaba y él obedecía. Dt. 34:10-12; *"Y nunca más se levantó profeta en Israel como Moisés, a quien haya conocido Jehová cara a cara; nadie como él en todas las señales y prodigios que Jehová le envió a hacer en tierra de Egipto, a Faraón y a todos sus siervos y a toda su tierra, y en el gran poder y en los hechos grandiosos y terribles que Moisés hizo a la vista de todo Israel."*

La única vez que el desobedeció bastó para que fuera desechado. Nm. 20:11-12; *"Entonces alzó Moisés su mano y golpeó la peña con su vara dos veces; y salieron muchas aguas, y bebió la congregación, y sus bestias. Y Jehová dijo a Moisés y a Aarón: Por cuanto no creísteis en mí, para santificarme delante de los hijos de Israel, por tanto, no meteréis esta congregación en la tierra que les he dado."*

E. Con la Palabra de Dios se derrota al enemigo.

Mt. 4:4, 7, 10; *"El respondió y dijo: Escrito está: No sólo de pan vivirá el hombre, sino de toda palabra que sale de la boca de Dios...Jesús le dijo: Escrito está también: No tentarás al Señor tu Dios...Entonces Jesús le dijo: Vete, Satanás, porque escrito está: Al Señor tu Dios adorarás, y a él sólo servirás."*

Por eso el apóstol Pablo nos exhorta a tomar la espada del espíritu, que es la Palabra de Dios. Ef.6:17; *"Y tomad el yelmo de la salvación, y la espada del Espíritu, que es la palabra de Dios;"*. Lo que el Espíritu Santo utiliza para obrar es la Palabra de Dios.

F. La permanencia en la Palabra nos identifica como discípulos de Cristo.

Jn.8:31-32; *"Dijo entonces Jesús a los judíos que habían creído en él: Si vosotros permaneciereis en mi palabra, seréis verdaderamente mis discípulos; y conoceréis la verdad, y la verdad os hará libres."*

Y la permanencia en la Palabra de Dios nos hace conocer la verdad, y entonces seremos libres.

G. La misma Palabra nos juzgará en el día final.

Jn. 12:47-50; *"Al que oye mis palabras, y no las guarda, yo no le juzgo; porque no he venido a juzgar al mundo, sino a salvar al mundo. El que me rechaza, y no recibe mis palabras, tiene quien le juzgue; la palabra que he hablado, ella le juzgará en el día postrero. Porque yo no he hablado por mi propia cuenta; el Padre que me envió, él me dio mandamiento de lo que he de decir, y de lo que he de hablar. Y sé que su mandamiento es vida eterna. Así pues, lo que yo hablo, lo hablo como el Padre me lo ha dicho."*

La desobediencia a la Palabra.

A. Aprisiona en aflicción y en hierros.

Sal. 107:10 (b)-11; *"Aprisionados en aflicción y en hierros, Por cuanto fueron rebeldes a las palabras de Jehová, Y aborrecieron el consejo del Altísimo."*

B. Hace morar en tinieblas y en sombra de muerte.

Sal. 107:10 (a)-11; *"Algunos moraban en tinieblas y sombra de muerte,... Por cuanto fueron rebeldes a las palabras de Jehová, Y aborrecieron el consejo del Altísimo."*

C. Trae contaminación espiritual – influencia demoníaca (atrae demonios).

1 S. 16:14-15; 15:3, 18-23; *"El Espíritu de Jehová se apartó de Saúl, y le atormentaba un espíritu malo de parte de Jehová. Y los criados de Saúl le dijeron: He aquí ahora, un espíritu malo de parte de Dios te atormenta... Ve, pues, y hiere a Amalec, y destruye todo lo que tiene, y no te apiades de él; mata a hombres, mujeres, niños, y aun los de pecho, vacas, ovejas, camellos y asnos... Y Jehová te envió en misión y dijo: Ve, destruye a los pecadores de Amalec, y hazles guerra hasta que los acabes. ¿Por qué, pues, no has oído la voz de Jehová, sino que vuelto al botín has hecho lo malo ante los ojos de Jehová? Y Saúl respondió a Samuel: Antes bien he obedecido la voz de Jehová, y*

fui a la misión que Jehová me envió, y he traído a Agag rey de Amalec, y he destruido a los amalecitas. Mas el pueblo tomó del botín ovejas y vacas, las primicias del anatema, para ofrecer sacrificios a Jehová tu Dios en Gilgal. Y Samuel dijo: ¿Se complace Jehová tanto en los holocaustos y víctimas, como en que se obedezca a las palabras de Jehová? Ciertamente el obedecer es mejor que los sacrificios, y el prestar atención que la grosura de los carneros. Porque como pecado de adivinación es la rebelión, y como ídolos e idolatría la obstinación. Por cuanto tú desechaste la palabra de Jehová, él también te ha desechado para que no seas rey."

D. Atrae maldiciones.

Dt. 28:15-19; *"Pero acontecerá, si no oyeres la voz de Jehová tu Dios, para procurar cumplir todos sus mandamientos y sus estatutos que yo te intimo hoy, que vendrán sobre ti todas estas maldiciones, y te alcanzarán. Maldito serás tú en la ciudad, y maldito en el campo. Maldita tu canasta, y tu artesa de amasar. Maldito el fruto de tu vientre, el fruto de tu tierra, la cría de tus vacas, y los rebaños de tus ovejas. Maldito serás en tu entrar, y maldito en tu salir."*

E. Trae quebranto y destrucción.

Dt. 28:20; *"Y Jehová enviará contra ti la maldición, quebranto y asombro en todo cuanto pusieres mano e hicieres, hasta que seas destruido, y perezcas pronto a causa de la maldad de tus obras por las cuales me habrás dejado."*

F. Trae mortandad.

Dt. 28:21; *"Jehová traerá sobre ti mortandad, hasta que te consuma de la tierra a la cual entras para tomar posesión de ella."*

G. Trae enfermedades.

Dt. 28:22, 27, 28, 35; *"Jehová te herirá de tisis, de fiebre, de inflamación y de ardor, con sequía, con calamidad repentina y con añublo; y te perseguirán hasta que perezcas... Jehová te herirá con la úlcera de Egipto, con tumores, con sarna, y con comezón de que no puedas ser curado. Jehová te herirá con locura, ceguera y turbación de espíritu;... Te herirá Jehová con maligna pústula en las rodillas y en las piernas, desde la planta de tu pie hasta tu coronilla, sin que puedas ser curado."*

H. Dios no escucha la oración.

Dt. 28:23; *"Y los cielos que están sobre tu cabeza serán de bronce, y la tierra que está debajo de ti, de hierro."*

I. No habrá provisión, no prosperarás, y serás robado.

Dt. 28:24, 29; *"Dará Jehová por lluvia a tu tierra polvo y ceniza; de los cielos descenderán sobre ti hasta que perezcas...y palparás a mediodía como palpa el ciego en la oscuridad, y no serás prosperado en tus caminos; y no serás sino oprimido y robado todos los días, y no habrá quien te salve."*

J. Los enemigos te avergonzarán y destruirán.

Dt. 28:25; *"Jehová te entregará derrotado delante de tus enemigos; por un camino saldrás contra ellos, y por siete caminos huirás delante de ellos; y serás vejado por todos los reinos de la tierra."*

K. Tu familia y tus posesiones serán destruidas.

Dt. 28:30-34; *"Te desposarás con mujer, y otro varón dormirá con ella; edificarás casa, y no habitarás en ella; plantarás viña, y no la disfrutarás. Tu buey será matado delante de tus ojos, y tú no comerás de él; tu asno será arrebatado de delante de ti, y no te será devuelto; tus ovejas serán dadas a tus enemigos, y no tendrás quien te las rescate. Tus hijos y tus hijas serán entregados a otro pueblo, y tus ojos lo verán, y desfallecerán por ellos todo el día; y no habrá fuerza en tu mano. El fruto de tu tierra y de todo tu trabajo comerá pueblo que no conociste; y no serás sino oprimido y quebrantado todos los días. Y enloquecerás a causa de lo que verás con tus ojos."*

L. Serás cautivo, para a la postre ser destruido.

Dt. 28:36-45; *"Jehová te llevará a ti, y al rey que hubieres puesto sobre ti, a nación que no conociste ni tú ni tus padres; y allá servirás a dioses ajenos, al palo y a la piedra. Y serás motivo de horror, y servirás de refrán y de burla a todos los pueblos a los cuales te llevará Jehová. Sacarás mucha semilla al campo, y recogerás poco, porque la langosta lo consumirá. Plantarás viñas y labrarás, pero no beberás vino, ni recogerás uvas, porque el gusano se las comerá. Tendrás olivos en todo tu territorio, mas no te ungirás con el aceite, porque tu aceituna se caerá. Hijos e hijas engendrarás, y no serán para ti, porque irán en cautiverio. Toda tu arboleda y el fruto de tu tierra serán consumidos por la langosta. El extranjero que estará en medio de ti se elevará sobre ti muy alto, y tú descenderás muy abajo. Él te prestará a ti, y tú no le prestarás a él; él será por cabeza, y tú serás por cola. Y vendrán sobre ti todas estas maldiciones, y te perseguirán, y te alcanzarán hasta que perezcas; por cuanto no habrás atendido a la voz de Jehová tu Dios, para guardar sus mandamientos y sus estatutos, que él te mandó;"*

La obediencia a la Palabra.

A. Trae liberación.

Sal. 107:20; *"Envió su palabra, y los sanó, Y los libró de su ruina."*

B. Trae bendiciones.

Dt.28:1-6, 8; *"Acontecerá que si oyeres atentamente la voz de Jehová tu Dios, para guardar y poner por obra todos sus mandamientos que yo te prescribo hoy, también Jehová tu Dios te exaltará sobre todas las naciones de la tierra. Y vendrán sobre ti todas estas bendiciones, y te alcanzarán, si oyeres la voz de Jehová tu Dios. Bendito serás tú en la ciudad, y bendito tú en el campo. Bendito el fruto de tu vientre, el fruto de tu tierra, el fruto de tus bestias, la cría de tus vacas y los rebaños de tus ovejas. Benditas serán tu canasta y tu artesa de amasar. Bendito serás en tu entrar, y bendito en tu salir... Jehová te enviará su bendición sobre tus graneros, y sobre todo aquello en que pusieres tu mano; y te bendecirá en la tierra que Jehová tu Dios te da."*

C. Los enemigos huirán delante de ti.

Dt. 28:7, 9-10; *"Jehová derrotará a tus enemigos que se levantaren contra ti; por un camino saldrán contra ti, y por siete caminos huirán de delante de ti... Te confirmará Jehová por pueblo santo suyo, como te lo ha jurado, cuando guardares los mandamientos de Jehová tú Dios, y anduvieres en sus caminos. Y verán todos los pueblos de la tierra que el nombre de Jehová es invocado sobre ti, y te temerán."*

D. Dios pondrá temor en los pueblos, porque verán a Dios en tu vida.

Dt. 28:10; *"Y verán todos los pueblos de la tierra que el nombre de Jehová es invocado sobre ti, y te temerán."*

E. Serás prosperado en todo.

Dt. 28:11-12; *"Y te hará Jehová sobreabundar en bienes, en el fruto de tu vientre, en el fruto de tu bestia, y en el fruto de tu tierra, en el país que Jehová juró a tus padres que te había de dar. Te abrirá Jehová su buen tesoro, el cielo, para enviar la lluvia a tu tierra en su tiempo, y para bendecir toda obra de tus manos. Y prestarás a muchas naciones, y tú no pedirás prestado."*

F. Dios te levantará.

Dt. 28:13; *"Te pondrá Jehová por cabeza, y no por cola; y estarás encima solamente, y no estarás debajo, si obedecieres los mandamientos de Jehová tu Dios, que yo te ordeno hoy, para que los guardes y cumplas,"*

G. Te identifica como propiedad de Dios.

Jn. 8:47; *"El que es de Dios, las palabras de Dios oye; por esto no las oís vosotros, porque no sois de Dios."*

Y como alguien que ciertamente le conoce a él.

Jn. 8:55; *"Pero vosotros no le conocéis; mas yo le conozco, y si dijere que no le conozco, sería mentiroso como vosotros; pero le conozco, y guardo su palabra."*

H. No participarás de la muerte.

Jn. 8:51; *"De cierto, de cierto os digo, que el que guarda mi palabra, nunca verá muerte."*

I. Dios mismo mora en ti.

Jn. 14:23-24; *"Respondió Jesús y le dijo: El que me ama, mi palabra guardará; y mi Padre le amará, y vendremos a él, y haremos morada con él. El que no me ama, no guarda mis palabras; y la palabra que habéis oído no es mía, sino del Padre que me envió."*

La liberación prueba la veracidad y la validez de la Palabra de Dios.

A. Mt. 8:16-17; *"Y cuando llegó la noche, trajeron a él muchos endemoniados; y con la palabra echó fuera a los demonios, y sanó a todos los enfermos; para que se cumpliese lo dicho por el profeta Isaías, cuando dijo: El mismo tomó nuestras enfermedades, y llevó nuestras dolencias."*, es el cumplimiento de la Palabra de Dios. Is. 53:4 dice: *"Ciertamente llevó él nuestras enfermedades, y sufrió nuestros dolores; y nosotros le tuvimos por azotado, por herido de Dios y abatido."*

B. He. 4:12-13; *"Porque la palabra de Dios es viva y eficaz, y más cortante que toda espada de dos filos; y penetra hasta partir el alma y el espíritu, las coyunturas y los tuétanos, y discierne los pensamientos y las intenciones del corazón. Y no hay cosa creada que no sea manifiesta en su presencia; antes bien todas las cosas están desnudas y abiertas a los ojos de aquel a quien tenemos que dar cuenta."* Descubre a los demonios; porque no hay cosa creada (los demonios son creados), que se quede oculta ante su presencia.

Ejemplo: Mr. 1:21-23 (el endemoniado en la sinagoga de Capernaum). *"Y entraron en Capernaum; y los días de reposo, entrando en la sinagoga, enseñaba. Y se admiraban de su doctrina; porque les enseñaba como quien tiene autoridad, y no como los escribas. Pero había en la sinagoga de ellos un hombre con espíritu inmundo, que dio voces,"*

C. La liberación tiene dos partes fundamentales: Lc. 4:17-21; *"Y se le dio el libro del profeta Isaías; y habiendo abierto el libro, halló el lugar donde estaba escrito: El Espíritu del Señor está sobre mí, Por cuanto me ha ungido para dar buenas nuevas a los pobres; Me ha enviado a sanar a los quebrantados de corazón; A pregonar libertad a los cautivos, Y vista a los ciegos; A poner en libertad a los oprimidos; A predicar el año agradable del Señor. Y enrollando el libro, lo dio al ministro, y se sentó; y los ojos de todos en la sinagoga estaban fijos en él. Y comenzó a decirles: Hoy se ha cumplido esta Escritura delante de vosotros."*

1. El mensaje: *"Pregonar"* – Diagnóstico.
2. La ministración: *"Poner en libertad"* – Aplicación, tratamiento.

X. Para ayudar a establecer el reino de Dios en la tierra (Manifestación del reino de Dios).

Mateo 12:28; *"Pero si yo por el Espíritu de Dios echo fuera los demonios, ciertamente ha llegado a vosotros el reino de Dios."*

Por medio de la liberación salimos del reino de Satanás y somos trasladados al reino de Dios. La Iglesia es el <u>agente</u> del reino de Dios sobre la tierra.

Nosotros estamos en la Iglesia y el reino de Dios está en nosotros. El mundo está bajo el maligno 1ª Juan 5:19; *"Sabemos que somos de Dios, y el mundo entero está bajo el maligno."*. La primera manifestación del reino de Dios fue el Señor Jesucristo, Lucas 17:20-21 dice, *"Preguntado por los fariseos, cuándo había de venir el reino de Dios, les respondió y dijo: El reino de Dios no vendrá con advertencia, ni dirán: Helo aquí, o helo allí; porque he aquí el reino de Dios está entre vosotros. "*

La Iglesia debe irle quitando el reino a Satanás e ir poniendo el reino de Dios.

El fin no va a venir si antes no se establece el reino de Dios, dice Mateo 24:14; *"Y será predicado este evangelio del reino en todo el mundo, para testimonio a todas las naciones; y entonces vendrá el fin."*; cuando el Señor venga con los redimidos nada podrá detenerlos (ni fronteras, ni paredes, ni armas, nada).

Hechos 8:5,12; *"Entonces Felipe, descendiendo a la ciudad de Samaria, les predicaba a Cristo... Pero cuando creyeron a Felipe, que anunciaba el evangelio del reino de Dios y el nombre de Jesucristo, se bautizaban hombres y mujeres."*; (ver. 11 → engañando - hechizado). *"Y le estaban atentos, porque con sus artes mágicas les había engañado mucho tiempo."*

Samaria estaba hechizada por Simón y el reino de Satanás tenía el gobierno de Samaria, pero Felipe anuncio el reino de Dios, v. 6 y 7; *"Y la gente, unánime, escuchaba atentamente las cosas que decía Felipe, oyendo y viendo las señales que hacía. Porque de muchos que tenían espíritus inmundos, salían éstos dando grandes voces; y muchos paralíticos y cojos eran sanados;"* y creyeron en el reino de Dios, v. 12; *"Pero cuando creyeron a Felipe, que anunciaba el evangelio del reino de Dios y el nombre de Jesucristo, se bautizaban hombres y mujeres."* y había gozo en la ciudad v. 8; *"así que había gran gozo en aquella ciudad."* y el gozo es parte del reino de Dios, Ro. 14:17; *"porque el reino de Dios no es comida ni bebida, sino justicia, paz y gozo en el Espíritu Santo."*

Pablo en Efeso anunció el reino de Dios Hechos 19:8; *"Y entrando Pablo en la sinagoga, habló con denuedo por espacio de tres meses, discutiendo y persuadiendo acerca del reino de Dios."*. La silla de Satanás estaba en Pérgamo, parte de Asia y cerca de Efeso. Y cuando Pablo anunció el reino de Dios fue librado Hechos 19:10-12; *"Así continuó por espacio de dos años, de manera que todos los que habitaban en Asia, judíos y griegos, oyeron la palabra del Señor Jesús. Y hacía Dios milagros extraordinarios por mano de Pablo, de tal manera que aún se llevaban a los enfermos los paños o delantales de su cuerpo, y las enfermedades se iban de ellos, y los espíritus malos salían."*, v. 17-19; *"Y esto fue notorio a todos los que habitaban en Efeso, así judíos como griegos; y tuvieron temor todos ellos, y era magnificado el nombre del Señor Jesús. Y muchos de los que habían creído venían, confesando y dando cuenta de sus hechos. Asimismo muchos de los que habían practicado la magia trajeron los libros y los quemaron delante de todos; y hecha la cuenta de su precio, hallaron que era cincuenta mil piezas de plata."*, y todos los negocios ilícitos se fueron abajo porque toda Asia estaba bajo el poder de Satanás. Y en dos años toda la provincia (porque antes no era todo el continente, sino solamente una provincia) de Asia fue invadida por el reino de Dios (liberación) Efeso, Esmirna, Pérgamo, Sardis, Laodicea, Tiatira y Filadelfia. Lucas 10:17-18; *"Volvieron los setenta con gozo, diciendo: Señor, aun los demonios se nos sujetan en tu nombre. Y les dijo: Yo veía a Satanás caer del cielo como un rayo."*

Los demonios influyen en el Gobierno de los países.

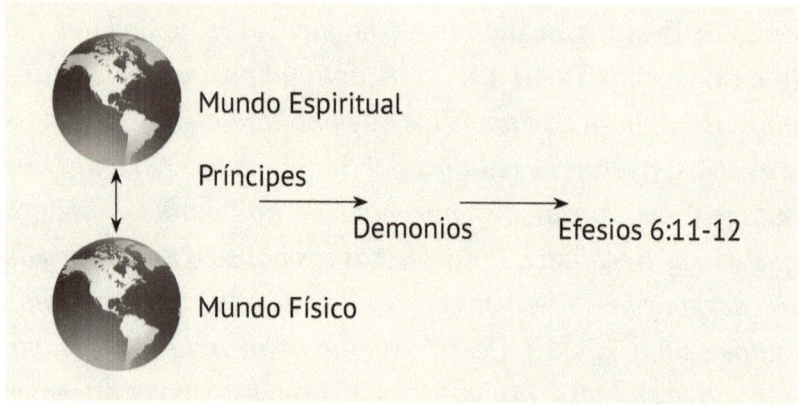

Y cuando el reino de Dios se anuncia, los demonios caen de los aires y se <u>libera</u> no solamente el individuo sino las Naciones. El ministerio de liberación tiene efectos devastadores en el reino de Satanás.

2ª Pedro 2:19; *"Les prometen libertad, y son ellos mismos esclavos de corrupción. Porque el que es vencido por alguno es hecho esclavo del que lo venció."*, Romanos 6:16; *"¿No sabéis que si os sometéis a alguien como esclavos para obedecerle, sois esclavos de aquel a quien obedecéis, sea del pecado para muerte, o sea de la obediencia para justicia?"*. Cuando los demonios son vencidos tienen que obedecer todo lo que se les mande.

Colosenses 1:13; *"el cual nos ha librado de la potestad de las tinieblas, y trasladado al reino de su amado Hijo,"*, nosotros somos trasladados al reino de Dios cuando somos liberados del reino de Satanás. Cuando un padre es liberado toda la familia es beneficiada.

XI. Para ser parte de la gran comisión.

Marcos 16:15, 17-18; *"Y les dijo: Id por todo el mundo y predicad el evangelio a toda criatura...Y estas señales seguirán a los que creen: En mi nombre echarán fuera demonios; hablarán nuevas lenguas; tomarán en las manos serpientes, y si bebieren cosa mortífera, no les hará daño; sobre los enfermos pondrán sus manos, y sanarán."*

    A. Echar fuera demonios es parte de la gran comisión.
    B. La llenura del Espíritu Santo, Marcos 16:20; *"Y ellos, saliendo, predicaron en todas partes, ayudándoles el Señor y confirmando la palabra con las señales que la seguían. Amén".*

La liberación es el cumplimiento de la gran comisión, Hebreos 2:4; *"testificando Dios juntamente con ellos, con señales y prodigios y diversos milagros y repartimientos del Espíritu Santo según su voluntad."* → El ministerio de la liberación atestigua que lo que se predica es la Palabra de Dios.

Las señales son el Vo.Bo. de Dios al mensaje, Hechos 2:22; *"Varones israelitas, oíd estas palabras: Jesús nazareno, varón aprobado por Dios entre vosotros con las maravillas, prodigios y señales que Dios hizo entre vosotros por medio de él, como vosotros mismos sabéis;",* Cristo fue aprobado con señales maravillosas y prodigios, Mateo 11:1-5; *"Cuando Jesús terminó de dar instrucciones a sus doce discípulos, se fue de allí a enseñar y a predicar en las ciudades de ellos. Y al oír Juan, en la cárcel, los hechos de Cristo, le envió dos de sus discípulos, para preguntarle: ¿Eres tú aquel que había de venir, o esperaremos a otro? Respondiendo Jesús, les dijo: Id, y haced saber a Juan las cosas que oís y veis. Los ciegos ven, los cojos andan, los leprosos son limpiados, los sordos oyen, los muertos son resucitados, y a los pobres es anunciado el evangelio."*

La liberación no es un Don es un ministerio y en ese ministerio hay varios Dones. El ministerio de liberación NO ES OPTATIVO. 2ª Corintios 12:12 dice que Pablo tenía un ministerio comprobado, *"Con todo, las señales de apóstol han sido hechas entre vosotros en toda paciencia, por señales, prodigios y milagros."*. Para tener un ministerio de liberación se necesita paciencia, constancia, y persistencia.

Cuando uno agarra un caso de liberación no tiene que dejarlo, hasta que esté terminado. Dios da testimonio con señales y prodigios de que el mensaje que uno predica es de Él. Hechos 14:3; *"Por tanto, se detuvieron allí mucho tiempo, hablando con denuedo, confiados en el Señor, el cual daba testimonio a la palabra de su gracia, concediendo que se hiciesen por las manos de ellos señales y prodigios."*

Marcos 16:17-18; *"Y estas señales seguirán a los que creen: En mi nombre echarán fuera demonios; hablarán nuevas lenguas; tomarán en las manos serpientes, y si bebieren cosa mortífera, no les hará daño; sobre los enfermos pondrán sus manos, y sanarán."*, nos dice que se debe creer en el Poder que hay en el nombre de Cristo.

1. Echarán fuera demonios → para recibir el Espíritu Santo es necesario ser liberado.

2. Hablaran nuevas lenguas.

3. Sanaran enfermos → Algunos no reciben su sanidad porque tienen demonios (espíritu de enfermedad) y necesitan liberación (por ejemplo Lucas 13:10-13; *"Enseñaba Jesús en una sinagoga en el día de reposo; y había allí una mujer que desde hacía dieciocho años tenía espíritu de enfermedad, y andaba encorvada, y en ninguna manera se podía enderezar. Cuando Jesús la vio, la llamó y le dijo: Mujer, eres libre de tu enfermedad. Y puso las manos sobre ella; y ella se enderezó luego, y glorificaba a Dios."*) → Cristo primero la liberó (v. 12) y luego la sanó (v. 13).

Hay algunos casos en donde es necesario tener los dos ministerios (sanidad y liberación) porque uno solo no es suficiente. <u>A veces no hay sanidad sin liberación.</u> Primero hay que extraer lo que causa el problema (demonios) y luego untar pomada (ministerio de sanidad).

Proverbios 17:22 → Hay enfermedades que vienen por el (espíritu de tristeza) y es necesario sacarlo. *"El corazón alegre constituye buen remedio; Mas el espíritu triste seca los huesos."*

Proverbios 14:30 → El espíritu de la envidia carcome los huesos (enfermedad-leucemia). La Liberación trae una sanidad integral y completa. *"El corazón apacible es vida de la carne; Mas la envidia es carcoma de los huesos."*

XII. Para demostrar el Poder encerrado en el nombre de Jesús.

Filipenses 2:9-11; *"Por lo cual Dios también le exaltó hasta lo sumo, y le dio un nombre que es sobre todo nombre, para que en el nombre de Jesús se doble toda rodilla de los que están en los cielos, y en la tierra, y debajo de la tierra; y toda lengua confiese que Jesucristo es el Señor, para gloria de Dios Padre."*

Al oír el nombre de Jesús los demonios doblan sus rodillas (se rinden) y tienen que obedecer. El nombre de Jesús (no es una fórmula) sino que su nombre (CRISTO) se debe usar con respeto y darle la honra, para que no pase lo que dice en Hechos 19:13-16; *"Pero algunos de los judíos, exorcistas ambulantes, intentaron invocar el nombre del Señor Jesús sobre los que tenían espíritus malos, diciendo: Os conjuro por Jesús, el que predica Pablo. Había siete hijos de un tal Esceva, judío, jefe de los sacerdotes, que hacían esto. Pero respondiendo el espíritu malo, dijo: A Jesús conozco, y sé quién es Pablo; pero vosotros, ¿quiénes sois? Y el hombre en quien estaba el espíritu malo, saltando sobre ellos y dominándolos, pudo más que ellos, de tal manera que huyeron de aquella casa desnudos y heridos."*

JESÚS – SALVADOR – LIBERADOR

Lucas 10:17; *"Volvieron los setenta con gozo, diciendo: Señor, aun los demonios se nos sujetan en tu nombre."* → Los discípulos hablan en el nombre de JESÚS respaldados por Él con todo el Poder de lo alto, nosotros también vamos en su nombre.

Lucas 9:49-50; *"Entonces respondiendo Juan, dijo: Maestro, hemos visto a uno que echaba fuera demonios en tu nombre; y se lo prohibimos, porque no sigue con nosotros. Jesús le dijo: No se lo prohibáis; porque el que no es contra nosotros, por nosotros es."* → No hay neutralidad, uno lo práctica o lo rechaza. Los discípulos vieron a uno que echaba fuera demonios en el nombre de JESÚS.

JESÚS envió a sus discípulos y ahora nos envía a nosotros tal como Él fue enviado por Dios a liberar cautivos, y a sanar enfermos. Y nosotros debemos predicar LIBERACIÓN, si no la predicamos y la practicamos debemos preguntarnos si somos enviados por Dios o no.

Hechos 16:16-18; *"Aconteció que mientras íbamos a la oración, nos salió al encuentro una muchacha que tenía espíritu de adivinación, la cual daba gran ganancia a sus amos, adivinando. Esta, siguiendo a Pablo y a nosotros, daba voces, diciendo: Estos hombres son siervos del Dios Altísimo, quienes os anuncian el camino de salvación. Y esto lo hacía por muchos días; mas desagradando a Pablo, éste se volvió y dijo al espíritu: Te mando en el nombre de Jesucristo, que salgas de ella. Y salió en aquella misma hora."* → Cuando dice que salió en esa misma hora quiere decir que hubo un lapso de tiempo (hubo lucha) y salió en su nombre.

No se deben hacer bromas al enemigo (al Diablo), se le debe respetar → (pero no tener miedo) ya que es una lucha a muerte y no debemos jugar con los demonios.

Hechos 3:16; *"Y por la fe en su nombre, a éste, que vosotros veis y conocéis, le ha confirmado su nombre; y la fe que es por él ha dado a éste está completa sanidad en presencia de todos vosotros."* → La fe es el Poder (Eficacia) de Jesús, y Él da la sanidad completa (no se debe dudar).

XIII. Para continuar el ministerio de nuestro Señor Jesucristo.

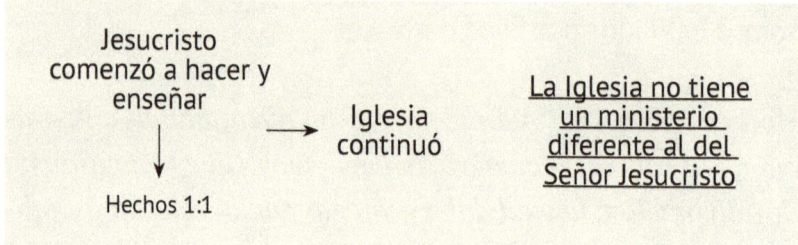

El ministerio de JESÚS era:

    1. Práctica → Hacer – Ministerial.
    2. Teórica → Enseñar – Doctrinal.

Pero la Iglesia también las hace en su nombre y aún mayores (Juan 14:12; *"De cierto, de cierto os digo: El que en mí cree, las obras que yo hago, él las hará también; y aún mayores hará, porque yo voy al Padre."*) o sea que la Iglesia continua lo que Dios (Cristo) comenzó.

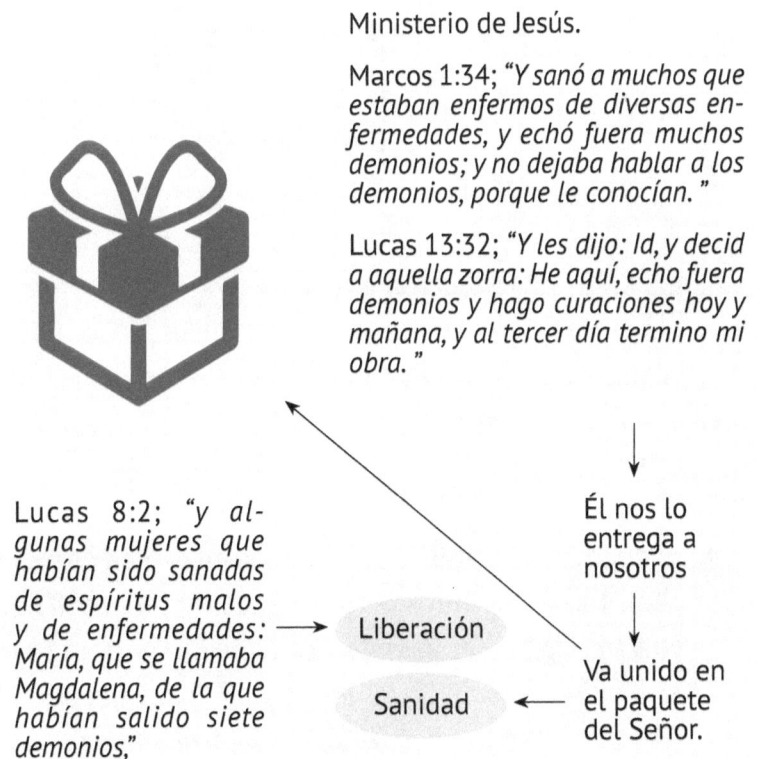

Ministerio de Jesús.

Marcos 1:34; *"Y sanó a muchos que estaban enfermos de diversas enfermedades, y echó fuera muchos demonios; y no dejaba hablar a los demonios, porque le conocían."*

Lucas 13:32; *"Y les dijo: Id, y decid a aquella zorra: He aquí, echo fuera demonios y hago curaciones hoy y mañana, y al tercer día termino mi obra."*

Lucas 8:2; *"y algunas mujeres que habían sido sanadas de espíritus malos y de enfermedades: María, que se llamaba Magdalena, de la que habían salido siete demonios,"*

Liberación

Sanidad

Él nos lo entrega a nosotros

Va unido en el paquete del Señor.

Cuando una persona no sana por la oración de Fe se debe sospechar que hay demonios.

XIV. Para aplicar al hombre los beneficios de la obra redentora de Cristo, en la cruz del Calvario.

Redención →Rescate { Cuerpo
Alma
Espíritu

Romanos 8:23; La redención es progresiva; *"y no sólo ella, sino que también nosotros mismos, que tenemos las primicias del Espíritu, nosotros también gemimos dentro de nosotros mismos, esperando la adopción, la redención de nuestro cuerpo."*

   A. El cuerpo del hombre está incluido en el plan de redención. En 1ª Corintios 6:19-20, dice *"¿O ignoráis que vuestro cuerpo es templo del Espíritu Santo, el cual está en vosotros, el cual tenéis de Dios, y que no sois vuestros? Porque habéis sido comprados por precio; glorificad, pues, a Dios en vuestro cuerpo y en vuestro espíritu, los cuales son de Dios."* → Comprados.

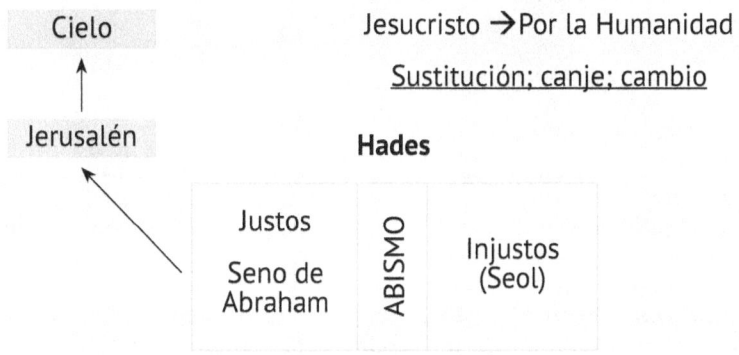

Cristo fue llevado al infierno y cuando fue liberó a todos los justos del Antiguo Testamento que estaban en el seno de Abraham y cuando fueron liberados, se proclamó hijo de Dios y salió triunfante porque el Diablo no tenía base legal para detenerlo.

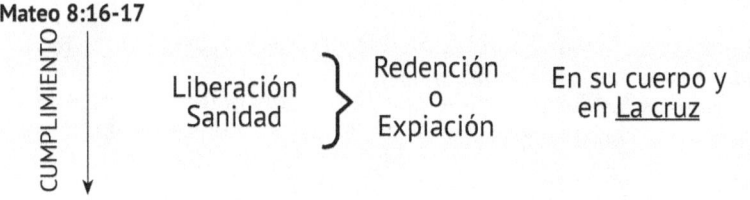

Sufrió nuestras enfermedades y sufrió nuestros Dolores (Isaías 53:4)
"Ciertamente llevó él nuestras enfermedades, y sufrió nuestros dolores; y nosotros le tuvimos por azotado, por herido de Dios y abatido."

Obra expiatoria de Cristo en la cruz (redención).

B. La liberación es parte de la redención.

Lo que Cristo hizo en la cruz.

Col. 2:15	Hebreos 2:14-15	1ª Juan 3:8
"y despojando a los principados y a las potestades, los exhibió públicamente, triunfando sobre ellos en la cruz."	*"Así que, por cuanto los hijos participaron de carne y sangre, él también participó de lo mismo, para destruir por medio de la muerte al que tenía el imperio de la muerte, esto es, al diablo, y librar a todos los que por el temor de la muerte estaban durante toda la vida sujetos a servidumbre."*	*"El que practica el pecado es del diablo; porque el diablo peca desde el principio. Para esto apareció el Hijo de Dios, para deshacer las obras del diablo."*

Despojar:	
Lucas 11:22; *"Pero cuando viene otro más fuerte que él y le vence, le quita todas sus armas en que confiaba, y reparte el botín."*	Quitarse de encima al Diablo.
	Quitarle a la fuerza → Almas, las llaves del infierno y de la muerte y de todo lo que ellos habían confiado.
Mateo 12:29; *"Porque ¿cómo puede alguno entrar en la casa del hombre fuerte, y saquear sus bienes, si primero no le ata? Y entonces podrá saquear su casa."*	Botín → lo que el enemigo deja cuando pierde.

Cristo hizo un espectáculo y humillo a Satanás y a los demonios. Eso es parte de la Redención y de la liberación.

Hebreos 2:14-15; *"Así que, por cuanto los hijos participaron de carne y sangre, él también participó de lo mismo, para destruir por medio de la muerte al que tenía el imperio de la muerte, esto es, al diablo, y librar a todos los que por el temor de la muerte estaban durante toda la vida sujetos a servidumbre."* → Porque nosotros somos humanos, Cristo se hizo hombre para obrar la Redención destruyendo a Satanás.

DESTRUIR → REDUCIR A LA IMPOTENCIA.

La humanidad no ha descubierto los beneficios de la redención y es por eso que Satanás tiene el imperio del mundo y la humanidad. Oseas 4:6; *"Mi pueblo fue destruido, porque le faltó conocimiento. Por cuanto desechaste el conocimiento, yo te echaré del sacerdocio; y porque olvidaste la ley de tu Dios, también yo me olvidaré de tus hijos."*

Los juicios de Dios se conocen por Revelación Divina.

La ignorancia le da ventaja a Satanás → 2ª Corintios 2:11 dice: *"para que Satanás no gane ventaja alguna sobre nosotros; pues no ignoramos sus maquinaciones."*. El Diablo mantiene la ignorancia con prejuicios diciendo: **EL CRISTIANO NO PUEDE TENER DEMONIOS.**

Cristo nos libra del temor y de toda obra del Diablo (1ª Juan 3:8; *"El que practica el pecado es del diablo; porque el diablo peca desde el principio. Para esto apareció el Hijo de Dios, para deshacer las obras del diablo."*). Cuando ministramos liberación estamos aplicando los beneficios de la obra redentora de Cristo.

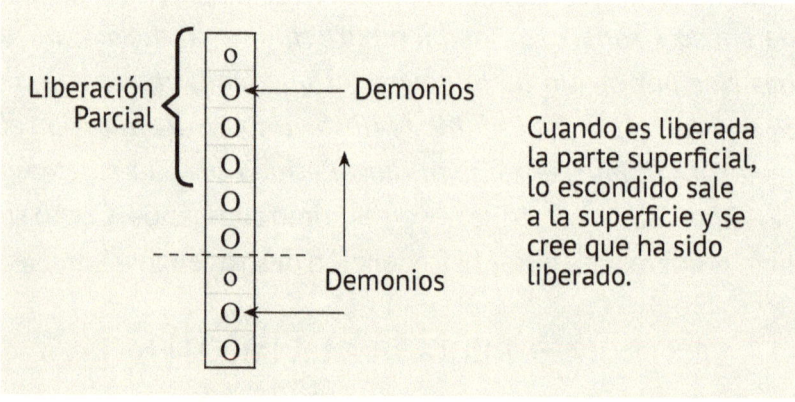

XV. Para restaurar a la Iglesia, el cristianismo Novo Testamentario.

Hechos 3:21; *"a quien de cierto es necesario que el cielo reciba hasta los tiempos de la restauración de todas las cosas, de que habló Dios por boca de sus santos profetas que han sido desde tiempo antiguo."*

Joel 2:25; *"Y os restituiré los años que comió la oruga, el saltón, el revoltón y la langosta, mi gran ejército que envié contra vosotros."*

La Iglesia necesita ser restaurada de toda enseñanza doctrinal.

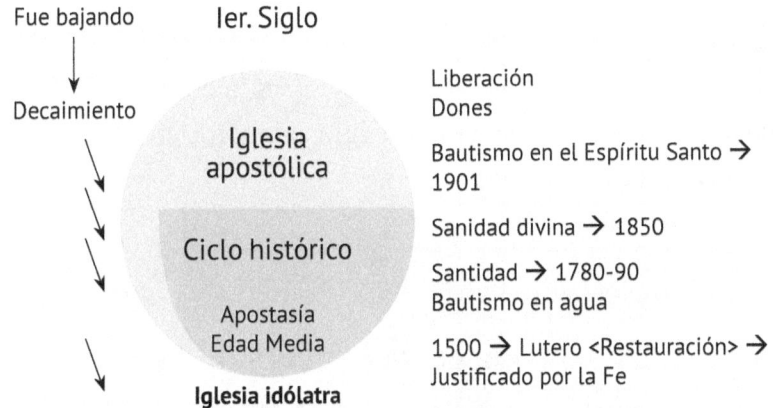

Tipos de Demonios:

1. Insectos: Oruga, revoltón, langosta.
2. Aves inmundas: Aves de rapiña (buitres, águilas).
3. Bestias: León, zorra, dragón, osos, perros.
4. Reptiles: Serpiente.

Después del 1er. Siglo se empezaron a introducir demonios, doctrinas falsas, etc., pero el Señor nos va a restituir, como dice Joel 1:4-7, 2:4; *"Lo que quedó de la oruga comió el saltón, y lo que quedó del saltón comió el revoltón; y la langosta comió lo que del revoltón había quedado. Despertad, borrachos, y llorad; gemid, todos los que bebéis vino, a causa del mosto, porque os es quitado de vuestra boca. Porque pueblo fuerte e innumerable subió a mi tierra; sus dientes son dientes de león, y sus muelas, muelas de león. Asoló mi vid, y descortezó mi higuera; del todo la desnudó y derribó; sus ramas quedaron blancas… Su aspecto, como aspecto de caballos, y como gente de a caballo correrán."*

Cada insecto tiene una función, unos atacan el fruto, otros las flores, otros las ramas tiernas y otros la corteza. El Diablo casi logró destruir la vid (La Iglesia) pero, en el siglo XV comenzó la restitución.

XVI. Para convencer de la necesidad del bautismo del Espíritu Santo y de la operación de los dones en la Iglesia.

Lucas 4:18-21; *"El Espíritu del Señor está sobre mí, Por cuanto me ha ungido para dar buenas nuevas a los pobres; Me ha enviado a sanar a los quebrantados de corazón; A pregonar libertad a los cautivos, Y vista a los ciegos; A poner en libertad a los oprimidos; A predicar el año agradable del Señor. Y enrollando el libro, lo dio al ministro, y se sentó; y los ojos de todos en la sinagoga estaban fijos en él. Y comenzó a decirles: Hoy se ha cumplido esta Escritura delante de vosotros."*

Isaías 10:27; *"Acontecerá en aquel tiempo que su carga será quitada de tu hombro, y su yugo de tu cerviz, y el yugo se pudrirá a causa de la unción."*

Mateo 12:28; *"Pero si yo por el Espíritu de Dios echo fuera los demonios, ciertamente ha llegado a vosotros el reino de Dios."*

Hechos 10:38; *"cómo Dios ungió con el Espíritu Santo y con poder a Jesús de Nazaret, y cómo éste anduvo haciendo bienes y sanando a todos los oprimidos por el diablo, porque Dios estaba con él."*

Marcos 6:12-13; *"Y saliendo, predicaban que los hombres se arrepintiesen. Y echaban fuera muchos demonios, y ungían con aceite a muchos enfermos, y los sanaban."*

Sin el Espíritu Santo no es posible echar fuera demonios → Los discípulos echaron fuera demonios antes del pentecostés porque Cristo les dio un grado de autoridad, Mateo 10:1; *"Entonces llamando a sus doce discípulos, les dio autoridad sobre los espíritus inmundos, para que los echasen fuera, y para sanar toda enfermedad y toda dolencia."* → pero como era un grado de autoridad fallaron con el epiléptico.

Después del pentecostés no hubo fallos en los casos de liberación porque ya estaban ungidos con el Poder del Espíritu Santo.

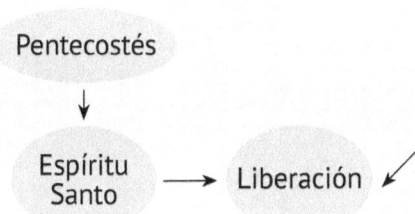

El yugo (de Satanás) en la cerviz es quitado por la unción. Isaías 10:27; *"Acontecerá en aquel tiempo que su carga será quitada de tu hombro, y su yugo de tu cerviz, y el yugo se pudrirá a causa de la unción."*

A. El Espíritu Santo en la liberación.

Lucas 4:16-19; *"Vino a Nazaret, donde se había criado; y en el día de reposo entró en la sinagoga, conforme a su costumbre, y se levantó a leer. Y se le dio el libro del profeta Isaías; y habiendo abierto el libro, halló el lugar donde estaba escrito: El Espíritu del Señor está sobre mí, Por cuanto me ha ungido para dar buenas nuevas a los pobres; Me ha enviado a sanar a los quebrantados de corazón; A pregonar libertad a los cautivos, Y vista a los ciegos; A poner en libertad a los oprimidos; A predicar el año agradable del Señor."*

1. El plan de trabajo de Cristo.

Inició después de la investidura del Espíritu Santo.

Lc. 4:1, 14-15; *"Jesús, lleno del Espíritu Santo, volvió del Jordán, y fue llevado por el Espíritu al desierto…Y Jesús volvió en el poder del Espíritu a Galilea, y se difundió su fama por toda la tierra de alrededor. Y enseñaba en las sinagogas de ellos, y era glorificado por todos."*

Mt. 3:16; *"Y Jesús, después que fue bautizado, subió luego del agua; y he aquí los cielos le fueron abiertos, y vio al Espíritu de Dios que descendía como paloma, y venía sobre él."*

Mr. 1:10; *"Y luego, cuando subía del agua, vio abrirse los cielos, y al Espíritu como paloma que descendía sobre él."*

a. Dar buenas nuevas a los pobres.
b. Sanar a los quebrantados de corazón.
c. Pregonar libertad a los cautivos.
d. Dar vista a los ciegos.
e. Poner en libertad a los oprimidos.
f. Predicar el año agradable del Señor.

2. Los discípulos y su plan de trabajo.

Mt. 10:1, 5-8; *"Entonces llamando a sus doce discípulos, les dio autoridad sobre los espíritus inmundos, para que los echasen fuera, y para sanar toda enfermedad y toda dolencia...A estos doce envió Jesús, y les dio instrucciones, diciendo: Por camino de gentiles no vayáis, y en ciudad de samaritanos no entréis, sino id antes a las ovejas perdidas de la casa de Israel. Y yendo, predicad, diciendo: El reino de los cielos se ha acercado. Sanad enfermos, limpiad leprosos, resucitad muertos, echad fuera demonios; de gracia recibisteis, dad de gracia."*

Lc. 9:1-2; *"Habiendo reunido a sus doce discípulos, les dio poder y autoridad sobre todos los demonios, y para sanar enfermedades. Y los envió a predicar el reino de Dios, y a sanar a los enfermos."*

Mr. 3:13-15; *"Después subió al monte, y llamó a sí a los que él quiso; y vinieron a él. Y estableció a doce, para que estuviesen con él, y para enviarlos a predicar, y que tuviesen autoridad para sanar enfermedades y para echar fuera demonios:"*

a. Predicar que el reino de los cielos se ha acercado.
b. Sanar enfermos y toda dolencia.
c. Echar fuera demonios.

Mr. 6:7, 12-13; *"Después llamó a los doce, y comenzó a enviarlos de dos en dos; y les dio autoridad sobre los espíritus inmundos...Y saliendo, predicaban que los hombres se arrepintiesen. Y echaban fuera muchos demonios, y ungían con aceite a muchos enfermos, y los sanaban."*

B. Los dones que son esenciales en la liberación.

1ª Co. 12:7-11; *"Pero a cada uno le es dada la manifestación del Espíritu para provecho. Porque a éste es dada por el Espíritu palabra de sabiduría; a otro, palabra de ciencia según el mismo Espíritu; a otro, fe por el mismo Espíritu; y a otro, dones de sanidades por el mismo Espíritu. A otro, el hacer milagros; a otro, profecía; a otro, discernimiento de espíritus; a otro, diversos géneros de lenguas; y a otro, interpretación de lenguas. Pero todas estas cosas las hace uno y el mismo Espíritu, repartiendo a cada uno en particular como él quiere."*

Mt. 12:28; *"Pero si yo por el Espíritu de Dios echo fuera los demonios, ciertamente ha llegado a vosotros el reino de Dios."*

Hch. 10:38; *"cómo Dios ungió con el Espíritu Santo y con poder a Jesús de Nazaret, y cómo éste anduvo haciendo bienes y sanando a todos los oprimidos por el diablo, porque Dios estaba con él."*

Is. 59:19; *"Y temerán desde el occidente el nombre de Jehová, y desde el nacimiento del sol su gloria; porque vendrá el enemigo como río, más el Espíritu de Jehová levantará bandera contra él."*

Zac. 4:6; *"Entonces respondió y me habló diciendo: Esta es palabra de Jehová a Zorobabel, que dice: No con ejército, ni con fuerza, sino con mi Espíritu, ha dicho Jehová de los ejércitos."*

1ª Jn 2:20, 4:4; *"Pero vosotros tenéis la unción del Santo, y conocéis todas las cosas...Hijitos, vosotros sois de Dios, y los habéis vencido; porque mayor es el que está en vosotros, que el que está en el mundo."*

El Bautismo en o con el Espíritu Santo, rompe el yugo (libera).

Is. 10:27; *"Acontecerá en aquel tiempo que su carga será quitada de tu hombro, y su yugo de tu cerviz, y el yugo se pudrirá a causa de la unción."*

1. Discernimiento de espíritus: Detecta la presencia del enemigo.

Lv. 10:9-10; *"Tú, y tus hijos contigo, no beberéis vino ni sidra cuando entréis en el tabernáculo de reunión, para que no muráis; estatuto perpetuo será para vuestras generaciones, para poder discernir entre lo santo y lo profano, y entre lo inmundo y lo limpio,"*

He. 5:14; *"pero el alimento sólido es para los que han alcanzado madurez, para los que por el uso tienen los sentidos ejercitados en el discernimiento del bien y del mal."*

Ez. 44:23; *"Y enseñarán a mi pueblo a hacer diferencia entre lo santo y lo profano, y les enseñarán a discernir entre lo limpio y lo no limpio."*

Ejemplos:

a. Pablo discernió que el espíritu que operaba en la joven de Filipos, no era de parte de Dios,
Hch. 16:16-18; *"Aconteció que mientras íbamos a la oración, nos salió al encuentro una muchacha que tenía espíritu de adivinación, la cual daba gran ganancia a sus amos, adivinando. Esta, siguiendo a Pablo y a nosotros, daba voces, diciendo: Estos hombres son siervos del Dios Altísimo, quienes os anuncian el camino de salvación. Y esto lo hacía por muchos días; mas*

desagradando a Pablo, éste se volvió y dijo al espíritu: Te mando en el nombre de Jesucristo, que salgas de ella. Y salió en aquella misma hora.", <u>desagradando</u> a Pablo.

b. Jesús discernió que la fiebre de la suegra de Pedro era causada por el enemigo.

Lc. 4:38-39; *"Entonces Jesús se levantó y salió de la sinagoga, y entró en casa de Simón. La suegra de Simón tenía una gran fiebre; y le rogaron por ella. E inclinándose hacia ella, reprendió a la fiebre; y la fiebre la dejó, y levantándose ella al instante, les servía."* <u>Reprendió</u> a la fiebre.

c. Jesús discernió que un <u>espíritu diferente</u> al Espíritu Santo operaba en Jacobo y Juan.

Lc. 9:55; *"Entonces volviéndose él, los reprendió, diciendo: Vosotros no sabéis de qué espíritu sois;"*

d. Jesús discernió que el <u>espíritu de enfermedad</u> era lo que mantenía encorvada a la mujer desde hacía 18 años.

Lc. 13:10-11, 16; *"Enseñaba Jesús en una sinagoga en el día de reposo; y había allí una mujer que desde hacía dieciocho años tenía espíritu de enfermedad, y andaba encorvada, y en ninguna manera se podía enderezar... Y a esta hija de Abraham, que Satanás había atado dieciocho años, ¿no se le debía desatar de esta ligadura en el día de reposo?"*

2. **Palabra de conocimiento o de ciencia**: Revela lo que la persona no ha querido confesar.

   a. A Pedro le fue revelado por el Espíritu Santo que Satanás había llenado el corazón de Ananías y de Safira.
   Hch. 5:1-11; *"Pero cierto hombre llamado Ananías, con Safira su mujer, vendió una heredad, y sustrajo del precio, sabiéndolo también su mujer; y trayendo sólo una parte, la puso a los pies de los apóstoles. Y dijo Pedro: Ananías, <u>¿por qué llenó Satanás tu corazón para que mintieses al Espíritu Santo,</u> y sustrajeses del precio de la heredad? Reteniéndola, ¿no se te quedaba a ti? y vendida, ¿no estaba en tu poder? ¿Por qué pusiste esto en tu corazón? No has mentido a los hombres, sino a Dios. Al oír Ananías estas palabras, cayó y expiró. Y vino un gran temor sobre todos los que lo oyeron. Y levantándose los jóvenes, lo envolvieron, y sacándolo, lo sepultaron. Pasado un lapso como de tres horas, sucedió que entró su mujer, no sabiendo lo que había acontecido. Entonces Pedro le dijo: Dime, ¿vendisteis en tanto la heredad? Y ella dijo: Sí, en tanto. Y Pedro le dijo: ¿Por qué convinisteis en tentar al Espíritu del Señor? He aquí a la*

puerta los pies de los que han sepultado a tu marido, y te sacarán a ti. Al instante ella cayó a los pies de él, y expiró; y cuando entraron los jóvenes, la hallaron muerta; y la sacaron, y la sepultaron junto a su marido. Y vino gran temor sobre toda la iglesia, y sobre todos los que oyeron estas cosas."

b. A Pablo le fue revelado por el Espíritu Santo que Simón estaba atado en hiel de amargura y era prisionero de su maldad.
Hch. 8:22-23; *"Arrepiéntete, pues, de esta tu maldad, y ruega a Dios, si quizá te sea perdonado el pensamiento de tu corazón; porque <u>en hiel de amargura y en prisión de maldad veo que estás</u>."*

3. **Don de fe**: Es aquel mediante el cual el Espíritu Santo trasmite una convicción inconmovible para actuar como si ya fuese realidad lo que se espera, para beneficio de la Iglesia.

a. Mt. 17:14-21; *"Cuando llegaron al gentío, vino a él un hombre que se arrodilló delante de él, diciendo: Señor, ten misericordia de mi hijo, que es lunático, y padece muchísimo; porque muchas veces cae en el fuego, y muchas en el agua. Y lo he traído a tus discípulos, pero no le han podido sanar. Respondiendo Jesús, dijo: ¡Oh generación incrédula y perversa! ¿Hasta cuándo he de estar con vosotros? ¿Hasta cuándo os* *he de soportar? Traédmelo acá. Y reprendió Jesús al demonio, el cual salió del muchacho, y éste quedó sano desde aquella hora. Viniendo entonces los discípulos a Jesús, aparte, dijeron: ¿Por qué nosotros no pudimos echarlo fuera? Jesús les dijo: <u>Por vuestra poca fe; porque de cierto os digo, que si tuviereis fe como un grano de mostaza, diréis a este monte: Pásate de aquí allá, y se pasará; y nada os será imposible.</u> Pero este género no sale sino con oración y ayuno."* (v.20), a los discípulos les faltó fe, para obrar la liberación del muchacho lunático.

b. Mt. 15:22-28;" *Y he aquí una mujer cananea que había salido de aquella región clamaba, diciéndole: ¡Señor, Hijo de David, ten misericordia de mí! Mi hija es gravemente atormentada por un demonio. Pero Jesús no le respondió palabra. Entonces acercándose sus discípulos, le rogaron, diciendo: Despídela, pues da voces tras nosotros. El respondiendo, dijo: No soy enviado sino a las ovejas pérdidas de la casa de Israel. Entonces ella vino y se postró ante él, diciendo: ¡Señor, socórreme! Respondiendo él, dijo: No está bien tomar el pan de los hijos, y echarlo a los perrillos. Y ella dijo: Sí, Señor; pero aun los perrillos comen de las migajas que caen de la mesa de sus amos. Entonces respondiendo Jesús, dijo: <u>Oh mujer, grande es tu fe; hágase contigo como quieres. Y su hija fue sanada desde aquella hora</u>."*. Jesús le dijo, ¡Oh mujer grande es tu fe!, pero lo que ella necesitaba era liberación para su hija.

4. **Operación de milagros**: (Dunamis-Poder). Un milagro es algo que el conocimiento y la ciencia humana no pueden hacer (Mr. 9:38-40; *"Juan le respondió diciendo: Maestro, hemos visto a uno que en tu nombre echaba fuera demonios, pero él no nos sigue; y se lo prohibimos, porque no nos seguía. Pero Jesús dijo: No se lo prohibáis; <u>porque ninguno hay que haga milagro en mi nombre</u>, que luego pueda decir mal de mí. Porque el que no es contra nosotros, por nosotros es."*). Es una intervención sobrenatural, en el mundo exterior.

a. En Samaria, por mano de Felipe. Hch. 8:6-7; *"Y la gente, unánime, escuchaba atentamente las cosas que decía Felipe, oyendo y viendo las señales que hacía. Porque de muchos que tenían espíritus inmundos, salían éstos dando grandes voces; y muchos paralíticos y cojos eran sanados;"*

b. En Efeso, por mano de Pablo. Hch. 9:11-12; *"Y el Señor le dijo: Levántate, y ve a la calle que se llama Derecha, y busca en casa de Judas a uno llamado Saulo, de Tarso; porque he aquí, él ora, y ha visto en visión a un varón llamado Ananías, que entra y le pone las manos encima para que recobre la vista."*

5. Don de sanidades: El don de sanidad es la capacidad sobrenatural dada por Dios a algunos creyentes, mediante el Espíritu Santo, por la cual estos creyentes pueden curar enfermedades de cualquier tipo en una forma instantánea, completa y permanente.

a. Las mujeres que servían a Jesús, habían sido <u>sanadas</u> de espíritus inmundos. Lc. 8:1-2; *"Aconteció después, que Jesús iba por todas las ciudades y aldeas, predicando y anunciando el evangelio del reino de Dios, y los doce con él, <u>y algunas mujeres que habían sido sanadas de espíritus malos y de enfermedades</u>: María, que se llamaba Magdalena, de la que habían salido siete demonios,"*

b. La hija de la mujer cananea, fue <u>sanada</u> desde aquella hora. Mt. 15:21-28; *"Saliendo Jesús de allí, se fue a la región de Tiro y de Sidón. Y he aquí una mujer cananea que había salido de aquella región clamaba, diciéndole: ¡Señor, Hijo de David, ten misericordia de mí! Mi hija es gravemente atormentada por un demonio. Pero Jesús no le respondió palabra. Entonces acercándose sus discípulos, le rogaron, diciendo: Despídela, pues da voces tras nosotros. El respondiendo, dijo: No soy enviado sino a las ovejas pérdidas de la casa de Israel. Entonces ella vino y se postró ante él, diciendo: ¡Señor, socórreme! Respondiendo él, dijo: No está bien tomar el pan de los hijos, y echarlo a los perrillos. Y ella dijo: Sí, Señor; pero aun los perrillos comen de las migajas que caen de la mesa de sus amos. Entonces respondiendo Jesús, dijo: Oh mujer, grande es tu fe; hágase contigo como quieres. Y su hija fue sanada desde aquella hora."*

c. La mujer con espíritu de enfermedad. Lc. 13:10-16; *"Enseñaba Jesús en una sinagoga en el día de reposo; y había allí una mujer que desde hacía dieciocho años tenía espíritu de enfermedad, y andaba encorvada, y en ninguna manera se podía enderezar. Cuando Jesús la vio, la llamó y le dijo: Mujer, eres libre de tu enfermedad. Y puso las manos sobre ella; y ella se enderezó luego, y glorificaba a Dios. Pero el principal de la sinagoga, enojado de que Jesús hubiese sanado en el día de reposo, dijo a la gente: Seis días hay en que se debe trabajar; en éstos, pues, venid y sed sanados, y no en día de reposo. Entonces el Señor le respondió y dijo: Hipócrita, cada uno de vosotros ¿no desata en el día de reposo su buey o su asno del pesebre y lo lleva a beber? Y a esta hija de Abraham, que Satanás había atado dieciocho años, ¿no se le debía desatar de esta ligadura en el día de reposo?"*

TEMA 13

¿PUEDE UN CRISTIANO ESTAR ENDEMONIADO?

"Más si por el dedo de Dios echo yo fuera los demonios, ciertamente el reino de Dios ha llegado a vosotros." Lucas 11:20

Si	0	No
PRO	↑	CONTRA

Los que dicen que **SI** → Practican la liberación; pero los que dicen que **NO** → No la practican. Este es el punto de controversia en la liberación y es donde se forman los dos bandos. Un 90% de las personas cree que un cristiano no puede tener demonios y un 10% cree que un cristiano puede tener demonios y son los que practican la liberación.

Endemoniado. Quiere decir que tiene demonios dentro de él. No confundir – endemoniado (intruso, no es dueño) con poseído (derechos de propiedad, dueño→ control y uso) o posesionado.

Un cristiano no puede ser poseído porque Cristo es el dueño, pero si puede estar endemoniado porque los demonios se meten a la fuerza (como intrusos) y lo invaden.

El pecado le da derechos al Diablo, a muchos cristianos los tiene atados por el pecado de sus antepasados y estos derechos se le quitan en el ministerio de liberación; pero el Diablo utiliza la ignorancia de los cristianos, que no saben que necesitan ser liberados.

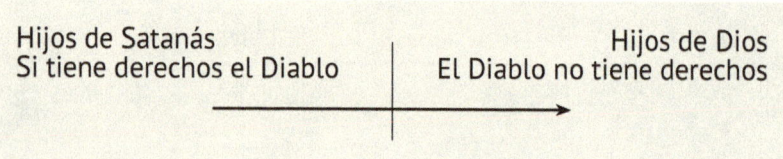

Colosenses 1:13; *"el cual nos ha librado de la potestad de las tinieblas, y trasladado al reino de su amado Hijo,"*.

Cuando hay liberación pasan los derechos de Satanás a Dios, por medio de la redención pagando un precio, lea 1ª Corintios 6:20; *"Porque habéis sido comprados por precio; glorificad, pues, a Dios en vuestro cuerpo y en vuestro espíritu, los cuales son de Dios."*

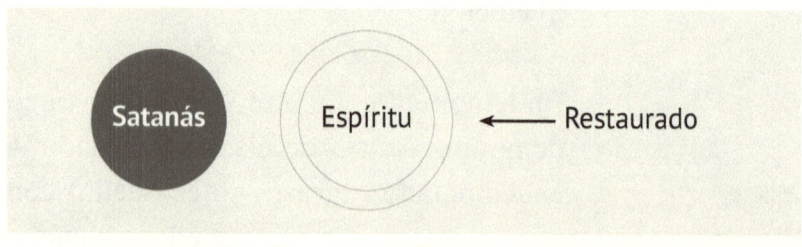

Cuando aceptamos a Cristo nuestro espíritu es renovado, pero nuestra alma y nuestro cuerpo necesitan ser liberados. ¿Puede un cristiano tener un demonio?, o ¿Puede operar un demonio en un cristiano?, la respuesta es *"Si"*.

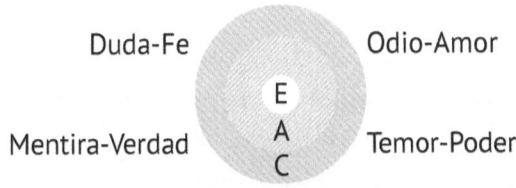

I. El Templo de Dios.

1ª Corintios 6:19. *"¿O ignoráis que vuestro cuerpo es templo del Espíritu Santo, el cual está en vosotros, el cual tenéis de Dios, y que no sois vuestros?"*

- A. Creyente – cuerpo (templo del Espíritu Santo) 1ª Co. 3:16; *"¿No sabéis que sois templo de Dios, y que el Espíritu de Dios mora en vosotros?"*.

- B. Iglesia local – 2ª Co. 6:16; *"¿Y qué acuerdo hay entre el templo de Dios y los ídolos? Porque vosotros sois el templo del Dios viviente, como Dios dijo: Habitaré y andaré entre ellos, Y seré su Dios, Y ellos serán mi pueblo."*

- C. Iglesia universal – Ef. 2:20-22; *"edificados sobre el fundamento de los apóstoles y profetas, siendo la*

> *principal piedra del ángulo Jesucristo mismo, en quien todo el edificio, bien coordinado, va creciendo para ser un templo santo en el Señor; en quien vosotros también sois juntamente edificados para morada de Dios en el Espíritu."*

El creyente dentro de la Iglesia local y universal es templo del Espíritu Santo y también en forma individual. 1ª Co. 3:17; *"Si alguno destruyere el templo de Dios, Dios le destruirá a él; porque el templo de Dios, el cual sois vosotros, santo es."*. Penetra-destruye (Allana, viola y profana) con el fin de destruir. 2ª Ts. 2:4; *"el cual se opone y se levanta contra todo lo que se llama Dios o es objeto de culto; tanto que se sienta en el templo de Dios como Dios, haciéndose pasar por Dios."*. Dice que el Diablo es el que se levanta contra Dios y se sienta en el templo de Dios (nuestro cuerpo).

En Hechos 17:24; *"El Dios que hizo el mundo y todas las cosas que en él hay, siendo Señor del cielo y de la tierra, no habita en templos hechos por manos humanas,"*

Y en Hechos 7:48; *"Este halló gracia delante de Dios, y pidió proveer tabernáculo para el Dios de Jacob."*

Leemos que: → *"Dios no habita en un templo hecho de manos, sino en la Iglesia, esto quiere decir en el cristiano."*

En 2ª Ts. 2:3-4; *"Nadie os engañe en ninguna manera; porque no vendrá sin que antes venga la apostasía, y se manifieste el hombre de pecado, el hijo de perdición, el cual se opone y se levanta contra todo lo que se llama Dios o es objeto de culto; tanto que se sienta en el templo de Dios como Dios, haciéndose pasar por Dios."*

Y en Juan 17:12; *"Cuando estaba con ellos en el mundo, yo los guardaba en tu nombre; a los que me diste, yo los guardé, y ninguno de ellos se perdió, sino el hijo de perdición, para que la Escritura se cumpliese."* → Nos hablan del hijo de perdición, (Judas); Juan 6:70; *"Jesús les respondió: ¿No os he escogido yo a vosotros los doce, y uno de vosotros es diablo?"*

Juan 13:2,27; *"Y cuando cenaban, como el diablo ya había puesto en el corazón de Judas Iscariote, hijo de Simón, que le entregase,... Y después del bocado, Satanás entró en él. Entonces Jesús le dijo: Lo que vas a hacer, hazlo más pronto."*), el enemigo (Satanás) va a imitar los dones de Dios en las Iglesias. En los últimos tiempos, el hijo de perdición (el Diablo) se va a introducir en la Iglesia muy sutilmente, haciendo obras y milagros simulando ser Dios y pidiendo culto y pleitesía (honra).

2ª Ts. 2:4; *"el cual se opone y se levanta contra todo lo que se llama Dios o es objeto de culto; tanto que se sienta en el templo de Dios como Dios, haciéndose pasar por Dios."* → Gr. *"ODONE"* (rebelión) → *"Exalte"* (orgullo) exaltación personal. → "Falsificación" de la presencia de Dios; de los dones y de los ministerios del Espíritu Santo "TRAICIÓN" → Padre entregará a los hijos, la hermana al hermano. (*Y todo esto ya está comenzando a suceder y se verá todavía más claro*).

- La Iglesia (el templo de Dios) si puede ser hollada por el Diablo.
- En un cristiano es mejor no usar endemoniado, o poseído → Es mejor usar (afectado, oprimido, atado), porque la gente inmediatamente se cierra y no quiere escuchar.

Es un error llamarle Iglesia al local donde nos congregamos, porque nosotros somos la Iglesia (Templo de Dios). Juan 2:13-17; *"Estaba cerca la pascua de los judíos; y subió Jesús a Jerusalén, y halló en el templo a los que vendían bueyes, ovejas y palomas, y a los cambistas allí sentados. Y haciendo un azote de cuerdas, echó fuera del templo a todos, y las ovejas y los bueyes; y esparció las monedas de los cambistas, y volcó las mesas; y dijo a los que vendían palomas: Quitad de aquí esto, y no hagáis de la casa de mí Padre **casa de mercado**. Entonces se acordaron sus discípulos que está escrito: El celo de tu casa me consume."* → La Iglesia había sido profanada por cambistas, y vendedores (estaban estafando) → Jesús hecho fuera (liberó) del templo a los cambistas y vendedores con todos sus animales. En Mateo 21:12-13; *"Y entró Jesús en el templo de Dios, y echó fuera a todos los que vendían y compraban en el templo, y volcó las mesas de los cambistas, y las sillas de los que vendían palomas; y les dijo: Escrito está: Mi casa, casa de oración será llamada; mas vosotros la habéis hecho cueva de ladrones."*, les llamo **cueva de ladrones**.

En Mateo 12:43-45; *"Cuando el espíritu inmundo sale del hombre, anda por lugares secos, buscando reposo, y no lo halla. Entonces dice: Volveré a mi casa de donde salí; y cuando llega, la halla desocupada, barrida y adornada. Entonces va, y toma consigo otros siete espíritus peores que él, y entrados, moran allí; y el postrer estado de aquel hombre viene a ser peor que el primero. Así también acontecerá a esta mala generación."* → Dijo que el postrer estado es peor que el primero.

Se necesita llenar el templo (el cuerpo) con el Poder (Shekinah) esto quiere decir la Gloria de Dios o la Presencia de Dios. "Ichabod" la Gloria ha sido partida.

1ª Juan 4:3; *"y todo espíritu que no confiesa que Jesucristo ha venido en carne, no es de Dios; y este es el espíritu del anticristo, el cual vosotros habéis oído que viene, y que ahora ya está en el mundo."*, dice que el Espíritu del anticristo ya está funcionando en la Iglesia. (Anti→Contra).

En 2ª Ti. 3:1-5; dice *"También debes saber esto: que en los postreros días vendrán tiempos peligrosos. Porque habrá hombres amadores de sí mismos, avaros, vanagloriosos, soberbios, blasfemos, desobedientes a los padres, ingratos, impíos, sin afecto natural, implacables, calumniadores, intemperantes, crueles, aborrecedores de lo bueno, traidores, impetuosos, infatuados, amadores de los deleites más que de Dios, que tendrán apariencia de piedad, pero negarán la eficacia de ella; a éstos evita."*. Esto significa que debemos dejar que Dios desarrolle un alto Espíritu de lealtad en nosotros, hacia el ministerio y hacia los siervos de Dios. Casi todas las Iglesias creen ser las mejores.

Mateo 15:22-26; *"Y he aquí una mujer cananea que había salido de aquella región clamaba, diciéndole: ¡Señor, Hijo de*

David, ten misericordia de mí! Mi hija es gravemente atormentada por un demonio. Pero Jesús no le respondió palabra. Entonces acercándose sus discípulos, le rogaron, diciendo: Despídela, pues da voces tras nosotros. El respondiendo, dijo: No soy enviado sino a las ovejas pérdidas de la casa de Israel. Entonces ella vino y se postró ante él, diciendo: ¡Señor, socórreme! Respondiendo él, dijo: No está bien tomar el pan de los hijos, y echarlo a los perrillos. "

La mujer cananea quería liberación para su hija → Buscaba *"El pan de los hijos"*.

Animal inmundo → Perrillo = "Inconversos".

Los hijos de Dios son los que tienen derecho a la liberación → un inconverso no lo tiene.

2ª Ti. 2:24-26; *"Porque el siervo del Señor no debe ser contencioso, sino amable para con todos, apto para enseñar, sufrido; que con mansedumbre corrija a los que se oponen, por si quizá Dios les conceda que se arrepientan para conocer la verdad, y escapen del lazo del diablo, en que están cautivos a voluntad de él."*, nos muestra que el primer paso para conocer la verdad es el arrepentimiento.

Cuando uno acepta a Cristo no es liberado instantáneamente. Hay un proceso de liberación. Es por eso que uno necesita liberarse después de aceptar a Cristo. Ni aun Pablo los echaba fuera instantáneamente. Hechos 16:18; *"Y esto lo hacía por muchos días; mas desagradando a Pablo, éste se volvió y dijo al espíritu: Te mando en el nombre de Jesucristo, que salgas de ella. Y salió en aquella misma hora."*, Mr. 5:6-12; *"Cuando vio, pues, a Jesús de lejos, corrió, y se arrodilló ante él. Y clamando a gran voz, dijo: ¿Qué tienes conmigo, Jesús, Hijo del Dios Altísimo? Te conjuro por Dios que no me atormentes. Porque le decía: Sal de este hombre, espíritu inmundo. Y le preguntó: ¿Cómo te llamas? Y respondió diciendo: Legión me llamo; porque somos muchos. Y le rogaba mucho que no los enviase fuera de aquella región. Estaba allí cerca del monte un gran hato de cerdos paciendo. Y le rogaron todos los demonios, diciendo: Envíanos a los cerdos para que entremos en ellos."*

II. El arrepentimiento → Una condición para la liberación.

Es mejor no liberar a un inconverso (no se "debe" orar) → Porque entonces volverían 7 demonios más y sería peor su caso porque se necesita llenar del Espíritu Santo el cuerpo → Mt. 12:43-45; *"Cuando el espíritu inmundo sale del hombre, anda por lugares secos, buscando reposo, y no lo halla. Entonces dice: Volveré a mi casa de donde salí; y cuando llega, la halla desocupada, barrida y adornada. Entonces va, y toma consigo otros siete espíritus peores que él, y entrados, moran allí; y el postrer estado de aquel hombre viene a ser peor que el primero. Así también acontecerá a esta mala generación."*. Lc. 11:24-26; *"Cuando el espíritu inmundo sale del hombre, anda por lugares secos, buscando reposo; y no hallándolo, dice: Volveré a mi casa de donde salí. Y cuando llega, la halla barrida y adornada. Entonces va, y toma otros siete espíritus peores que él; y entrados, moran allí; y el postrer estado de aquel hombre viene a ser peor que el primero."*

Todo inconverso está endemoniado, Jn. 8:44; *"Vosotros sois de vuestro padre el diablo, y los deseos de vuestro padre queréis hacer. Él ha sido homicida desde el principio, y no ha permanecido en la verdad, porque no hay verdad en él. Cuando habla mentira, de suyo habla; porque es mentiroso, y padre de mentira."*; porque su padre es el Diablo → Lo único que varía es el grado de posesión.

III. Casos bíblicos que demuestran que los cristianos pueden ser afectados por demonios.

¿Cómo se comprueba que los cristianos tenían demonio? Existen casos clínicos, casos bíblicos y textos que nos ilustran al respecto. Los discípulos de Cristo, 1ª Lucas 9:53-56; *"Mas no le recibieron, porque su aspecto era como de ir a Jerusalén. Viendo esto sus discípulos Jacobo y Juan, dijeron: Señor, ¿quieres que mandemos que descienda fuego del cielo, como hizo Elías, y los consuma? Entonces volviéndose él, los reprendió, diciendo: Vosotros no sabéis de qué espíritu sois; porque el Hijo del Hombre no ha venido para perder las almas de los hombres, sino para salvarlas. Y se fueron a otra aldea. "*, ellos tenían (espíritu) demonio de venganza.

A. Pedro primero instrumento de Dios. **Mt. 16:13-20;** *"Viniendo Jesús a la región de Cesarea de Filipo, preguntó a sus discípulos, diciendo: ¿Quién dicen los* *hombres que es el Hijo del Hombre? Ellos dijeron: Unos, Juan el Bautista; otros, Elías; y otros, Jeremías, o alguno de los profetas. Él les dijo: Y vosotros, ¿quién decís que soy yo? Respondiendo Simón Pedro, dijo: Tú eres el Cristo, el Hijo del Dios viviente. Entonces le respondió Jesús: Bienaventurado eres, Simón, hijo de Jonás, porque no te lo reveló carne ni sangre, sino mi Padre que está en los cielos. Y yo también te digo, que tú eres Pedro, y sobre esta roca edificaré mi iglesia; y las puertas del Hades no prevalecerán contra ella. Y a ti te daré las llaves del reino de los cielos; y todo lo que atares en la tierra será atado en los cielos; y todo lo que desatares en la tierra será desatado en los cielos. Entonces mandó a sus discípulos que a nadie dijesen que él era Jesús el Cristo."*, pero luego fue usado por Satanás. **Mt. 16:21-23**; *"Desde entonces comenzó Jesús a declarar a sus discípulos que le era necesario ir a Jerusalén y padecer mucho de los ancianos, de los principales sacerdotes y de los escribas; y ser muerto, y resucitar al tercer día. Entonces Pedro, tomándolo aparte, comenzó a reconvenirle, diciendo: Señor, ten compasión de ti; en ninguna manera esto te acontezca. Pero él, volviéndose, dijo a Pedro: ¡Quítate de delante de mí, Satanás!; me eres tropiezo, porque no pones la mira en las cosas de Dios, sino en las de los hombres."*, el enemigo trato de sembrar a través de Pedro. (**un demonio de lástima propia**) en el Señor Jesucristo; para que después cayera en la **depresión** y por último se **suicidara**.

B. Saúl → **1 S. 10:6, 9-11;** *"Entonces el Espíritu de Jehová vendrá sobre ti con poder, y profetizarás con ellos, y serás mudado en otro hombre….Aconteció luego, que al volver él la espalda para apartarse de Samuel, le mudó Dios su corazón; y todas estas señales acontecieron en aquel día. Y cuando llegaron allá al collado, he aquí la compañía de los profetas que venía a encontrarse con él; y el Espíritu de Dios vino sobre él con poder, y profetizó entre ellos. Y aconteció que cuando todos los que le conocían antes vieron que profetizaba con los profetas, el pueblo decía el uno al otro: ¿Qué le ha sucedido al hijo de Cis? ¿Saúl también entre los profetas?"*. Fue usado por Dios, pero también vemos en **1 S. 16:14, 18:10;** *"El Espíritu de Jehová se apartó de Saúl, y le atormentaba un espíritu malo de parte de Jehová…Aconteció al otro día, que un espíritu malo de parte de Dios tomó a Saúl, y él desvariaba en medio de la casa. David tocaba con su mano como los otros días; y tenía Saúl la lanza en la mano."* → Fue usado por Satanás.

Saúl profetizó por medio del Espíritu Santo.

1 S. 10:6, 9-11; *"Entonces el Espíritu de Jehová vendrá sobre ti con poder, y profetizarás con ellos, y serás mudado en otro hombre....Aconteció luego, que al volver él la espalda para apartarse de Samuel, le mudó Dios su corazón; y todas estas señales acontecieron en aquel día. Y cuando llegaron allá al collado, he aquí la compañía de los profetas que venía a encontrarse con él; y el Espíritu de Dios vino sobre él con poder, y profetizó entre ellos. Y aconteció que cuando todos los que le conocían antes vieron que profetizaba con los profetas, el pueblo decía el uno al otro: ¿Qué le ha sucedido al hijo de Cis? ¿Saúl también entre los profetas?".*

Saúl profetizó por medio del espíritu malo.

1 S. 18:10; *Aconteció al otro día, que un espíritu malo de parte de Dios tomó a Saúl, y él desvariaba en medio de la casa. David tocaba con su mano como los otros días; y tenía Saúl la lanza en la mano."*

Nuevamente Saúl vuelve a profetizar por medio del Espíritu Santo.

1 S. 19:23-24; *"Y fue a Naiot en Ramá; y también vino sobre él el Espíritu de Dios, y siguió andando y profetizando hasta que llegó a Naiot en Ramá. Y él también se despojó de sus vestidos, y profetizó igualmente delante de Samuel, y estuvo desnudo todo aquel día y toda aquella noche. De aquí se dijo: ¿También Saúl entre los profetas?*

Cuando Dios da un ministerio lo da sin arrepentimiento; depende de nosotros si dejamos que Dios o que Satanás use los ministerios.

C. Judas. Cristo tuvo que ver ciertas características en él. Entre la multitud de todos los discípulos escogió a Judas. **Jn 6:70-71;** *"Jesús les respondió: ¿No os he* *escogido yo a vosotros los doce, y uno de vosotros es diablo? Hablaba de Judas Iscariote, hijo de Simón; porque éste era el que le iba a entregar, y era uno de los doce."*. La identificación de Judas **Jn. 13:2;** *"Y cuando cenaban, como el diablo ya había puesto en el corazón de Judas Iscariote, hijo de Simón, que le entregase,"*.

El Diablo ya había metido en el corazón de Judas entregarle **Jn. 13:27;** *"Y después del bocado, Satanás entró en él. Entonces Jesús le dijo: Lo que vas a hacer, hazlo más pronto.* Tras el bocado entro Satanás, Cristo le hablo al que estaba en control de Judas. **Lucas 22:3;** *"Y entró Satanás en Judas, por sobrenombre Iscariote, el cual era uno del número de los doce;"*. **Satanás** entró en Judas. Un ángel puede materializarse o encarnarse **He.13:2;** *"No os olvidéis de la hospitalidad, porque por ella algunos, sin saberlo, hospedaron ángeles."*.

D. La mujer de Espíritu de enfermedad. Lc. 13:11-17; *"y había allí una mujer que desde hacía dieciocho años tenía espíritu de enfermedad, y andaba encorvada, y en ninguna manera se podía enderezar. Cuando Jesús la vio, la llamó y le dijo: Mujer, eres libre de tu enfermedad. Y puso las manos sobre ella; y ella se enderezó luego, y glorificaba a Dios. Pero el principal de la sinagoga, enojado de que Jesús hubiese sanado en el día de reposo, dijo a la gente: Seis días hay en que se debe trabajar; en éstos, pues, venid y sed sanados, y no en día de reposo. Entonces el Señor le respondió y* *dijo: Hipócrita, cada uno de vosotros ¿no desata en el día de reposo su buey o su asno del pesebre y lo lleva a beber? Y a esta hija de Abraham, que Satanás había atado dieciocho años, ¿no se le debía desatar de esta ligadura en el día de reposo? Al decir él estas cosas, se avergonzaban todos sus adversarios; pero todo el pueblo se regocijaba por todas las cosas gloriosas hechas por él. "*, ella estuvo enferma por 18 años. Era una mujer devota, Jesús la halló en el templo.

Dones Complementarios:

Lc. 13:12 → libre eres → "la liberó".

Lc. 13:13 → Se enderezo → "Sanidad".

Lc. 13:16, la mujer había sido "atada" por un espíritu de enfermedad que mandó Satanás. Era hija de Abraham. Hijo de Abraham + Gá. 3:7; *"Sabed, por tanto, que los que son de fe, éstos son hijos de Abraham."* → Un creyente de Fe. Ro. 14:11; *"Porque escrito está: Vivo yo, dice el Señor, que ante mí se doblará toda rodilla, Y toda lengua confesará a Dios."* → Era una creyente.

E. Pablo también tenía demonio (espíritu), en **2ª Co. 12:7**; *"Y para que la grandeza de las revelaciones no me exaltase desmedidamente, me fue dado un aguijón en mi carne, un mensajero de Satanás que me abofetee, para que no me enaltezca sobremanera;"*, vemos como Pablo tendía a ser orgulloso (era su debilidad), y es por eso que tenía un (aguijón), espíritu mensajero de Satanás (en su carne) naturaleza pecaminosa. Pablo sufría de la vista, **Gá. 4:15**; *"¿Dónde, pues, está esa satisfacción que experimentabais? Porque os doy testimonio de que si hubieseis podido, os hubierais sacado vuestros propios ojos para dármelos."*, aunque no se sabe si el aguijón estaba en su carne o en su alma. Mensajero de Satanás → **2ª Co. 12:7** (*angellos*)→ ángel de Satanás.

2ª Co. 12:8-10; *"respecto a lo cual tres veces he rogado al Señor, que lo quite de mí. Y me ha dicho: Bástate mi gracia; porque mi poder se perfecciona en la debilidad. Por tanto, de buena gana me gloriaré más bien en mis debilidades, para que repose sobre mí el poder de Cristo. Por lo cual, por amor a Cristo me gozo en las debilidades, en afrentas, en necesidades, en persecuciones, en angustias; porque cuando soy débil, entonces soy fuerte. Me he hecho un necio al gloriarme; vosotros me obligasteis a ello, pues yo debía ser alabado por vosotros; porque en nada he sido menos que aquellos grandes apóstoles, aunque nada soy."* → El demonio producía flaqueza (debilidad) en él y entonces él era fuerte (poderoso) en Dios.

Hechos 19:21; *"Pasadas estas cosas, Pablo se propuso en espíritu ir a Jerusalén, después de recorrer Macedonia y Acaya, diciendo: Después que haya estado allí, me será necesario ver también a Roma."* → Se propuso en espíritu ir a Jerusalén, no busco la voluntad de Dios; sino que hizo la suya. En este punto (cuando hacemos nuestra voluntad) abrimos lugar a la acción demoniaca. La autosuficiencia es un gran peligro para todo siervo de Dios. Este peligro se presenta al empezar el ministerio; porque algunas veces llegamos a creer que todo lo podemos y también casi al terminar el ministerio; porque por la experiencia y los años podemos llegar a pensar que no hay a quien someternos; es decir una autoridad (humana) mayor; y porque la mayoría de las personas que nos rodean pudieran ser jóvenes y sin experiencia.

Hechos 20:22-24; *"Pero de ninguna cosa hago caso, ni estimo preciosa mi vida para mí mismo, con tal que acabe mi carrera con gozo, y el ministerio que recibí del Señor Jesús, para dar testimonio del evangelio de la gracia de Dios."* → Pablo estaba atado en espíritu, es decir, era una obsesión para él ir a Jerusalén. El Espíritu Santo le "advertía" que iba a tener consecuencias.

Hechos 21:3-4; *"Al avistar Chipre, dejándola a mano izquierda, navegamos a Siria, y arribamos a Tiro, porque el barco había de descargar allí. Y hallados los discípulos, nos quedamos allí siete días; y ellos decían a Pablo por el Espíritu, que no subiese a Jerusalén."*
→ en este punto ya le "prohibía" el Espíritu Santo que fuera a Jerusalén.

Hechos 21:8-11; *" Al otro día, saliendo Pablo y los que con él estábamos, fuimos a Cesarea; y entrando en casa de Felipe el evangelista, que era uno de los siete, posamos con él. Este tenía cuatro hijas doncellas que* *profetizaban. Y permaneciendo nosotros allí algunos días, descendió de Judea un profeta llamado Agabo, quien viniendo a vernos, tomó el cinto de Pablo, y atándose los pies y las manos, dijo: Esto dice el Espíritu Santo: Así atarán los judíos en Jerusalén al varón de quien es este cinto, y le entregarán en manos de los gentiles."* → Aquí ya no le advertía, ni le prohibía; solamente le dijo lo que iba a pasar.

Hubo gente que trató de persuadirlo de que no fuera. **Hechos 21:12-14**; *"Al oír esto, le rogamos nosotros y los de aquel lugar, que no subiese a Jerusalén. Entonces Pablo respondió: ¿Qué hacéis llorando y quebrantándome el corazón? Porque yo estoy dispuesto no sólo a ser atado, más aun a morir en Jerusalén por el nombre del Señor Jesús. Y como no le pudimos persuadir, desistimos, diciendo: Hágase la voluntad del Señor."*

1. Sus compañeros de viaje y ministerio.
2. Los creyentes.

Hechos 21:17-26; *"Cuando llegamos a Jerusalén, los hermanos nos recibieron con gozo. Y al día siguiente Pablo entró con nosotros a ver a Jacobo, y se hallaban reunidos todos los ancianos; a los cuales, después de haberles saludado, les contó una por una las cosas que Dios había hecho entre los gentiles por su ministerio. Cuando ellos lo oyeron, glorificaron a Dios, y le dijeron: Ya ves, hermano, cuántos millares de judíos hay que han creído; y todos son celosos por* *la ley. Pero se les ha informado en cuanto a ti, que enseñas a todos los judíos que están entre los gentiles a apostatar de Moisés, diciéndoles que no circunciden a sus hijos, ni observen las costumbres. ¿Qué hay, pues? La multitud se reunirá de cierto, porque oirán que has venido. Haz, pues, esto que te decimos: Hay entre nosotros cuatro hombres que tienen obligación de cumplir voto. Tómalos contigo, purifícate con ellos, y paga sus gastos para que se rasuren la cabeza; y todos comprenderán que no hay nada de lo que se les informó acerca de ti, sino que tú también andas ordenadamente, guardando la ley. Pero en cuanto a los gentiles que han creído, nosotros les hemos escrito determinando que no guarden nada de esto; solamente que se abstengan de lo sacrificado a los ídolos, de sangre, de ahogado y de fornicación. Entonces Pablo tomó consigo a aquellos hombres, y al día siguiente, habiéndose purificado con ellos, entró en el templo, para anunciar el cumplimiento de los días de la purificación, cuando había de presentarse la ofrenda por cada uno de ellos."* → Pablo vuelve otra vez al judaísmo (los ritos) después de haber roto con todo eso. Por sujetarse a quien no debía sujetarse; se hizo transgresor; porque edificó lo que antes había destruido. **Gá. 2:18**; *"Porque si las cosas que destruí, las mismas vuelvo a edificar, transgresor me hago."*

F. Ananías y Safira → **Hechos 5:1-11**; *"Pero cierto hombre llamado Ananías, con Safira su mujer, vendió una heredad, y sustrajo del precio, sabiéndolo también su mujer; y trayendo sólo una parte, la puso a* *los pies de los apóstoles. Y dijo Pedro: Ananías, ¿por qué llenó Satanás tu corazón para que mintieses al Espíritu Santo, y sustrajeses del precio de la heredad? Reteniéndola, ¿no se te quedaba a ti? y vendida, ¿no estaba en tu poder? ¿Por qué pusiste esto en tu corazón? No has mentido a los hombres, sino a Dios. Al oír Ananías estas palabras, cayó y expiró. Y vino un gran temor sobre todos los que lo oyeron. Y levantándose los jóvenes, lo envolvieron, y sacándolo, lo sepultaron. Pasado un lapso como de tres horas, sucedió que entró su mujer, no sabiendo lo que había acontecido. Entonces Pedro le dijo: Dime, ¿vendisteis en tanto la heredad? Y ella dijo: Sí, en tanto. Y Pedro le dijo: ¿Por qué convinisteis en tentar al Espíritu del Señor? He aquí a la puerta los pies de los que han sepultado a tu marido, y te sacarán a ti. Al instante ella cayó a los pies de él, y expiró; y cuando entraron los jóvenes, la hallaron muerta; y la sacaron, y la sepultaron junto a su marido. Y vino gran temor sobre toda la iglesia, y sobre todos los que oyeron estas cosas."*

El Diablo sembró en ellos la idea de mentir a Dios. A Dios se le miente pero no se le engaña. Cuando se tolera el pecado todos van a empezar a pecar *"un poco de levadura leuda toda la masa"*. A pesar de que Ananías y Safira eran cristianos, Satanás si pudo llenar sus corazones. (Nosotros debemos rechazar la tentación). No debemos dejar que Satanás llene nuestro corazón de sentimientos, pasiones, afectos, o emociones.

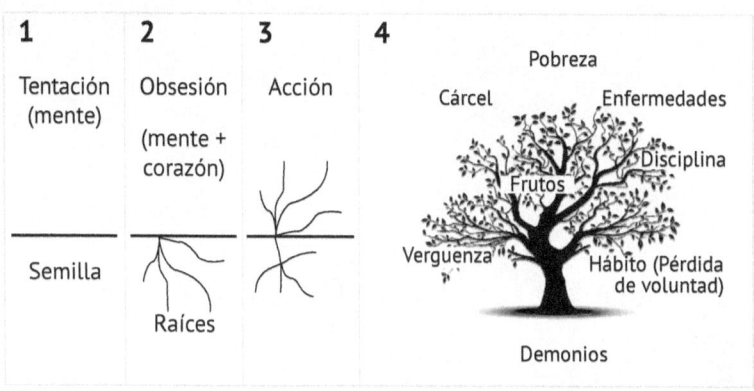

G. Timoteo. 2ª Ti. 1:6-8; *"Por lo cual te aconsejo que avives el fuego del don de Dios que está en ti por la imposición de mis manos. Porque no nos ha dado Dios espíritu de cobardía, sino de poder, de amor y de dominio propio. Por tanto, no te avergüences de dar testimonio de nuestro Señor, ni de mí, preso suyo, sino participa de las aflicciones por el evangelio según el poder de Dios,"*.

Timoteo tenía el don de Profecía → **Ap. 19:10**; *"Yo me postré a sus pies para adorarle. Y él me dijo: Mira, no lo hagas; yo soy consiervo tuyo, y de tus hermanos que retienen el testimonio de Jesús. Adora a Dios; porque el testimonio de Jesús es el espíritu de la profecía."*, pero él por vergüenza o cobardía no lo utilizaba.

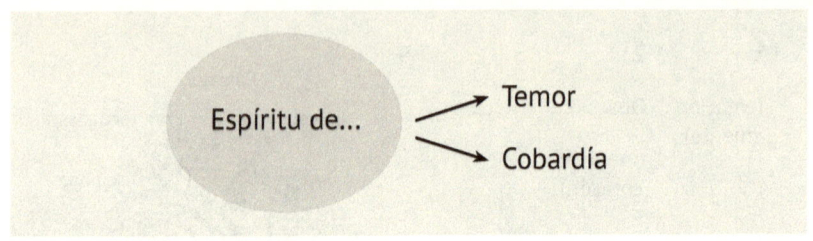

Cada vez que sentía el Poder de Dios; también sentía; temor y cobardía.

El espíritu de temor, produce falta de fe y cobardía que operan en el alma e impiden que los dones se manifiesten.

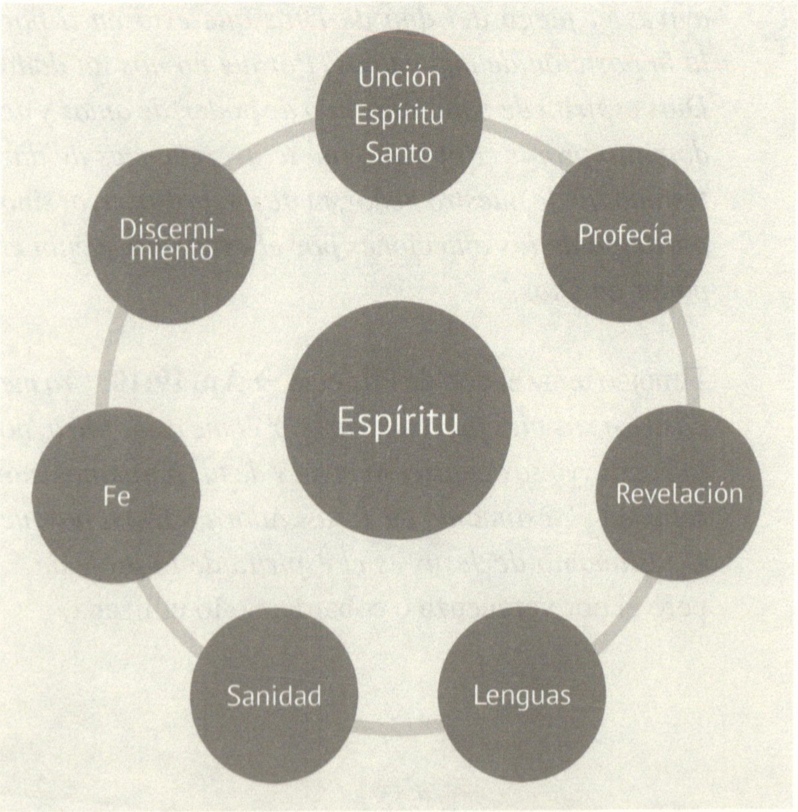

Jeremías 17:5-8; *"Así ha dicho Jehová: Maldito el varón que confía en el hombre, y pone carne por su brazo, y su corazón se aparta de Jehová. Será como la retama en el desierto, y no verá cuando viene el bien, sino que morará en los sequedales en el desierto, en tierra despoblada y deshabitada. Bendito el varón que confía en Jehová, y cuya confianza es Jehová. Porque será como el árbol plantado junto a las aguas, que junto a la corriente echará sus raíces, y no verá cuando viene el calor, sino que su hoja estará verde; y en el año de sequía no se fatigará, ni dejará de dar fruto."* → Confía uno en Dios o confía uno en el hombre.

Hay 2 clases de sabiduría. **Santiago 3:15-17**; *"porque esta sabiduría no es la que desciende de lo alto, sino terrenal, animal, diabólica. Porque donde hay celos y contención, allí hay perturbación y toda obra perversa. Pero la sabiduría que es de lo alto es primeramente pura, después pacífica, amable, benigna, llena de misericordia y de buenos frutos, sin incertidumbre ni hipocresía."*

	Hombre	
Brazo de Jehová		Brazo de la carne
Sabiduría divina		Sabiduría humana
Infalible, vive junto a aguas		Falla, vive en el desierto
Redención / Sobrenatural		Medicina/ Natural

Isaías 30:1-7; *"¡Ay de los hijos que se apartan, dice Jehová, para tomar consejo, y no de mí; para cobijarse con cubierta, y no de mi espíritu, añadiendo pecado a pecado! Que se apartan para descender a Egipto, y no han preguntado de mi boca; para fortalecerse con la fuerza de Faraón, y poner su esperanza en la sombra de Egipto. Pero la fuerza de Faraón se os cambiará en vergüenza, y el amparo en la sombra de Egipto en confusión. Cuando estén sus príncipes en Zoán, y sus embajadores lleguen a Hanes, todos se avergonzarán del pueblo que no les aprovecha, ni los socorre, ni les trae provecho; antes les será para vergüenza y aun para oprobio. Profecía sobre las bestias del Neguev: Por tierra de tribulación y de angustia, de donde salen la leona y el león, la víbora y la serpiente que vuela, llevan sobre lomos de asnos sus riquezas, y sus tesoros sobre jorobas de camellos, a un pueblo que no les será de provecho. Ciertamente Egipto en vano e inútilmente dará ayuda; por tanto yo le di voces, que su fortaleza sería estarse quietos."* → Uno debe confiar en Dios para todo y no en el mundo (Sabiduría humana, hombre).

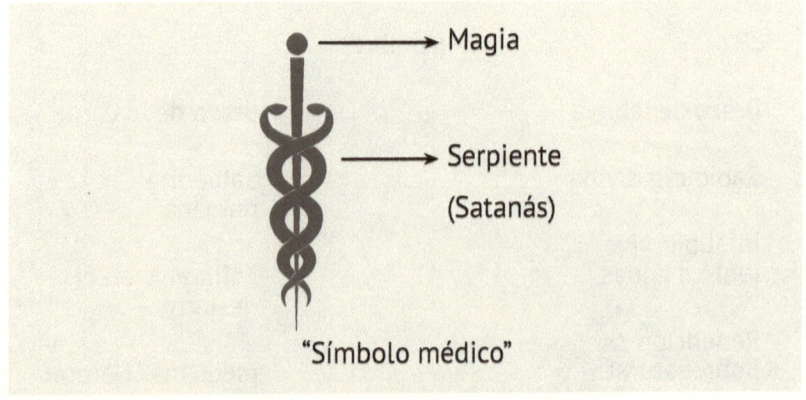

"Símbolo médico"

Muchas de las enfermedades son espirituales y/o emocionales y tienen un origen demoníaco.

IV. Textos bíblicos que demuestran que un cristiano puede ser afectado por demonios.

A. **2ª Corintios 11:3-4**; *"Pero temo que como la serpiente con su astucia engañó a Eva, vuestros sentidos sean de alguna manera extraviados de la sincera fidelidad a Cristo. Porque si viene alguno predicando a otro Jesús que el que os hemos predicado, o si recibís otro espíritu que el que habéis recibido, u otro evangelio que el que habéis aceptado, bien lo toleráis;"*

Si hay una posibilidad de que suceda, se puede recibir otro espíritu que no sea el Espíritu Santo. Debemos tener cuidado a quien oímos porque las palabras son espíritu. 1ª Timoteo 4:1; *"Pero el Espíritu dice claramente que en los postreros tiempos algunos apostatarán de la fe, escuchando a espíritus engañadores y a doctrinas de demonios;"* → Los que ministran: comparten los espíritus de mentira, estos se reciben a través de un profeta falso o leyendo libros de sectas falsas.

Si alguien predica otra doctrina transmite espíritus (demonios) a través de su predicación. Un cristiano puede recibir un demonio aún después de recibir al Espíritu Santo. 2ª Corintios 11:4; *"Porque si viene alguno predicando a otro Jesús que el que os hemos predicado, o si recibís otro espíritu que el que habéis recibido, u otro evangelio que el que habéis aceptado, bien lo toleráis;".*

2ª Co. 11:3-4→puede llegar a suceder OTRO = Diferente a

Posibilidad (SI) recibiste (OTRO) espíritu del que habéis

Espíritu de error de engaño

1ª Timoteo 4:1; *"Pero el Espíritu dice claramente que en los postreros tiempos algunos apostatarán de la fe, escuchando a espíritus engañadores y a doctrinas de demonios;"*)

A través de la Biblia influye el Espíritu Santo y si se leen libros espiritistas, o de sectas van a influir espíritus de error.

NO DEBEMOS SOMETERNOS A CUALQUIER MINISTERIO. No debemos creer a todo espíritu por muy espectacular que sea la demostración de sus "dones" 1ª Juan 4:1-3; *"Amados, no creáis a todo espíritu, sino probad los espíritus si son de Dios; porque muchos falsos profetas han salido por el mundo. En esto conoced el Espíritu de Dios: Todo espíritu que confiesa que Jesucristo ha venido en carne, es de Dios; y todo espíritu que no confiesa que Jesucristo ha venido en carne, no es de Dios; y este es el espíritu del anticristo, el cual vosotros habéis oído que viene, y que ahora ya está en el mundo."*

Espíritus =   Que son de Dios,
              Que no son de Dios.

Anticristo = Es un espíritu.

Tenemos que Probar:

1. El espíritu. Ap. 2:2; *" Yo conozco tus obras, y tu arduo trabajo y paciencia; y que no puedes soportar a los malos, y has probado a los que se dicen ser apóstoles, y no lo son, y los has hallado mentirosos;"*

2. El mensaje. Is. 8:20; *"¡A la ley y al testimonio! Si no dijeren conforme a esto, es porque no les ha amanecido."*

3. El ministerio. Mt. 7:15-20; *"Guardaos de los falsos profetas, que vienen a vosotros con vestidos de ovejas, pero por dentro son lobos rapaces. Por sus frutos los conoceréis. ¿Acaso se recogen uvas de los espinos, o higos de los abrojos? Así, todo buen árbol da buenos frutos, pero el árbol malo da frutos malos. No puede el buen árbol dar malos frutos, ni el árbol malo dar frutos buenos. Todo árbol que no da buen fruto, es cortado y echado en el fuego. Así que, por sus frutos los conoceréis."*

Hay que tener cuidado con la carne porque es más terrible que los demonios Ro. 8:7-8; *"Por cuanto los designios de la carne son enemistad contra Dios;*

porque no se sujetan a la ley de Dios, ni tampoco pueden; y los que viven según la carne no pueden agradar a Dios." → Porque los demonios se sujetan a Dios y la carne no. La carne (naturaleza pecaminosa) no tiene redención. Todo en lo espiritual debe someterse a prueba.

1ª Juan 4:4-6; *"Hijitos, vosotros sois de Dios, y los habéis vencido; porque mayor es el que está en vosotros, que el que está en el mundo. Ellos son del mundo; por eso hablan del mundo, y el mundo los oye. Nosotros somos de Dios; el que conoce a Dios, nos oye; el que no es de Dios, no nos oye. En esto conocemos el espíritu de verdad y el espíritu de error."* → El espíritu de error NO nos escucha y el de verdad si nos escucha. Jn. 8:47.

El espíritu de error es el más difícil de expulsar *"porque"* falsifica la obra del Espíritu Santo. Cuando una persona cae en trance es peligroso porque pueden pasar dos cosas:

  a. Que el ministro sea usado por Dios y en aquella persona se manifieste un demonio.
  b. O que el ministro tenga un ministerio falso y al poner las manos el espíritu de engaño posea a la persona.

B. 1ª Timoteo 5:22; *"No impongas con ligereza las manos a ninguno, ni participes en pecados ajenos. Consérvate puro."* → No impongas con ligereza las manos; ni dejes que cualquiera las ponga sobre ti, porque a través de ellas se reciben los espíritus que operan en ese ministerio. Hechos 8:18; *"Cuando vio Simón que por la imposición de las manos de los apóstoles se daba el Espíritu Santo, les ofreció dinero,"* → Espíritu Santo. Cuando caen en éxtasis, es posesión demoniaca porque no es bíblico; todo lo que se haga debe ser bíblico. Hay casos en que profetas han caído en éxtasis ante la presencia de Dios; pero no por imposición de manos.

C. **Efesios 4:27**; *"ni deis lugar al diablo."* → Si el cristiano es inmune al Diablo (es decir, a los espíritus) ¿Porque Pablo dio la advertencia a la Iglesia más espiritual de ese entonces?

Efesios 4:25-31; *"Por lo cual, desechando la mentira, hablad verdad cada uno con su prójimo; porque somos miembros los unos de los otros. Airaos, pero no pequéis; no se ponga el sol sobre vuestro enojo, ni deis lugar al diablo. El que hurtaba, no hurte más, sino trabaje, haciendo con sus manos lo que es bueno, para que tenga qué compartir con el que padece necesidad. Ninguna palabra corrompida salga de vuestra boca, sino la que sea buena para la necesaria edificación, a fin de dar gracia a los oyentes. Y no contristéis al Espíritu Santo de Dios, con el cual fuisteis sellados para el día de la redención. Quítense de vosotros toda amargura, enojo, ira, gritería y maledicencia, y toda malicia."*

1. Mentira.
2. Ira.
3. Robo-hurto.
4. Palabras torpes.
5. Amargura.
6. Maledicencia.
7. Malicia.

OBRAS DE LA CARNE (VIEJO HOMBRE).
Abre las puertas al Diablo.

Efesios 4:22-23; *"En cuanto a la pasada manera de vivir, despojaos del viejo hombre, que está viciado conforme a los deseos engañosos, y renovaos en el espíritu de vuestra mente,"*

Dios mora en el espíritu (Nuevo Hombre).
Satanás mora en la carne (Viejo Hombre).

Gálatas 5:16-17; *"Digo, pues: Andad en el Espíritu, y no satisfagáis los deseos de la carne. Porque el deseo de la carne es contra el Espíritu, y el del Espíritu es contra la carne; y éstos se oponen entre sí, para que no hagáis lo que quisiereis."*

CARNE	ESPÍRITU
Mentira →	←Verdad
Ira →	←Mansedumbre
Hurto →	←Trabajo
Palabras torpes →	←Palabras edificantes
Amargura →	←Perdón
Malicia →	←Confianza

Cuando cedemos continuamente a la carne (pecado) le estamos dando lugar al Diablo (espíritus). La mentira (Obra de la carne o demonio).

CARNE es *"cuerpo de pecado"*. Ro. 6:6; *"sabiendo esto, que nuestro viejo hombre fue crucificado juntamente con él, para que el cuerpo del pecado sea destruido, a fin de que no sirvamos más al pecado."*, y en Ro. 7:24; leemos, *"¡Miserable de mí! ¿Quién me librará de este cuerpo de muerte?"*, dice *"Cuerpo de muerte"*, que atrae a las águilas, veamos Mt. 24:28; *"Porque dondequiera que estuviere el cuerpo muerto, allí se juntarán las águilas."* (Aves de rapiña). Mt. 13:4; dice *"Y mientras sembraba, parte de la semilla cayó junto al camino; y vinieron las aves y la comieron."*

"Malo" → Mt. 13:19; *"Cuando alguno oye la palabra del reino y no la entiende, viene el malo, y arrebata lo que fue sembrado en su corazón. Este es el que fue sembrado junto al camino."*

Génesis 15:9-11; *"Y le dijo: Tráeme una becerra de tres años, y una cabra de tres años, y un carnero de tres años, una tórtola también, y un palomino. Y tomó él todo esto, y los partió por la mitad, y puso cada mitad una enfrente de la otra; mas no partió las aves. Y descendían aves de rapiña sobre los cuerpos muertos, y Abram las ahuyentaba."* → Debemos ahuyentar a las aves de rapiña (demonios) toda la vida.

Alrededor del cristiano hay un cerco de protección 1ª Jn. 5:18; *"Sabemos que todo aquel que ha nacido de Dios, no practica el pecado, pues Aquel que fue engendrado por Dios le guarda, y el maligno no le toca."* → Que el maligno no puede tocar si uno mismo se guarda

Salmos 34:7; *"El ángel de Jehová acampa alrededor de los que le temen, Y los defiende."* → El cerco esta formado por ángeles.

La bendición de Dios se obtiene siendo recto e íntegro.

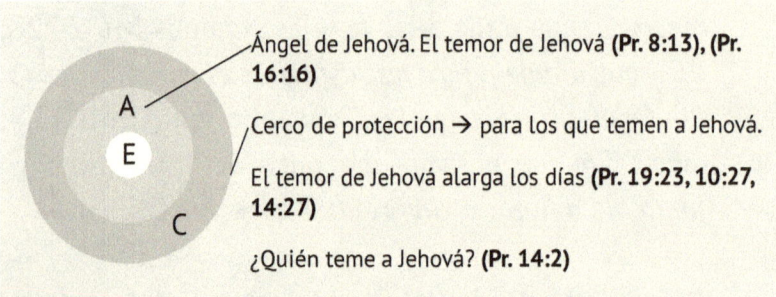

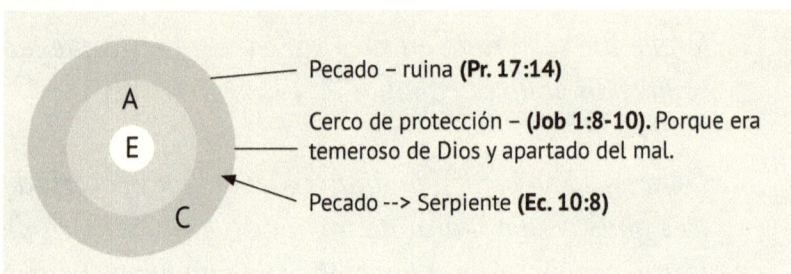

Job →
- Celestial: El Diablo atacó a Job por permiso de Dios.
- Terrenal: El Diablo lo atacó por derecho legal. (Job 3:25-26; *"Porque el temor que me espantaba me ha venido, Y me ha acontecido lo que yo temía. No he tenido paz, no me aseguré, ni estuve reposado; No obstante, me vino turbación."*). El temor es pecado.

Huecos que se abren en el cerco de Dios. Ec. 10:8; *"El que hiciere hoyo caerá en él; y al que aportillare vallado, le morderá la serpiente."*

a. **El Temor.** Ap. 21:8; *"Pero los cobardes e incrédulos, los abominables y homicidas, los fornicarios y hechiceros, los idólatras y todos los mentirosos tendrán su parte en el lago que arde con fuego y azufre, que es la muerte segunda."*, el temor viene de la desconfianza en Dios; de la poca fe. El temor y la Fe, son fuerzas contrarias.

(Fuerza destructiva) TEMOR ←→ FE (Fuerza creativa).

Cualquier temor es pecado y destruye las defensas naturales y espirituales. Lucas 21:26; *"desfalleciendo los hombres por el temor y la expectación de las cosas que sobrevendrán en la tierra; porque las potencias de los cielos serán conmovidas."* → En el hombre por el temor, (desfallece su corazón) y eso abre las puertas a Satanás.

b. **La Ira.** Ef. 4:26; *"Airaos, pero no pequéis; no se ponga el sol sobre vuestro enojo,"* no debemos dejar que llegue la noche y estemos enojados todavía. Mateo 13:25, 39; *"pero mientras dormían los hombres, vino su enemigo y sembró cizaña entre el trigo, y se fue... El enemigo que la sembró es el diablo; la siega es el fin del siglo; y* *los segadores son los ángeles."*, en la noche es cuando se mueven más las fuerzas demoniacas. La ira la usa Satanás para sembrar demonios.

c. **El rencor o la amargura.** Mt. 5:25-26; *"Ponte de acuerdo con tu adversario pronto, entre tanto que estás con él en el camino, no sea que el adversario te entregue al juez, y el juez al alguacil, y seas echado en la cárcel. De cierto te digo que no saldrás de allí, hasta que pagues el último cuadrante."* → Debemos reconciliarnos con nuestros hermanos antes que nos entreguen al juez (Dios) y Él nos entregue al alguacil (Satanás).

d. **Idolatría.** Hechos 7:40-42; *"cuando dijeron a Aarón: Haznos dioses que vayan delante de nosotros; porque a este Moisés, que nos sacó de la tierra de Egipto, no sabemos qué le haya acontecido. Entonces hicieron un becerro, y ofrecieron sacrificio al ídolo, y en las obras de sus manos se regocijaron. Y Dios se apartó, y los entregó a que rindiesen culto al ejército del cielo; como está escrito en el libro de los profetas: ¿Acaso me ofrecisteis víctimas y sacrificios En el desierto por cuarenta años, casa de Israel?"* → Por la idolatría Dios los entrego al ejército (ángeles), astros del cielo (Satanás). Hasta ponerse a cuentas con el Señor. Mateo 5:26; *"De cierto te digo que no saldrás de allí, hasta que pagues el último cuadrante."* → Hasta que se pague el

último cuadrante. Mateo 18:23-35; *"Por lo cual el reino de los cielos es semejante a un rey que quiso hacer cuentas con sus siervos. Y comenzando a hacer cuentas, le fue presentado uno que le debía diez mil talentos. A éste, como no pudo pagar, ordenó su señor venderle, y a su mujer e hijos, y todo lo que tenía, para que se le pagase la deuda. Entonces aquel siervo, postrado, le suplicaba, diciendo: Señor, ten paciencia conmigo, y yo te lo pagaré todo. El señor de aquel siervo, movido a misericordia, le soltó y le perdonó la deuda. Pero saliendo aquel siervo, halló a uno de sus consiervos, que le debía cien denarios; y asiendo de él, le ahogaba, diciendo: Págame lo que me debes. Entonces su consiervo, postrándose a sus pies, le rogaba diciendo: Ten paciencia conmigo, y yo te lo pagaré todo. Más él no quiso, sino fue y le echó en la cárcel, hasta que pagase la deuda. Viendo sus consiervos lo que pasaba, se entristecieron mucho, y fueron y refirieron a su señor todo lo que había pasado. Entonces, llamándole su señor, le dijo: Siervo malvado, toda aquella deuda te perdoné, porque me rogaste. ¿No debías tú también tener misericordia de tu consiervo, como yo tuve misericordia de ti? Entonces su señor, enojado, le entregó a los verdugos, hasta que pagase todo lo que le debía. Así también mi Padre celestial hará con vosotros si no perdonáis de todo corazón cada uno a su hermano sus ofensas."*
→ Los dos deudores → Si nosotros guardamos

rencor, Dios nos va a entregar a los verdugos (demonios), para que nos torturen hasta que se pague todo.

e. **Falta de perdón.** 2ª Co. 2:10-11; *"Y al que vosotros perdonáis, yo también; porque también yo lo que he perdonado, si algo he perdonado, por vosotros lo he hecho en presencia de Cristo, para que Satanás no gane ventaja alguna sobre nosotros; pues no ignoramos sus maquinaciones."*

f. **Falta de sujeción.** Pr. 25:28; *"Como ciudad derribada y sin muro Es el hombre cuyo espíritu no tiene rienda."*
Pr. 17:11; *"El rebelde no busca sino el mal, Y mensajero cruel será enviado contra él."*

Ef. 2:1-2; *"Y él os dio vida a vosotros, cuando estabais muertos en vuestros delitos y pecados, en los cuales anduvisteis en otro tiempo, siguiendo la corriente de este mundo, conforme al príncipe de la potestad del aire, el espíritu que ahora opera en los hijos de desobediencia,"*

Abel era ganadero; Caín era agricultor, y este se enojó, (ira, rencor, envidia) porque a Dios no le agrado el sacrificio que le había hecho. Caín mato a su hermano Abel por falta de amor. 1ª Jn. 3:11-12; *"Porque este es el mensaje que habéis oído desde el principio: Que nos amemos unos a otros. No como Caín, que era del maligno y mató a su hermano. ¿Y por qué causa le mató? Porque sus obras eran malas, y las de su hermano justas."* y con esto abrió la puerta a fuerzas demoniacas.

El resultado de un ministro que siente (ira, rencor, amargura) cuando otro prospera. Gn. 4:11-12; *"Ahora, pues, maldito seas tú de la tierra, que abrió su boca para recibir de tu mano la sangre de tu hermano. Cuando labres la tierra, no te volverá a dar su fuerza; errante y extranjero serás en la tierra."*, son malditos y su ministerio no da fruto y serán errantes porque no hay resultado en su ministerio e irán de un lado a otro (para ver donde funciona).

Las obras de la carne han destruido muchos ministerios (no debemos dar lugar para nada a la carne). Lo único que Dios acepta es lo que él ha ordenado; y no importa lo que según nosotros es mejor, si Dios no lo ha ordenado; Él no lo toma en cuenta.

Dios perdona; si nosotros nos arrepentimos y mostramos frutos de arrepentimiento. En el cristiano hay influencia, no posesión.

D. Stg. 4:1-7; *"¿De dónde vienen las guerras y los pleitos entre vosotros? ¿No es de vuestras pasiones, las cuales combaten en vuestros miembros? Codiciáis, y no tenéis; matáis y ardéis de envidia, y no podéis alcanzar; combatís y lucháis, pero no tenéis lo que deseáis, porque no pedís. Pedís, y no recibís, porque* *pedís mal, para gastar en vuestros deleites. ¡Oh almas adúlteras! ¿No sabéis que la amistad del mundo es enemistad contra Dios? Cualquiera, pues, que quiera ser amigo del mundo, se constituye enemigo de Dios. ¿O pensáis que la Escritura dice en vano: El Espíritu que él ha hecho morar en nosotros nos anhela celosamente? Pero él da mayor gracia. Por esto dice: Dios resiste a los soberbios, y da gracia a los humildes. Someteos, pues, a Dios; resistid al diablo, y huirá de vosotros."*, es un pasaje que no ha sido traducido correctamente. (Guerras, pleitos, pasiones, codicia, homicidios, envidias, adulterios, amistad con el mundo, soberbia). Este pasaje esta tergiversado→ principalmente el versículo 5, porque ahí se refiere al espíritu nuestro no al Espíritu Santo. Porque el espíritu que está con nosotros o en nosotros nos codicia para envidia (obras de la carne).

1ª Pedro 2:11; *"Amados, yo os ruego como a extranjeros y peregrinos, que os abstengáis de los deseos carnales que batallan contra el alma, "*, dice que todo esto se inicia en las concupiscencias que combaten en nuestros cuerpos. (Carne, deseos desordenados, pasiones, deleites, placeres del mundo: Modas, diversión, costumbres), el mundo está bajo Satanás, 1ª Jn. 5:19; *"Sabemos que somos de Dios, y el mundo entero está bajo el maligno."*.

1ª Jn. 2:15-17; *"No améis al mundo, ni las cosas que están en el mundo. Si alguno ama al mundo, el amor del Padre no está en él. Porque todo lo que hay en el mundo, los deseos de la carne, los deseos de los ojos,*

y la vanagloria de la vida, no proviene del Padre, sino del mundo. Y el mundo pasa, y sus deseos; pero el que hace la voluntad de Dios permanece para siempre."
→ Nosotros no debemos amar al mundo ni sus cosas.

Santiago 3:14-16; *"Pero si tenéis celos amargos y contención en vuestro corazón, no os jactéis, ni mintáis contra la verdad; porque esta sabiduría no es la que desciende de lo alto, sino terrenal, animal, diabólica. Porque donde hay celos y contención, allí hay perturbación y toda obra perversa."* → Amargura, contención, sabiduría terrenal y diabólica. Y todo esto es obra de la carne. Santiago 4:7 dice que tenemos que resistir al Diablo para que huya de nosotros. En todo el libro de Santiago no se habla del Espíritu Santo, solo se refiere al espíritu del hombre.

E. 2ª Timoteo 2:24-26; *"Porque el siervo del Señor no debe ser contencioso, sino amable para con todos, apto para enseñar, sufrido; que con mansedumbre corrija a los que se oponen, por si quizá Dios les conceda que se arrepientan para conocer la verdad, y escapen del lazo del diablo, en que están cautivos a voluntad de él.".*

Los que se oponen al *ministerio y/o mensaje* del siervo de Dios.

Pasos de Disciplina:

1. Exhortación o corrección (personal).
2. Se informa a la Iglesia.

3. Suspención.
4. Excomunión.

Versículo 25→ *"Oponen"* = rebelión. Cuando una persona está en rebelión a Dios está enlazada (atada de demonios) y está cautiva de Satanás y aún el libre albedrío ha perdido.

Versículo 26 → *"Escapen del lazo del diablo,"*. Un lazo, quita la libertad, lo hace prisionero.

Versículo 26→ *"Escapen"* – zafen – liberación.

Una de las condiciones para la liberación es el arrepentimiento de su acción (rebelión). Arrepentimiento → liberación, zafen, escapen.

Proverbios 17:11; *"El rebelde no busca sino el mal, Y mensajero cruel será enviado contra él."* La rebelión atrae demonios crueles que los atormentan. Así como Saúl se rebeló a Jehová y le tomo un demonio de parte de Jehová; pero nunca se arrepintió por eso nunca fue liberado.

Isaías 63:10; *"Mas ellos fueron rebeldes, e hicieron enojar su santo espíritu; por lo cual se les volvió enemigo, y él mismo peleó contra ellos.* "→ Por la rebelión uno se vuelve enemigo de Dios.

Lm. 2:8; *"Jehová determinó destruir el muro de la hija de Sion; Extendió el cordel, no retrajo su mano de la destrucción; Hizo, pues, que se lamentara el antemuro y el muro; fueron desolados juntamente."*

Salmos 78:49; *"Envió sobre ellos el ardor de su ira; Enojo, indignación y angustia, Un ejército de ángeles destructores."* y Dios los pone en prisiones (aprisionados en posesión demoníaca).

Salmos 107:10-12, 17-18; *"Algunos moraban en tinieblas y sombra de muerte, Aprisionados en aflicción y en hierros, Por cuanto fueron rebeldes a las palabras de Jehová, Y aborrecieron el consejo del Altísimo. Por eso quebrantó con el trabajo sus corazones; Cayeron, y no hubo quien los ayudase...Fueron afligidos los insensatos, a causa del camino de su rebelión Y a causa de sus maldades; Su alma abominó todo alimento, Y llegaron hasta las puertas de la muerte."*

Pero a través del arrepentimiento hay liberación, Salmos 107:13, 14, 16, 19, 20; *"Luego que clamaron a Jehová en su angustia, Los libró de sus aflicciones; Los sacó de las tinieblas y de la sombra de muerte, Y rompió sus prisiones... Porque quebrantó las puertas de bronce, Y desmenuzó los cerrojos de hierro...Pero clamaron a Jehová en su angustia, Y los libró de sus aflicciones. Envió su palabra, y los sanó, Y los libró de su ruina."* La rebelión es una estupidez.

Romanos 13:1-2; *"Sométase toda persona a las autoridades superiores; porque no hay autoridad sino de parte de Dios, y las que hay, por Dios han sido establecidas. De modo que quien se opone a la autoridad, a lo establecido por Dios resiste; y los que resisten, acarrean condenación para sí mismos."* → Un rebelde *"trae condenación"* para sí mismo.

Efesios 2:2; *"en los cuales anduvisteis en otro tiempo, siguiendo la corriente de este mundo, conforme al príncipe de la potestad del aire, el espíritu que ahora opera en los hijos de desobediencia,"* → Cuando uno es desobediente opera un principado, (el príncipe de la potestad del aire).

1 Samuel 15:22-23; *"Y Samuel dijo: ¿Se complace Jehová tanto en los holocaustos y víctimas, como en que se obedezca a las palabras de Jehová? Ciertamente el obedecer es mejor que los sacrificios, y el prestar atención que la grosura de los carneros. Porque como pecado de adivinación es la rebelión, y como ídolos e idolatría la obstinación. Por cuanto tú desechaste la palabra de Jehová, él también te ha desechado para que no seas rey."* → En un adivino opera un espíritu pitonico o de adivinación, y en un rebelde también opera un espíritu. Levítico 20:27; *"Y el hombre o la mujer que evocare espíritus de muertos o se entregare a la adivinación, ha de morir; serán apedreados; su sangre será sobre ellos."* Y Dios *"desecha al rebelde"*.

La primera profecía mesiánica está en Números 24:17; *"Lo veré, mas no ahora; Lo miraré, mas no de cerca; Saldrá ESTRELLA de Jacob, Y se levantará cetro de Israel, Y herirá las sienes de Moab, Y destruirá a todos los hijos de Set."* y fue dicha por Balaam, pero Dios lo desecho por rebelión y un espíritu maligno le tomo y el murió siendo un agorero o adivino.

F. **1ª Corintios 5:1-5;** *"De cierto se oye que hay entre vosotros fornicación, y tal fornicación cual ni aun se nombra entre los gentiles; tanto que alguno tiene la mujer de su padre. Y vosotros estáis envanecidos. ¿No debierais más bien haberos lamentado, para que fuese quitado de en medio de vosotros el que cometió tal acción? Ciertamente yo, como ausente en cuerpo, pero presente en espíritu, ya como presente he juzgado al que tal cosa ha hecho. En el nombre de nuestro Señor Jesucristo, reunidos vosotros y mi espíritu, con el poder de nuestro Señor Jesucristo, el tal sea entregado a Satanás para destrucción de la carne, a fin de que el espíritu sea salvo en el día del Señor Jesús.".* Por el pecado del incesto este hombre cristiano fue entregado a Satanás con derecho legal, con el cual el diablo podía destruirlo y matarlo. El Diablo podía tocar su cuerpo y su alma pero no su espíritu para que sea salvo. Este pecado estaba contaminando a la Iglesia y por eso debería pasar por el fuego (1ª Corintios 5:6; *"No es buena vuestra jactancia. ¿No sabéis que un poco de levadura leuda toda la masa?"*) Y también daba mal testimonio.

1ª Corintios 6:18; *"Huid de la fornicación. Cualquier otro pecado que el hombre cometa, está fuera del cuerpo; mas el que fornica, contra su propio cuerpo peca.".* Este pecado (sexual=fornicación, masturbación, etc.) es el que más enfermedades trae. Parece que este hombre si se arrepintió y fue perdonado, 2ª Corintios 2:5-11; *"Pero si alguno me ha causado tristeza, no me la ha causado a mí solo, sino en cierto modo (por no exagerar) a todos vosotros. Le basta a tal persona esta reprensión hecha por muchos; así que, al contrario, vosotros más bien debéis perdonarle y consolarle, para que no sea consumido de demasiada tristeza. Por lo cual os ruego que confirméis el amor para con él. Porque también para este fin os escribí, para tener la prueba de si vosotros sois obedientes en todo. Y al que vosotros perdonáis, yo también; porque también yo lo que he perdonado, si algo he perdonado, por vosotros lo he hecho en presencia de Cristo, para que Satanás no gane ventaja alguna sobre nosotros; pues no ignoramos sus maquinaciones."*

También por la blasfemia fueron entregados Himineo y Alejandro a Satanás, 1ª Timoteo 1:20; *"de los cuales son Himeneo y Alejandro, a quienes entregué a Satanás para que aprendan a no blasfemar."*. Los únicos 2 casos por los que fueron entregados a Satanás, (Incesto y Blasfemia).

Colosenses 2:1-5; *"Porque quiero que sepáis cuán gran lucha sostengo por vosotros, y por los que están en Laodicea, y por todos los que nunca han visto mi rostro; para que sean consolados sus corazones, unidos en amor, hasta alcanzar todas las riquezas de pleno entendimiento, a fin de conocer el misterio de Dios el Padre, y de Cristo, en quien están escondidos todos los tesoros de la sabiduría y del conocimiento.*

Y esto lo digo para que nadie os engañe con palabras persuasivas. Porque aunque estoy ausente en cuerpo, no obstante en espíritu estoy con vosotros, gozándome y mirando vuestro buen orden y la firmeza de vuestra fe en Cristo."

Pablo conocía el estado espiritual de Colosas; porque había estado ahí varias veces (en espíritu) y aún los había visto; aunque ellos no lo habían visto materialmente. No debemos descartar la posibilidad de que en Corinto y en casi todas las Iglesias había profetas y Pablo se hacía presente a través de ellos. Los viajes astrales, cósmicos, trasportaciones, trances, etc., son verídicos. Satanás no es creador, es un imitador y por eso los brujos y hechiceros lo hacen. Pablo que era profeta fue transportado y arrebatado fuera de Él, Hechos 22:17; *"Y me aconteció, vuelto a Jerusalén, que orando en el templo me sobrevino un éxtasis."*

A través de los lavados de cerebro; sacan fuera el espíritu del hombre y meten otro espíritu. El comunismo tiene su base en el satanismo.

Hebreos 7:1-3; *"Porque este Melquisedec, rey de Salem, sacerdote del Dios Altísimo, que salió a recibir a Abraham que volvía de la derrota de los reyes, y le bendijo, a quien asimismo dio Abraham los diezmos de todo; cuyo nombre significa primeramente Rey de justicia, y también Rey de Salem, esto es, Rey de paz; sin padre, sin madre, sin genealogía; que ni tiene principio de días, ni fin de vida, sino hecho semejante al*

Hijo de Dios, permanece sacerdote para siempre." → Melquisedec fue un espíritu creado por Dios semejante a Jesucristo y Dios preparó un cuerpo que el uso y después de cumplida su misión salió del cuerpo o también pudo ser la materialización del Señor Jesucristo.

G. 2ª Corintios 7:1; *"Así que, amados, puesto que tenemos tales promesas, limpiémonos de toda contaminación de carne y de espíritu, perfeccionando la santidad en el temor de Dios."*. Limpiémonos de toda contaminación de carne y espíritu.

DICE [DE] "NO DICE EN" (Carne, espíritu)

No habla del lugar de la contaminación (porque el espíritu no puede ser contaminado) sino de su origen o sea de la carne (naturaleza pecaminosa) y del espíritu (demonio). Nosotros mismos debemos buscar ser liberados y santificados (es una responsabilidad).

La carne y el espíritu (demonio) conspiran contra el cristianismo y así no puede uno madurar ni espiritual ni físicamente.

PERFECCIÓN → MADURACIÓN

A la carne hay que llevarla a la cruz y al espíritu (malo) hay que echarlo fuera. 1ª Juan 3:2-3; *"Amados, ahora somos hijos de Dios, y aún no se ha manifestado lo que hemos de ser; pero sabemos que cuando él se manifieste, seremos semejantes a él, porque le veremos tal como él es. Y todo aquel que tiene esta esperanza en él, se purifica a sí mismo, así como él es puro."* → aquí vemos la responsabilidad de buscar nuestra liberación. (Un solo demonio puede destruirnos).

Un solo texto o caso no sirve para probar que un cristiano puede tener demonios.

H. 1ª Corintios 2:12; *"Y nosotros no hemos recibido el espíritu del mundo, sino el Espíritu que proviene de Dios, para que sepamos lo que Dios nos ha concedido,"*. En este versículo se habla del espíritu del mundo. Este texto da la posibilidad de que un cristiano puede recibir otro espíritu. Romanos 8:15; *"Pues no habéis recibido el espíritu de esclavitud para estar otra vez en temor, sino que habéis recibido el espíritu de adopción, por el cual clamamos: ¡Abba, Padre!"* El espíritu de esclavitud y del mundo. También deja ver la posibilidad de que un cristiano puede tener demonios.

Adopción. Es una ceremonia que se celebra en el Pueblo de Israel, entre los 12 y 14 años, en la cual se reconoce al niño como hombre.

Gálatas 4:1-2; *"Pero también digo: Entre tanto que el heredero es niño, en nada difiere del esclavo, aunque es señor de todo; sino que está bajo tutores y curadores hasta el tiempo señalado por el padre."*, cuando un cristiano es un niño espiritual en nada difiere del inconverso; o sea entre el carnal y el inconverso casi no hay diferencia → 1ª Corintios 3:1-3; *"De manera que yo, hermanos, no pude hablaros como a espirituales, sino como a carnales, como a niños en Cristo. Os di a beber leche, y no vianda; porque aún no erais capaces, ni sois capaces todavía, porque aún sois carnales; pues habiendo entre vosotros celos, contiendas y disensiones, ¿no sois carnales, y andáis como hombres?".*

La Adopción → Es reconocer que esa persona ya puede asumir responsabilidades dentro de la familia. Nosotros dentro (de la salvación) no somos adoptados sino nacidos.

Teknon Niño Hijo pequeño	Adopción Gálatas 4:1-7; *"Pero también digo: Entre tanto que el heredero es niño, en nada difiere del esclavo, aunque es señor de todo; sino que está bajo tutores y curadores hasta el tiempo señalado por el padre. Así también nosotros, cuando éramos niños, estábamos en esclavitud bajo los rudimentos del mundo. Pero cuando vino el cumplimiento del tiempo, Dios envió a su Hijo, nacido de mujer y nacido bajo la ley, para que redimiese a los que estaban bajo la ley, a fin de que recibiésemos la adopción de hijos. Y por cuanto sois hijos, Dios envió a vuestros corazones el Espíritu de su Hijo, el cual clama: ¡Abba, Padre! Así que ya no eres esclavo, sino hijo; y si hijo, también heredero de Dios por medio de Cristo.*	Uios Hijo Hijo Maduro Efesios 1:4-5; *"según nos escogió en él antes de la fundación del mundo, para que fuésemos santos y sin mancha delante de él, en amor habiéndonos predestinado para ser adoptados hijos suyos por medio de Jesucristo, según el puro afecto de su voluntad,"*	Varón = Hombre maduro

Nosotros vamos a ser semejantes a Cristo porque no fuimos adoptados sino nacidos de nuevo; porque adopción quiere decir maduración.

Todo cristiano es potencialmente heredero de todo lo del reino de Dios; pero no lo puede usar porque es un niño; sino hasta que es adoptado. Romanos 8:15-17; *"Pues no habéis recibido el espíritu de esclavitud para estar otra vez en temor, sino que habéis recibido el espíritu de adopción, por el cual clamamos: ¡Abba, Padre! El Espíritu mismo da testimonio a nuestro espíritu, de que somos hijos de Dios. Y si hijos, también herederos; herederos de Dios y coherederos con Cristo, si es que padecemos juntamente con él, para que juntamente con él seamos glorificados."*

<u>El espíritu de servidumbre</u> evita que un cristiano madure (que crezca).	<u>El espíritu de adopción</u> permite que un cristiano se desarrolle y crezca.

I. Romanos 8:15-21; *"Pues no habéis recibido el espíritu de esclavitud para estar otra vez en temor, sino que habéis recibido el espíritu de adopción, por el cual clamamos: ¡Abba, Padre! El Espíritu mismo da testimonio a nuestro espíritu, de que somos hijos de Dios. Y si hijos, también herederos; herederos de Dios y coherederos con Cristo, si es que padecemos juntamente con él, para que juntamente con él seamos glorificados. Pues tengo por cierto que las aflicciones del tiempo presente no son comparables con la gloria venidera que en nosotros ha de manifestarse. Porque el anhelo ardiente de la creación es el aguardar la manifestación de los hijos de Dios. Porque la creación fue sujetada a vanidad, no por su propia voluntad, sino por causa del que la sujetó en esperanza; porque también la creación misma será libertada de la esclavitud de corrupción, a la libertad gloriosa de los hijos de Dios."* → Cristo no ha venido porque la Iglesia no ha madurado; y ya la creación está esperando la manifestación (revelación) de los hijos de Dios para ser (liberada); y para que esto suceda nosotros necesitamos ser liberados primero.

J. 1ª Corintios 10:19-21; *"¿Qué digo, pues? ¿Que el ídolo es algo, o que sea algo lo que se sacrifica a los ídolos? Antes digo que lo que los gentiles sacrifican, a los demonios lo sacrifican, y no a Dios; y no quiero que vosotros os hagáis partícipes con los demonios. No podéis beber la copa del Señor, y la copa de los demonios; no podéis participar de la mesa del Señor, y de la mesa de los demonios."* Aquí se prohíbe comer de lo sacrificado a los ídolos; porque antes ponían una carnicería de lo que sobraba de las ofrendas a los ídolos y la carne era más barata que en el mercado; y es que aún a través de la comida pueden pasarse los demonios.

Hechos 15:20; *"sino que se les escriba que se aparten de las contaminaciones de los ídolos, de fornicación, de ahogado y de sangre."* → En la sangre esta la vida Hch. 21:25; *"Pero en cuanto a los gentiles que han creído, nosotros les hemos escrito determinando que no guarden nada de esto; solamente que se abstengan de lo sacrificado a los ídolos, de sangre, de ahogado y de fornicación. "*, y es por eso que se prohíbe comer y aún inyectar (transfusión) sangre. Ósea que en la sangre está el alma y ahí en la sangre se esconden los demonios y en una transfusión de sangre se transmiten. Es importante orar y santificar la sangre, si es que llegáramos a necesitar alguna transfusión.

TEMA 14

◆

Armas para vencer al hombre fuerte

"Porque ¿cómo puede alguno entrar en la casa del hombre fuerte, y saquear sus bienes, si primero no le ata? Y entonces podrá saquear su casa." Mateo 12:29

I. Definición del hombre fuerte.

Es un espíritu maligno de alto rango en la jerarquía de Satanás con poder para controlar, manipular, influir, presidir, dirigir, instigar, imponer y gobernar áreas geográficas sobre la tierra, como una nación o una ciudad. El hombre fuerte o espíritu gobernante no es simplemente un demonio común y corriente sino una potestad muy fuerte, de alto poder e inteligencia. También ha recibido una comisión especial de llevar a cabo los objetivos de Satanás para tal región o territorio. La palabra "hombre fuerte" en la Concordancia Strong's se define como: "Una criatura mucho más fuerte que su oponente; es un espíritu con tremendo poder y habilidad para poseer, dominar, cautivar y mantener bajo su dominio a un cautivo."

Un sinónimo o nombre hoy en día para el hombre fuerte es el espíritu territorial porque esto describe precisamente lo que es y lo que hace. El hombre fuerte es un espíritu que tiene dominio sobre un territorio aquí en la tierra. Hay tantos espíritus territoriales como hay áreas en el mundo.

La Iglesia está en una guerra espiritual con enemigos o espíritus invisibles. Detrás de todo hombre poderoso y visible hay un espíritu u hombre fuerte invisible que le da poder aquí en la tierra. El hombre natural es sólo la sombra o reflejo del espíritu detrás de él. Todo el mundo vive en el territorio del diablo, 1ª Juan 5:19 dice: *"Sabemos que somos de Dios, y el mundo entero está bajo el maligno."*

El hombre fuerte es el origen y raíz de todos los problemas y actividades malignas que están destruyendo a una ciudad o nación. No podemos saquear su casa o fortaleza sin primero atarle con la oración y el ministerio de la Palabra de Dios orada y declarada, que es la única cadena capaz de atar al hombre fuerte.

Es como una nube negra de maldición y confusión económica, política, moral, social, familiar y espiritual sobre una Iglesia y su ciudad. A través de la intercesión, Dios quiere revelar el nombre y la naturaleza del hombre fuerte sobre cada cristiano. Esta revelación se recibe con la llave del conocimiento, vea Lucas 11:52; *"¡Ay de vosotros, intérpretes de la ley! porque habéis quitado la llave de la ciencia; vosotros mismos no entrasteis, y a los que entraban se lo impedisteis."*

El hombre fuerte está atado a través de una cadena, hecha por la oración de intercesión. La oración y la fe de cada intercesor son los eslabones en esta cadena de intercesión que ata al hombre fuerte. Es una intercesión constante de muchas Iglesias que mantienen a los principados y potestades atados sobre su ciudad y su nación. La cadena de intercesión es sólo tan fuerte como su eslabón más débil. La Iglesia puede mantener al hombre fuerte atado con vigilias de intercesión, de alabanza y de guerra espiritual. La alabanza y la adoración son necesarias en la batalla espiritual, son unas de las armas más poderosas que el Espíritu Santo ha dado a la Iglesia.

Cánticos proféticos declarando la Palabra de Dios son la espada del Espíritu Santo tal como la oración de la Palabra, cuando la Palabra de Dios es orada, declarada, confesada o cantada puede atar al hombre fuerte. Entonces los intercesores deben buscar del Señor las promesas de las Santas Escrituras para poder atar y atacar a estos espíritus malignos.

La oración sin la Palabra de Dios no vencerá estas potestades. Salmos 149:6-9; *"Exalten a Dios con sus gargantas, Y espadas de dos filos en sus manos, Para ejecutar venganza entre las naciones, Y castigo entre los pueblos; Para aprisionar a sus reyes con grillos, Y a sus nobles con cadenas de hierro; Para ejecutar en ellos el juicio decretado; Gloria será esto para todos sus santos. Aleluya."* ("Para ejecutar en ellos el juicio decretado").

La oración de alabanza es una espada de doble filo para ejecutar juicio, para el castigo y la venganza de Dios contra el reino de Satanás. También a través de la alabanza podemos encadenar (atar) a los reyes y gente poderosa y desatar el juicio decretado de Dios escrito en su Palabra. Mateo 18:18; *"De cierto os digo que todo lo que atéis en la tierra, será atado en el cielo; y todo lo que desatéis en la tierra, será desatado en el cielo."*.

El *juicio decretado*, quiere decir que Dios ha dicho en su Palabra, *"Mía es la venganza, yo pagaré, dice el Señor"*, Romanos 12:19. El principal enfoque del diablo es alejar a los cristianos de la intercesión. Él no se asusta ni un poco con los estudios bíblicos sin oración, ni evangelismo sin oración, ni de las actividades religiosas sin oración. Ni actividades religiosas sin oración. El diablo se ríe de nuestra labor. Se burla de nuestra sabiduría, pero tiembla cuando oramos la Palabra escrita de Dios contra él. El diablo no tiene nada para defenderse contra la espada de la Palabra de Dios, cuando la Iglesia ora o canta la Palabra vencerá al diablo, pues como sabemos, una Iglesia (Pueblo) que ora es muy valiente, pues dice la Biblia ese género solo puede salir con ayuno y oración, y los que oramos somos los que confiamos más en Dios y menos en nosotros mismo, pues estamos pidiéndole a nuestro Padre la protección divina. De que vale tanto estudio, tanta democracia entre hermanos, tanto Instituto Bíblico, si no hay comunicación con Dios, pues recuerden que tenemos un número para comunicarnos con Dios y es Jeremías 33:3 que dice, *"Clama a mí, y yo te responderé, y te enseñaré cosas grandes y ocultas que tú no conoces"*. Con eso Dios nos está dando la cobertura que necesitamos, Dios está atento para quien lo busca en la oración, dice *"el que me busca me haya. El que me llama me encuentra"*, así que debemos orar además de cantar y estudiar.

II. Nueve áreas donde debemos descubrir al hombre fuerte.

Detrás de todo Presidente y Gobierno del mundo hay un Gobernador demoníaco que ha sido asignado por Satanás para controlarlos y utilizarlos para llevar a cabo su voluntad.

1. Sobre la vida del cristiano.

   2ª Timoteo 2:24-26; *"Porque el siervo del Señor no debe ser contencioso, sino amable para con todos, apto para enseñar, sufrido; que con mansedumbre corrija a los que se oponen, por si quizá Dios les conceda que se arrepientan para conocer la verdad, y escapen del lazo del diablo, en que están cautivos a voluntad de él."*. ¿Por qué hay tantos conflictos entre cristianos en la Iglesia?, ¿Por qué hay envidias y más cosas como esas?, es porque el enemigo está tratando de destruirte.

2. Sobre la familia.

   Efesios 5:25; 6:1-4; *"Maridos, amad a vuestras mujeres, así como Cristo amó a la iglesia, y se entregó a sí mismo por ella,... Estad, pues, firmes, ceñidos vuestros lomos con la verdad, y vestidos con la coraza de justicia,"*, ¿Por qué hay tantos hogares destruidos, hambres, enfermedades y divorcios?

3. Sobre la Iglesia.

Efesios 6:10-18; *"Por lo demás, hermanos míos, fortaleceos en el Señor, y en el poder de su fuerza. Vestíos de toda la armadura de Dios, para que podáis estar firmes contra las asechanzas del diablo. Porque no tenemos lucha contra sangre y carne, sino contra principados, contra potestades, contra los gobernadores de las tinieblas de este siglo, contra huestes espirituales de maldad en las regiones celestes. Por tanto, tomad toda la armadura de Dios, para que podáis resistir en el día malo, y habiendo acabado todo, estar firmes. Estad, pues, firmes, ceñidos vuestros lomos con la verdad, y vestidos con la coraza de justicia, y calzados los pies con el apresto del evangelio de la paz. Sobre todo, tomad el escudo de la fe, con que podáis apagar todos los dardos de fuego del maligno. Y tomad el yelmo de la salvación, y la espada del Espíritu, que es la palabra de Dios; orando en todo tiempo con toda oración y súplica en el Espíritu, y velando en ello con toda perseverancia y súplica por todos los santos;"*. ¿Por qué Iglesias caen y culpan al pastor, o a los líderes?

4. Sobre la ciudad. Efesios 6:12; *"Porque no tenemos lucha contra sangre y carne, sino contra principados, contra potestades, contra los gobernadores de las tinieblas de este siglo, contra huestes espirituales de maldad en las regiones celestes."*. Las ciudades están

siendo saqueadas, no hay trabajo, los crímenes de los que oímos hoy en día y tantas cosas malas que suceden en una ciudad, son la causa de que un hombre fuerte está gobernando en lugar de que gobierne Cristo.

5. Sobre los Estados de la Nación.

Efesios 6:12; *"Porque no tenemos lucha contra sangre y carne, sino contra principados, contra potestades, contra los gobernadores de las tinieblas de este siglo, contra huestes espirituales de maldad en las regiones celestes."*

6. Sobre la Nación.

Daniel 10:1-15; *"En el año tercero de Ciro rey de Persia fue revelada palabra a Daniel, llamado Beltsasar; y la palabra era verdadera, y el conflicto grande; pero él comprendió la palabra, y tuvo inteligencia en la visión. En aquellos días yo Daniel estuve afligido por espacio de tres semanas. No comí manjar delicado, ni entró en mi boca carne ni vino, ni me ungí con ungüento, hasta que se cumplieron las tres semanas. Y el día veinticuatro del mes primero estaba yo a la orilla del gran río Hidekel. Y alcé mis ojos y miré, y he aquí un varón vestido de lino, y ceñidos sus lomos de oro de Ufaz. Su cuerpo era como de berilo, y su rostro parecía un relámpago, y sus ojos como antorchas de fuego, y sus brazos y sus pies como de color de bronce bruñido, y el sonido de sus palabras como el estruendo de una multitud. Y sólo yo, Daniel, vi aquella visión, y no la vieron los hombres que estaban conmigo, sino que se apoderó de ellos un gran temor, y huyeron y se escondieron. Quedé, pues, yo solo, y vi esta gran visión, y no quedó fuerza en mí, antes mi fuerza se cambió en desfallecimiento, y no tuve vigor alguno. Pero oí el sonido de sus palabras; y al oír el sonido de sus palabras, caí sobre mi rostro en un profundo sueño, con mi rostro en tierra. Y he aquí una mano me tocó, e hizo que me pusiese sobre mis rodillas y sobre las palmas de mis manos. Y me dijo: Daniel, varón muy amado, está atento a las palabras que te hablaré, y ponte en pie; porque a ti he sido enviado ahora. Mientras hablaba esto conmigo, me puse en pie temblando. Entonces me dijo: Daniel, no temas; porque desde el primer día que dispusiste tu corazón a entender y a humillarte en la presencia de tu Dios, fueron oídas tus palabras; y a causa de tus palabras yo he venido. Mas el príncipe del reino de Persia se me opuso durante veintiún días; pero he aquí Miguel, uno de los principales príncipes, vino para ayudarme, y quedé allí con los reyes de Persia. He venido para hacerte saber lo que ha de venir a tu pueblo en los postreros días; porque la visión es para esos días. Mientras me decía estas palabras, estaba yo con los ojos puestos en tierra, y enmudecido."*, hay guerras, terrorismo, guerrillas, narcotráfico, violencia, pobreza, maldad en toda la extensión de la palabra. Las autoridades no saben cómo frenar eso, pues creo que si oraran a Dios verdaderamente Dios ayudaría a los Gobiernos.

7. Sobre el Presidente y el Gobierno Nacional.

Hechos 12:1-17; *"En aquel mismo tiempo el rey Herodes echó mano a algunos de la iglesia para maltratarles. Y mató a espada a Jacobo, hermano de Juan. Y viendo que esto había agradado a los judíos, procedió a prender también a Pedro. Eran entonces los días de los panes sin levadura. Y habiéndole tomado preso, le puso en la cárcel, entregándole a cuatro grupos de cuatro soldados cada uno, para que le custodiasen; y se proponía sacarle al pueblo después de la pascua. Así que Pedro estaba custodiado en la cárcel; pero la iglesia hacía sin cesar oración a Dios por él. Y cuando Herodes le iba a sacar, aquella misma noche estaba Pedro durmiendo entre dos soldados, sujeto con dos cadenas, y los guardas delante de la puerta custodiaban la cárcel. Y he aquí que se presentó un ángel del Señor, y una luz resplandeció en la cárcel; y tocando a Pedro en el costado, le despertó, diciendo: Levántate pronto. Y las cadenas se le cayeron de las manos. Le dijo el ángel: Cíñete, y átate las sandalias. Y lo hizo así. Y le dijo: Envuélvete en tu manto, y sígueme. Y saliendo, le seguía; pero no sabía que era verdad lo que hacía el ángel, sino que pensaba que veía una visión. Habiendo pasado la primera y la segunda guardia, llegaron a la puerta de hierro que daba a la ciudad, la cual se les abrió por sí misma; y salidos, pasaron una calle, y luego el ángel se apartó de él. Entonces Pedro, volviendo en sí, dijo: Ahora entiendo verdaderamente que el Señor ha enviado su ángel, y me ha librado de la mano de Herodes, y de todo lo que el pueblo de los judíos esperaba. Y habiendo considerado esto, llegó a casa de María la madre de Juan, el que tenía por sobrenombre Marcos, donde muchos estaban reunidos orando. Cuando llamó Pedro a la puerta del patio, salió a escuchar una muchacha llamada Rode, la cual, cuando reconoció la voz de Pedro, de gozo no abrió la puerta, sino que corriendo adentro, dio la nueva de que Pedro estaba a la puerta. Y ellos le dijeron: Estás loca. Pero ella aseguraba que así era. Entonces ellos decían: ¡Es su ángel! Mas Pedro persistía en llamar; y cuando abrieron y le vieron, se quedaron atónitos. Pero él, haciéndoles con la mano señal de que callasen, les contó cómo el Señor le había sacado de la cárcel. Y dijo: Haced saber esto a Jacobo y a los hermanos. Y salió, y se fue a otro lugar."* y 1ª Timoteo 2:1-5; *"Exhorto ante todo, a que se hagan rogativas, oraciones, peticiones y acciones de gracias, por todos los hombres; por los reyes y por todos los que están en eminencia, para que vivamos quieta y reposadamente en toda piedad y honestidad. Porque esto es bueno y agradable delante de Dios nuestro Salvador, el cual quiere que todos los hombres sean salvos y vengan al conocimiento de la verdad. Porque hay un solo Dios, y un solo mediador entre Dios y los hombres, Jesucristo hombre,".*

8. Sobre toda raza, lengua, y nación.

Apocalipsis 13:7; *"Y se le permitió hacer guerra contra los santos, y vencerlos. También se le dio autoridad sobre toda tribu, pueblo, lengua y nación."*

9. Sobre los cielos.

Apocalipsis 12:7; *"Después hubo una gran batalla en el cielo: Miguel y sus ángeles luchaban contra el dragón; y luchaban el dragón y sus ángeles;"*. Satanás será echado del cielo en el final de los tiempos.

III. Los espíritus territoriales.

A. En su territorio o área de dominio. Marcos 5:1-17; *"Vinieron al otro lado del mar, a la región de los gadarenos. Y cuando salió él de la barca, en seguida vino a su encuentro, de los sepulcros, un hombre con un espíritu inmundo, que tenía su morada en los sepulcros, y nadie podía atarle, ni aun con cadenas. Porque muchas veces había sido atado con grillos y cadenas, más las cadenas habían sido hechas pedazos por él, y desmenuzados los grillos; y nadie le podía dominar. Y siempre, de día y de noche, andaba dando voces en los montes y en los sepulcros, e hiriéndose con piedras. Cuando vio, pues, a Jesús de lejos, corrió, y se arrodilló ante él. Y clamando a gran voz, dijo: ¿Qué tienes conmigo, Jesús, Hijo del Dios Altísimo? Te conjuro por Dios que no me atormentes. Porque le decía: Sal de este hombre, espíritu inmundo. Y le preguntó: ¿Cómo te llamas? Y respondió diciendo: Legión me llamo; porque somos muchos. Y le rogaba mucho que no los enviase fuera de aquella región. Estaba allí cerca del monte un gran hato de cerdos paciendo. Y le rogaron todos los demonios, diciendo: Envíanos a los cerdos para que entremos en ellos. Y luego Jesús les dio permiso. Y saliendo aquellos espíritus inmundos, entraron en los cerdos, los cuales eran como dos mil; y el hato se precipitó en el mar por un despeñadero, y en el mar se ahogaron. Y los que apacentaban los cerdos huyeron, y dieron aviso en la ciudad y en los campos. Y salieron a ver qué era aquello que había sucedido. Vienen a Jesús, y ven al que había sido atormentado del demonio, y que había tenido la legión, sentado, vestido y en su juicio cabal; y tuvieron miedo. Y les contaron los que lo habían visto, cómo le había acontecido al que había tenido el demonio, y lo de los cerdos. Y comenzaron a rogarle que se fuera de sus contornos."*

B. En sus propósitos y tareas de trabajo asignadas por Satanás. Daniel 10:1-11; *"En el año tercero de Ciro rey de Persia fue revelada palabra a Daniel, llamado Beltsasar; y la palabra era verdadera, y el conflicto grande; pero él comprendió la palabra, y tuvo inteligencia en la visión. En aquellos días yo Daniel estuve afligido por espacio de tres semanas. No comí manjar delicado, ni entró en mi boca carne ni vino, ni me ungí con ungüento, hasta que se cumplieron las tres semanas. Y el día veinticuatro del mes primero estaba yo a la orilla del gran río Hidekel. Y alcé mis ojos y miré, y he aquí un varón vestido de lino, y ceñidos sus lomos de oro de Ufaz. Su cuerpo era como de berilo, y su rostro parecía un relámpago, y sus ojos como antorchas de fuego, y sus brazos y sus pies como de color de bronce bruñido, y el sonido de sus palabras como el estruendo de una multitud. Y sólo yo, Daniel, vi aquella visión, y no la vieron los hombres que estaban conmigo, sino que se apoderó de ellos un gran temor, y huyeron y se escondieron. Quedé, pues, yo solo, y vi esta gran visión, y no quedó fuerza en mí, antes mi fuerza se cambió en desfallecimiento, y no tuve vigor alguno. Pero oí el sonido de sus palabras; y al oír el sonido de sus palabras, caí sobre mi rostro en un profundo sueño, con mi rostro en tierra. Y he aquí una mano me tocó, e hizo que me pusiese sobre mis rodillas y sobre las palmas de mis manos. Y me dijo: Daniel, varón muy amado, está atento a las palabras que te hablaré, y ponte en pie; porque a ti he sido enviado ahora. Mientras hablaba esto conmigo, me puse en pie temblando."*

C. Cada espíritu tiene diferentes estrategias y astucia para atacar y engañar al cristiano y a la Iglesia. Hechos 16:16; *"Aconteció que mientras íbamos a la oración, nos salió al encuentro una muchacha que tenía espíritu de adivinación, la cual daba gran ganancia a sus amos, adivinando."*

D. Cada espíritu tiene diferentes ataduras para atrapar al cristiano y hacerle cautivo. *"Para que Satanás no gane ventaja alguna sobre nosotros, pues no ignoramos sus maquinaciones"*, 2ª Corintios 2:11.

E. Los mismos demonios detrás de dioses indígenas ahora usan la idolatría de la religión para dominar al hombre moderno. Las creencias han cambiado. Pero las estrategias de los demonios son las mismas. Los indígenas adoraban piedras, ahora el hombre moderno adora estatuas, y fetiches religiosos.

F. Cada hombre fuerte tiene lugares débiles en su armadura.

G. La obra de cada hombre fuerte es según su naturaleza: homicidio, confusión, mentira, engaño.

H. Cada hombre fuerte es como un rey que tiene un ejército grande de soldados, demonios que pelean para él y llevan a cabo su voluntad. En Josué 12:7-24; *"...el rey de Tirsa, otro; treinta y un reyes por todos."*, tenemos la lista de 31 reyes en Canaán que tenían cada uno su ejército y su territorio para defenderse contra Israel. Recordemos también al hombre gadareno endemoniado que tenía un espíritu territorial en él; éste tenía (10000) espíritus menores bajo su mando. Jesús le preguntó, ¿Cómo te llamas?, él respondió, *"Legión me llamo porque somos muchos"*.

IV. Dividir y conquistar.

Mateo 12:25; *"Sabiendo Jesús los pensamientos de ellos, les dijo: Todo reino dividido contra sí mismo, es asolado, y toda ciudad o casa dividida contra sí misma, no permanecerá."*

La estrategia del enemigo es conquistar a través de dividir. Entonces el plan de Satanás es causar división a través de sembrar cizaña, ofensas y acusaciones entre personas en la familia, la Iglesia o en el liderazgo del ministerio. Un hermano ofendido es más difícil de restaurar que una ciudad fortificada.

La división separa a las personas en conflicto para que no puedan comunicarse y arreglar la ofensa. Proverbios 18:19 dice: *"El hermano ofendido es más tenaz que una ciudad fuerte, y las contiendas de los hermanos son como cerrojos de alcázar"*. Satanás ha enviado contra la Iglesia un ejército de personas que buscan faltas. Satanás trata de quitar nuestra atención y enfoque de Él y trata de ponernos en contra de nosotros mismos, guiándonos a preocuparnos con el origen de los problemas. Demasiada introspección es peligrosa espiritualmente.

TEMA 15

Las fortalezas de Satanás

"porque las armas de nuestra milicia no son carnales, sino poderosas en Dios para la destrucción de fortalezas," 2ª Co. 10:4

I. Definiciones de fortaleza.

A. Una fortaleza es donde Satanás (o el hombre fuerte) vive, es su casa o su morada. Una fortaleza se forma cuando damos lugar a un espíritu maligno en nuestras vidas. Efesios 4:27 dice: *"Ni deis lugar al diablo"*. Los versículos del 28-32 dicen: *"El que hurtaba, no hurte más, sino trabaje, haciendo con sus manos lo que es bueno, para que tenga qué compartir con el que padece necesidad. Ninguna palabra corrompida salga de vuestra boca, sino la que sea buena para la necesaria edificación, a fin de dar gracia a los oyentes. Y no contristéis al Espíritu Santo de Dios, con el cual fuisteis sellados para el día de la redención. Quítense de vosotros toda amargura, enojo, ira, gritería y maledicencia, y toda malicia. Antes sed benignos unos con otros, misericordiosos, perdonándoos unos a otros, como Dios también os perdonó a vosotros en Cristo."*, esto nos muestra cómo podemos dar lugar para que un demonio entre y establezca una fortaleza en nosotros. Dice *"el que hurtaba, no hurte más"*, y también dice: *"Quítense...toda amargura, enojo, ira, gritería, maledicencia y toda malicia"*. Satanás no pudo dominar a Jesús porque en Juan 14:30 dice: *"porque viene el príncipe de este mundo, y él nada tiene en mí"*.

B. Una fortaleza es cualquier actitud mental negativa acerca de nuestros problemas o pecados personales donde Satanás nos ha convencido que es imposible cambiar aunque sabemos que son contra la voluntad de Dios.

C. Una fortaleza es un área fortificada construida en los lugares débiles de nuestra vida y de nuestra mente. 2ª Corintios 10:5; *"derribando argumentos y toda altivez que se levanta contra el conocimiento de Dios, y llevando cautivo todo pensamiento a la obediencia a Cristo,"*. Una fortaleza es un lugar débil en la vida del creyente (en su mente, emociones, voluntad o cuerpo), como un punto débil o brecha en un muro que permite al enemigo entrar y salir sin resistencia alguna. Una fortaleza de Satanás es un lugar débil en nuestra vida donde no hemos puesto la armadura de Dios. Satanás nos ataca donde somos débiles y vulnerables. Pero Dios nos ha dado su armadura para protegernos y cuidarnos.

Los malos hábitos son áreas donde el enemigo puede ganar la ventaja sobre nosotros. ¿Recuerda el talón de Aquiles? Su talón era el único lugar débil en su vida porque su mamá le cogió del talón cuando le bautizó. Y las aguas de santificación y purificación nunca limpiaron o cubrieron su talón. Así también cualquier área de nuestra vida personal que no ha sido limpiada por el bautismo de Dios va a ser nuestro punto susceptible a la tentación y ataque de Satanás quien siempre ataca y tienta esos lugares débiles. Somos tan fuertes como el lugar más débil en nuestra vida. Las debilidades nos abren o nos descubren a los dardos encendidos del diablo. El arrepentimiento nos limpia y protege de toda estrategia del enemigo. Necesitamos desatarnos de sus ataduras y fortalezas.

II. Diferentes lugares en nosotros donde Satanás ha construido sus fortalezas y ataduras.

A. 1ª Tesalonicenses 5:23; *"Y el mismo Dios de paz os santifique por completo; y todo vuestro ser, espíritu, alma y cuerpo, sea guardado irreprensible para la venida de nuestro Señor Jesucristo."*

1. Una consciencia contaminada por el pecado. Romanos 9:1; *"Verdad digo en Cristo, no miento, y mi conciencia me da testimonio en el Espíritu Santo,"*.

2. Falta de perdón, venganza. 2ª Corintios 2:10-11; *"Y al que vosotros perdonáis, yo también; porque también yo lo que he perdonado, si algo he perdonado, por vosotros lo he hecho en presencia de Cristo, para que Satanás no gane ventaja alguna sobre nosotros; pues no ignoramos sus maquinaciones."*

3. Un espíritu herido. Proverbios 15:13, 17:22 y 18:14; *"El corazón alegre hermosea el rostro; Mas por el dolor del corazón el espíritu se abate... El corazón alegre constituye buen remedio; Mas el espíritu triste seca los huesos... El ánimo del hombre soportará su enfermedad; Mas ¿quién soportará al ánimo angustiado?"*

4. Desánimo y desesperación. Proverbios 17:22; *"El corazón alegre constituye buen remedio; Mas el espíritu triste seca los huesos."*

5. Rencor, amargura hacia otros. Job 10:1; *"Está mi alma hastiada de mi vida; Daré libre curso a mi queja, Hablaré con amargura de mi alma."*

6. Ofensas sin resolver con otras personas. Mateo 24:10; *"Muchos tropezarán entonces, y se entregarán unos a otros, y unos a otros se aborrecerán."*

B. En el alma del cristiano. 1ª Corintios 7:1; *"En cuanto a las cosas de que me escribisteis, bueno le sería al hombre no tocar mujer;"*

1. Su mente, ataduras mentales. 2ª Corintios 10:5; *"derribando argumentos y toda altivez que se levanta contra el conocimiento de Dios, y llevando cautivo todo pensamiento a la obediencia a Cristo,"*

2. Engaño. Hechos 5:1-11; *"Pero cierto hombre llamado Ananías, con Safira su mujer, vendió una heredad, y sustrajo del precio, sabiéndolo también su mujer; y trayendo sólo una parte, la puso a los pies de los apóstoles. Y dijo Pedro: Ananías, ¿por qué llenó Satanás tu corazón para que mintieses al Espíritu Santo, y sustrajeses del precio de la heredad? Reteniéndola, ¿no se te quedaba a ti? y vendida, ¿no estaba en tu poder? ¿Por qué pusiste esto en tu corazón? No has mentido a los hombres, sino a Dios. Al oír Ananías estas palabras, cayó y expiró. Y vino un gran temor sobre todos los que lo oyeron. Y levantándose los jóvenes, lo envolvieron, y sacándolo, lo sepultaron. Pasado un lapso como de tres horas, sucedió que entró su mujer, no sabiendo lo que había acontecido. Entonces Pedro le dijo: Dime, ¿vendisteis en tanto la heredad? Y ella dijo: Sí, en tanto. Y Pedro le dijo: ¿Por qué convinisteis en tentar al Espíritu del Señor? He aquí a la puerta los pies de los que han sepultado a tu marido, y te sacarán a ti. Al instante ella cayó a los pies de él, y expiró; y cuando entraron los jóvenes, la hallaron muerta; y la sacaron, y la sepultaron junto a su marido. Y vino gran temor sobre toda la iglesia, y sobre todos los que oyeron estas cosas."*

3. Ira. Efesios 4:26-27; *"Airaos, pero no pequéis; no se ponga el sol sobre vuestro enojo, ni deis lugar al diablo.."*

4. Tormento y temor que algo malo te pasará. Job 3:25; *"Porque el temor que me espantaba me ha venido, Y me ha acontecido lo que yo temía."*

5. Imaginación; fantasías y obsesiones. 2ª Corintios 10:5; *"derribando argumentos y toda altivez que se levanta contra el conocimiento de Dios, y llevando cautivo todo pensamiento a la obediencia a Cristo,"*

6. Ligadura del alma y amistades sexuales. 1ª Corintios 6:16; *"¿O no sabéis que el que se une con una ramera, es un cuerpo con ella? Porque dice: Los dos serán una sola carne."*

7. Ligaduras del alma y amistades que te manipulen.

C. En el cuerpo del cristiano (los 5 sentidos).

1. Inmoralidad sexual, fornicación. 1ª Corintios 5:1-5; *"De cierto se oye que hay entre vosotros fornicación, y tal fornicación cual ni aun se nombra entre los gentiles; tanto que alguno tiene la mujer de su padre. Y vosotros estáis envanecidos. ¿No debierais más bien haberos lamentado, para que fuese quitado de en medio de vosotros el que cometió tal acción? Ciertamente yo, como ausente en cuerpo,*

pero presente en espíritu, ya como presente he juzgado al que tal cosa ha hecho. En el nombre de nuestro Señor Jesucristo, reunidos vosotros y mi espíritu, con el poder de nuestro Señor Jesucristo, el tal sea entregado a Satanás para destrucción de la carne, a fin de que el espíritu sea salvo en el día del Señor Jesús."

2. Alcohol, medicación, cualquier adicción y abuso físico.

III. Lista de espíritus demoníacos comunes.

A continuación hay una pequeña lista de los demonios más comunes. Empiece su liberación. A medida que comience a echarlos fuera y esté libre, el Señor Jesús le mostrará otras áreas en las cuales necesita liberación.

Recuerde que la liberación no es una sesión única. ¡La liberación es andar en el Espíritu!, y siempre los demonios vienen en grupos como se describe a continuación:

A. El espíritu de miedo o de temor.

2ª Timoteo 1:7 dice, *"Porque no nos ha dado Dios espíritu de cobardía, sino de poder, de amor y de dominio propio"*.

1. Rechazo.
    a. Cobardía.
    b. Miedo de ser rechazado, y olvidado.

c. Incapaz, auto-rechazo.
d. No acogido, no amado.
e. No querido.

2. Miedo a la autoridad.
   a. Distorsión, desamparo.
   b. Refunfuñón.

3. Preocupación.
   a. Nerviosismo, ansiedad.
   b. Aprensión, angustia.
   c. Pavor, disimulo.
   d. Pesadillas, terror.
   e. Irritabilidad.

4. Susceptibilidad.
   a. Se ofende con facilidad, miedo de desaprobación, inseguridad.
   b. Autocompasión, tartamudeo.
   c. Gimoteo.

5. Inseguridad.
   a. Fracaso.
   b. Amor falso, manipulable.
   c. Humillación, incapacidad.
   d. Ineptitud, inferioridad.
   e. Soledad excesiva, docilidad.
   f. Apocamiento, timidez.
   g. Poca confiabilidad.

6. Fobias.
    a. Agorafobia.
    b. Claustrofobia.
    c. Miedo de (nombre todo a lo que usted tiene miedo). _____
       _____
       _____

7. Nerviosismo.
    a. Morderse las uñas.
    b. Estrés, tensión.

8. Persecución.
    a. Quejumbroso, miedo de acusación.
    b. Miedo de ser condenado, miedo de ser juzgado.
    c. Miedo de ser reprendido, hostigamiento.
    d. Injusticia.

9. Paranoia.
    a. Delirio de grandeza, doble ánimo.
    b. Envidia, necedad.
    c. Despistado (olvidadizo), indiferencia.
    d. Celos, recelo.
    e. Debilidad hacia las tentaciones.

10. Indecisión.
    a. Transigencia, trastorno mental.
    b. Inestable.

B. Espíritu de esclavitud.

Romanos 8:15; *"Pues no habéis recibido el espíritu de esclavitud para estar otra vez en temor, sino que habéis recibido el espíritu de adopción, por el cual clamamos: ¡Abba, Padre!"*

Espíritus de adicción y compulsión.

Adicción a, o ansiedad por: Drogas (nombre cada una)

_____

_____

_____

1. Glotonería, gula.
2. Comer en exceso, bulimia.
3. Compulsión.
4. Frustración.
5. Malhumor.
6. Miedo.
7. Vicios.
8. Resentimiento.
9. Intranquilidad.
10. Autocompasión.
11. Auto compensación.

C. **Espíritu de tristeza (Desesperación).**

Isaías 61:3; *"A ordenar que a los afligidos de Sion se les dé Gloria en lugar de ceniza, óleo de gozo en lugar de luto, manto de alegría en lugar del espíritu angustiado; y serán llamados árboles de justicia, plantío de Jehová, para Gloria suya."*

1. Depresión.
   a. Falta de objetivos, anorexia nerviosa.
   b. Asmodeo, mala suerte.
   c. Calamidad, muerte.
   d. Derrota, desaliento.
   e. Desesperación, pesimismo.
   f. Miseria/indigencia, revés financiero.
   g. Desesperanza.
   h. Morbosidad.
   i. Suicidio.
   j. Inutilidad.

2. Fatiga.
   a. Cansancio crónico, fatiga crónica.
   b. Insomnio, pereza.
   c. Agotamiento mental, agotamiento físico.
   d. Opresión.

3. Aflicción.
   a. Angustia, crueldad.
   b. Corazón abrumado, herida profunda.
   c. Dolor abrumador, espíritu herido.

4. Culpabilidad.
   a. Condenación, distorsión.
   b. Desconcierto, hostigamiento.
   c. Desdicha, pesar.
   d. Remordimiento, tormento.

D. Espíritu perverso (Vértigo-Ceguera espiritual).

Isaías 19:14; *"Jehová mezcló espíritu de vértigo en medio de él; e hicieron errar a Egipto en toda su obra, como tambalea el ebrio en su vómito"*.

1. Impureza sexual.
   a. Afecto desmedido, acoso sexual infantil.
   b. Deshonra, desviación sexual.
   c. Seducción, exhibicionismo.
   d. Sueños obscenos, coquetería.
   e. Homosexualidad, incesto.
   f. Incubo.
   g. Lesbianismo, espíritu de Jezabel.
   h. Deseos de los ojos, deseos carnales.
   i. Masoquismo, sadismo, masturbación.
   j. Ninfomanía, sexo oral.
   k. Perversidad, pornografía.
   l. Violación, incesto.
   m. Lascivia, seducción.
   n. Sensualidad, sodomía.
   o. Súcubo, travestismo.

E. **Espíritu de enfermedad**.

Lucas 13:11; *"Y había allí una mujer que desde hacía dieciocho años tenía espíritu de enfermedad, y andaba encorvada, y en ninguna manera se podía enderezar"*.

1. Enfermedades y transtornos.
   a. Acné, angina de pecho.
   b. Apendicitis, astigmatismo.
   c. Enfermedades de la sangre.

d. Enfermedades de médula ósea, huesos y articulaciones.
e. Cáncer, parálisis.
f. Canal digestivo, enfisema.
g. Ojos, fiebres.
h. Dolores de cabeza, ataque cardíaco.
i. Hemorroides, presión alta.
j. Urticaria, picazones/comezones.
k. Cálculo renal, leucemia.
l. Lupus, meningitis.
m. Aborto/malparto.
n. Osteoporosis, dolor.
o. Sinusitis, enfermedades cutáneas.
p. Espasmos, entumecimiento.
q. Apoplejía, sífilis.
r. Enfermedades de garganta, estremecimiento.
s. Ulceras, venas varicosas.
t. Verrugas, tumores.

F. Espíritus de muerte.

1. Maldición de muerte - Romper la maldición.
   a. La parca/muerte, culto a la muerte.
   b. Aguijón de la muerte, enfermedad terminal.

2. Alergias y asma por:
   a. Picadura de abejas.
   b. Gatos.
   c. Perros.
   d. Polvo.
   e. Huevo.

f. Polen.
g. Mariscos.
h. Trigo, entre muchas más.

TEMA 16

Las armas espirituales de todo cristiano.

"Vestíos de toda la armadura de Dios, para que podáis estar firmes contra las asechanzas del diablo."
Efesios 6:11

El cristiano que usa estas armas jamás será vencido por las tinieblas. Pero para usar estas armas necesitamos primero vestirnos con la armadura de Dios. Esta es la misma armadura que usó Cristo contra todo ataque de las tinieblas. El probó que nada prosperaría contra su armadura y entonces la dejó a la Iglesia cuando resucitó. Muchos cristianos corren a la batalla desnudos con sólo la espada de la Palabra de Dios que es un arma ofensiva. Pero las otras partes de la armadura forman nuestras vestimentas - El casco del conocimiento de la salvación, la coraza de la seguridad de ser justo, el escudo de la fe en Dios, los zapatos de estar en paz con Dios y con los hombres, y los lomos vestidos con la verdad. - Por esto, Efesios 6:11 dice *"Vestíos de toda la armadura de Dios, para que podáis estar firmes contra las asechanzas del diablo."*

I. La Palabra escrita de Dios orada y confesada contra todo ataque y opresión. Efesios 6:17; *"Y tomad el yelmo de la salvación, y la espada del Espíritu, que es la palabra de Dios; ",* y Mt. 4:1-11; *"Entonces Jesús fue llevado por el Espíritu al desierto, para ser tentado por el diablo. Y después de haber ayunado cuarenta días y cuarenta noches, tuvo hambre. Y vino a él el tentador, y le dijo: Si eres Hijo de Dios, di que estas piedras se conviertan en pan. El respondió y dijo: <u>Escrito está:</u> No sólo de pan vivirá el hombre, sino de toda palabra que sale de la boca de Dios. Entonces el diablo le llevó a la santa ciudad, y le puso sobre el pináculo del templo, y le dijo: Si eres Hijo de Dios, échate abajo; porque escrito está: A sus ángeles mandará acerca de ti, y, En sus manos te sostendrán, Para que no tropieces con tu pie en piedra. Jesús le dijo: <u>Escrito está</u> también: No tentarás al Señor tu Dios. Otra vez le llevó el diablo a un monte muy alto, y le mostró todos los reinos del mundo y la gloria de ellos, y le dijo: Todo esto te daré, si postrado me adorares. Entonces Jesús le dijo: Vete, Satanás, porque <u>escrito está:</u> Al Señor tu Dios adorarás, y a él sólo servirás. El diablo entonces le dejó; y he aquí vinieron ángeles y le servían. "*

Jesús sólo peleó con el arma de la Palabra escrita en tiempos de desierto y prueba.

II. El nombre de Jesús. Hechos 16:16-18; *"Aconteció que mientras íbamos a la oración, nos salió al encuentro una* *muchacha que tenía espíritu de adivinación, la cual daba gran ganancia a sus amos, adivinando. Esta, siguiendo a Pablo y a nosotros, daba voces, diciendo: Estos hombres son siervos del Dios Altísimo, quienes os anuncian el camino de salvación. Y esto lo hacía por muchos días; mas desagradando a Pablo, éste se volvió y dijo al espíritu: <u>Te mando en el nombre de Jesucristo,</u> que salgas de ella. Y salió en aquella misma hora."*

Pablo ató el espíritu territorial en Hechos 16:18, reprendiendo y atando al espíritu en el nombre de Jesucristo.

III. La Sangre de Cristo. Apocalipsis 12:10-12; *"Entonces oí una gran voz en el cielo, que decía: Ahora ha venido la salvación, el poder, y el reino de nuestro Dios, y la autoridad de su Cristo; porque ha sido lanzado fuera el acusador de nuestros hermanos, el que los acusaba delante de nuestro Dios día y noche. <u>Y ellos le han vencido por medio de la sangre del Cordero y</u> de la palabra del testimonio de ellos, y menospreciaron sus vidas hasta la muerte. Por lo cual alegraos, cielos, y los que moráis en ellos. ¡Ay de los moradores de la tierra y del mar! porque el diablo ha descendido a vosotros con gran ira, sabiendo que tiene poco tiempo. "*, y 1ª Juan 1:9; *"Si confesamos nuestros pecados, él es fiel y justo para perdonar nuestros pecados, y limpiarnos de toda maldad."*

La sangre nos limpia de todo pecado instantáneamente y nos protege contra las acusaciones del diablo.

IV. El Espíritu Santo y la oración en lenguas es un arma, porque Satanás no entiende lo que estamos diciendo. Él no puede contradecir lo que no entiende. El orar en lenguas refuerza nuestra fe para batallar.

Judas 1:20; *"Pero vosotros, amados, edificándoos sobre vuestra santísima fe, <u>orando en el Espíritu Santo,</u>"*

V. Los ángeles del Señor son nuestra ayuda. Hebreos 1:14; *"¿No son todos espíritus ministradores, <u>enviados para servicio a favor de los que serán herederos de la salvación?</u>"*

Hay tres divisiones de ángeles:

    A. Ángeles para administrar las alabanzas del Señor.
    B. Ángeles para administrar la batalla celestial de Dios contra Satanás y sus ángeles.
    C. Ángeles asignados para proteger a sus santos.

VI. Toda clase de oración es un arma ofensiva y defensiva. La mejor defensa es atacar primero y no estar esperando pasivamente que el enemigo nos ataque.

TEMA 17

◆

Las armas del guerrero.

"...estad siempre preparados para presentar defensa con mansedumbre y reverencia ante todo el que os demande razón de la esperanza que hay en vosotros;"
1ª Pedro 3:15(b)

Introducción.

La Iglesia es un ejército, y tiene armas que son poderosas en Dios para destruir las fortalezas del diablo, para llevar todo pensamiento a la obediencia, y para castigar toda desobediencia. 2ª Co. 10:4-6; *"porque las armas de nuestra milicia no son carnales, sino poderosas en Dios para la destrucción de fortalezas, derribando argumentos y toda altivez que se levanta contra el conocimiento de Dios, y llevando cautivo todo pensamiento a la obediencia a Cristo, y estando prontos para castigar toda desobediencia, cuando vuestra obediencia sea perfecta."*

I. El poder del Espíritu Santo.

Lc. 4:18-19; *"El Espíritu del Señor está sobre mí, Por cuanto me ha ungido para dar buenas nuevas a los pobres; Me ha enviado a sanar a los quebrantados de corazón; A pregonar libertad a los cautivos, Y vista a los ciegos; A poner en libertad a los oprimidos; A predicar el año agradable del Señor."*

Mt. 12:28; *"Pero si yo por el Espíritu de Dios echo fuera los demonios, ciertamente ha llegado a vosotros el reino de Dios."*

Hch. 10:38; *"cómo Dios ungió con el Espíritu Santo y con poder a Jesús de Nazaret, y cómo éste anduvo haciendo bienes y sanando a todos los oprimidos por el diablo, porque Dios estaba con él."*

1ª Jn. 4:4; *"Hijitos, vosotros sois de Dios, y los habéis vencido; porque mayor es el que está en vosotros, que el que está en el mundo."*

Is. 10:27; 31:4; 59:19; *"Acontecerá en aquel tiempo que su carga será quitada de tu hombro, y su yugo de tu cerviz, y el yugo se pudrirá a causa de la unción... Porque Jehová me dijo a mí de esta manera: Como el león y el cachorro de león ruge sobre la presa, y si se reúne cuadrilla de pastores contra él, no lo espantarán sus voces, ni se acobardará por el tropel de ellos; así Jehová de los ejércitos descenderá a pelear sobre el monte de Sion, y sobre su collado... Y temerán desde el occidente el nombre de Jehová, y desde el nacimiento del sol su gloria; porque vendrá el enemigo como río, más el Espíritu de Jehová levantará bandera contra él."*

Zac. 4:6; *"Entonces respondió y me habló diciendo: Esta es palabra de Jehová a Zorobabel, que dice: No con ejército, ni con fuerza, sino con mi Espíritu, ha dicho Jehová de los ejércitos."*

Dones necesarios en la guerra espiritual:

A. Discernimiento de espíritus, es el radar espiritual.

1ª Co. 12:10; *"A otro, el hacer milagros; a otro, profecía; a otro, discernimiento de espíritus; a otro, diversos géneros de lenguas; y a otro, interpretación de lenguas."*

Lv. 10:9-10; *"Tú, y tus hijos contigo, no beberéis vino ni sidra cuando entréis en el tabernáculo de reunión, para que no muráis; estatuto perpetuo será para vuestras generaciones, para poder discernir entre lo santo y lo profano, y entre lo inmundo y lo limpio,"*

Ez. 44:23; *"Y enseñarán a mi pueblo a hacer diferencia entre lo santo y lo profano, y les enseñarán a discernir entre lo limpio y lo no limpio."*

He. 5:14; *"pero el alimento sólido es para los que han alcanzado madurez, para los que por el uso tienen los sentidos ejercitados en el discernimiento del bien y del mal."*

B. Fe, *"Monte"*, potestad satánica.

Mateo 17:20; *"Jesús les dijo: Por vuestra poca fe; porque de cierto os digo, que si tuviereis fe como un grano de mostaza, diréis a este monte: Pásate de aquí allá, y se pasará; y nada os será imposible."*

C. Palabra de conocimiento.

Hch. 5:1-11; *"Pero cierto hombre llamado Ananías, con Safira su mujer, vendió una heredad, y sustrajo del precio, sabiéndolo también su mujer; y trayendo sólo una parte, la puso a los pies de los apóstoles. Y dijo Pedro: Ananías, ¿por qué llenó Satanás tu corazón para que mintieses al Espíritu Santo, y sustrajeses del precio de la heredad? Reteniéndola, ¿no se te quedaba a ti? y vendida, ¿no estaba en tu poder? ¿Por qué pusiste esto en tu corazón? <u>No has mentido a los hombres, sino a Dios</u>. Al oír Ananías estas palabras, cayó y expiró. Y vino un gran temor sobre todos los que lo oyeron. Y levantándose los jóvenes, lo envolvieron, y sacándolo, lo sepultaron. Pasado un lapso como de tres horas, sucedió que entró su mujer, no sabiendo lo que había acontecido. Entonces Pedro le dijo: Dime, ¿vendisteis en tanto la heredad? Y ella dijo: Sí, en tanto. Y Pedro le dijo: <u>¿Por qué convinisteis en tentar al Espíritu del Señor?</u> He aquí a la puerta los pies de los que han sepultado a tu marido, y te sacarán a ti. Al instante ella cayó a los pies de él, y expiró; y cuando entraron los jóvenes, la hallaron muerta; y la sacaron, y la sepultaron junto a su marido. Y vino gran temor* *sobre toda la iglesia, y sobre todos los que oyeron estas cosas."*

D. Operación de milagros.

Mr. 9:38-39; *"Juan le respondió diciendo: Maestro, hemos visto a uno que en tu nombre echaba fuera demonios, pero él no nos sigue; y se lo prohibimos, porque no nos seguía. Pero Jesús dijo: No se lo prohibáis; porque ninguno hay que <u>haga milagro en mi nombre</u>, que luego pueda decir mal de mí."*

E. Dones de sanidades.

Lc. 13:10-16; *"Enseñaba Jesús en una sinagoga en el día de reposo; y había allí una mujer que desde hacía dieciocho años tenía espíritu de enfermedad, y andaba encorvada, y en ninguna manera se podía enderezar. Cuando Jesús la vio, la llamó y le dijo: Mujer, eres libre de tu enfermedad. Y puso las manos sobre ella; y ella se enderezó luego, y glorificaba a Dios. Pero el principal de la sinagoga, enojado de <u>que Jesús hubiese sanado en el día de reposo</u>, dijo a la gente: Seis días hay en que se debe trabajar; en éstos, pues, venid y sed sanados, y no en día de reposo. Entonces el Señor le respondió y dijo: Hipócrita, cada uno de vosotros ¿no desata en el día de reposo su buey o su asno del pesebre y lo lleva a beber? Y a esta hija de Abraham, que Satanás había atado dieciocho años, ¿no se le debía desatar de esta ligadura en el día de reposo?"*

Hch. 3:1-10, 16; *"Pedro y Juan subían juntos al templo a la hora novena, la de la oración. Y era traído un hombre cojo de nacimiento, a quien ponían cada día a la puerta del templo que se llama la Hermosa, para que pidiese limosna de los que entraban en el templo. Este, cuando vio a Pedro y a Juan que iban a entrar en el templo, les rogaba que le diesen limosna. Pedro, con Juan, fijando en él los ojos, le dijo: Míranos. Entonces él les estuvo atento, esperando recibir de ellos algo. Mas Pedro dijo: No tengo plata ni oro, pero lo que tengo te doy; en el nombre de Jesucristo de Nazaret, levántate y anda. Y tomándole por la mano derecha le levantó; y al momento se le afirmaron los pies y tobillos; y saltando, se puso en pie y anduvo; y entró con ellos en el templo, andando, y saltando, y alabando a Dios. Y todo el pueblo le vio andar y alabar a Dios. Y le reconocían que era el que se sentaba a pedir limosna a la puerta del templo, la Hermosa; y se llenaron de asombro y espanto por lo que le había sucedido."*

Hch. 4:9; *"Puesto que hoy se nos interroga acerca del beneficio hecho a un hombre enfermo, <u>de qué manera éste haya sido sanado,</u>"*

II. La Palabra de Dios.

Ef. 6:17; *"Y tomad el yelmo de la salvación, y la espada del Espíritu, que es la palabra de Dios;"*

He. 4:12-13; *"Porque la palabra de Dios es viva y eficaz, y más cortante que toda espada de dos filos; y penetra hasta partir el alma y el espíritu, las coyunturas y los tuétanos, y discierne los pensamientos y las intenciones del corazón. Y no hay cosa creada que no sea manifiesta en su presencia; antes bien todas las cosas están desnudas y abiertas a los ojos de aquel a quien tenemos que dar cuenta."*

Mt. 8:16; *"Y cuando llegó la noche, trajeron a él muchos endemoniados; <u>y con la palabra echó fuera a los demonios,</u> y sanó a todos los enfermos;"*

III. La autoridad de Dios.

Lc. 10:17-20; *"Volvieron los setenta con gozo, diciendo: Señor, <u>aun los demonios se nos sujetan en tu nombre.</u> Y les dijo: Yo veía a Satanás caer del cielo como un rayo. He aquí os doy potestad de hollar serpientes y escorpiones, y sobre toda fuerza del enemigo, y nada os dañará. Pero no os regocijéis de que los espíritus se os sujetan, sino regocijaos de que vuestros nombres están escritos en los cielos."*

Mt. 10:1; *"Entonces llamando a sus doce discípulos, <u>les dio autoridad sobre los espíritus inmundos</u>, para que los echasen fuera, y para sanar toda enfermedad y toda dolencia."*

A. Para aplastar o quebrantar.

Zac. 10:5; *"Y serán como valientes que en la batalla <u>huellan al enemigo</u> en el lodo de las calles; y pelearán, porque Jehová estará con ellos; y los que cabalgan en caballos serán avergonzados."*

Ro. 16:20; *"<u>Y el Dios de paz aplastará en breve a Satanás bajo vuestros pies</u>. La gracia de nuestro Señor Jesucristo sea con vosotros."*

Mal. 4:3; *"<u>Hollaréis a los malos</u>, los cuales serán ceniza bajo las plantas de vuestros pies, en el día en que yo actúe, ha dicho Jehová de los ejércitos."*

Sal. 91:13-14; *"<u>Sobre el león y el áspid pisarás; Hollarás al cachorro del león y al dragón</u>. Por cuanto en mí ha puesto su amor, yo también lo libraré; Le pondré en alto, por cuanto ha conocido mi nombre."*

B. Para resistir.

Stg. 4:7; *"Someteos, pues, a Dios; <u>resistid al diablo</u>, y huirá de vosotros."*

1ª P. 5:8-9; *"Sed sobrios, y velad; porque vuestro adversario el diablo, como león rugiente, anda alrededor buscando a quien devorar; al cual <u>resistid firmes en la fe</u>, sabiendo que los mismos padecimientos se van cumpliendo en vuestros hermanos en todo el mundo."*

Is. 31:4; *"Porque Jehová me dijo a mí de esta manera: Como el león y el cachorro de león ruge sobre la presa, y si se reúne cuadrilla de pastores contra él, no lo espantarán sus voces, ni se acobardará por el tropel de ellos; así <u>Jehová de los ejércitos descenderá a pelear sobre el monte de Sion</u>, y sobre su collado."*

C. Para atar.

Mt. 12:29; 16:19; 18:18; *"Porque ¿cómo puede alguno entrar en la casa del hombre fuerte, y saquear sus bienes, <u>si primero no le ata</u>? Y entonces podrá saquear su casa... Y a ti te daré las llaves del reino de los cielos; y todo lo que atares en la tierra será atado en los cielos; y todo lo que desatares en la tierra será desatado en los cielos...De cierto os digo que <u>todo lo que atéis en la tierra, será atado en el cielo</u>; y todo lo que desatéis en la tierra, será desatado en el cielo."*

Lc. 10:17; *"Volvieron los setenta con gozo, diciendo: Señor, <u>aun los demonios se nos sujetan en tu nombre</u>."*

D. Para reprender.

Mr. 9:25; *"Y cuando Jesús vio que la multitud se agolpaba, <u>reprendió al espíritu inmundo</u>, diciéndole: Espíritu mudo y sordo, yo te mando, sal de él, y no entres más en él."*

E. Para despojar.

Mt. 12:29; *"Porque ¿cómo puede alguno entrar en la casa del hombre fuerte, y <u>saquear sus bienes</u>, si primero no le ata? Y entonces podrá saquear su casa"*

F. Para mandar u ordenar.

Mr. 1:27; *"Y todos se asombraron, de tal manera que discutían entre sí, diciendo: ¿Qué es esto? ¿Qué nueva doctrina es esta, que <u>con autoridad manda aun a los espíritus inmundos</u>, y le obedecen?"*

G. Para echar fuera.

Mr. 16:17; *"Y estas señales seguirán a los que creen: <u>En mi nombre echarán fuera demonios</u>; hablarán nuevas lenguas;"*

IV. El nombre de Jesús.

Mr. 16:17; *"Y estas señales seguirán a los que creen: <u>En mi nombre echarán fuera demonios</u>; hablarán nuevas lenguas;"*

Fil. 2:5-11; *"Haya, pues, en vosotros este sentir que hubo también en Cristo Jesús, el cual, siendo en forma de Dios, no estimó el ser igual a Dios como cosa a que aferrarse, sino que se despojó a sí mismo, tomando forma de siervo, hecho semejante a los hombres; y estando en la condición de* hombre, se humilló a sí mismo, haciéndose obediente hasta la muerte, y muerte de cruz. Por lo cual Dios también le exaltó hasta lo sumo, y le dio un nombre que es sobre todo nombre, <u>para que en el nombre de Jesús se doble toda rodilla de los que están en los cielos, y en la tierra, y debajo de la tierra</u>; y toda lengua confiese que Jesucristo es el Señor, para gloria de Dios Padre."

He. 1:4; *"hecho tanto superior a los ángeles, cuanto heredó más excelente nombre que ellos."*

V. La oración y el ayuno.

Mt. 17:21; *"Pero <u>este género no sale sino con oración y ayuno</u>."*

Mr. 9:29; *"Y les dijo: <u>Este género con nada puede salir, sino con oración y ayuno</u>."*

VI. La alabanza.

Sal. 22:3; 149:6; *"Pero tú eres santo, <u>Tú que habitas entre las alabanzas de Israel...</u> Exalten a Dios con sus gargantas, Y espadas de dos filos en sus manos,"*

VII. El buen testimonio.

Ap. 2:11; *"El que tiene oído, oiga lo que el Espíritu dice a las iglesias. El que venciere, no sufrirá daño de la segunda muerte."*

Sal. 107:2; *"Díganlo los redimidos de Jehová, <u>Los que ha redimido del poder del enemigo</u>,"*

Ap. 12:11; *"Y ellos le han vencido por medio de la sangre del Cordero y de la palabra <u>del testimonio de ellos</u>, y menospreciaron sus vidas hasta la muerte."*

VIII. La santidad.

Mr. 1:24; *"diciendo: ¡Ah! ¿Qué tienes con nosotros, Jesús nazareno? ¿Has venido para destruirnos? <u>Sé quién eres, el Santo de Dios</u>."*

Jn. 14:30; *"No hablaré ya mucho con vosotros; <u>porque viene el príncipe de este mundo, y él nada tiene en mí</u>."*

1ª Jn. 5:18; *"Sabemos que todo aquel que ha nacido de Dios, no practica el pecado, pues Aquel que fue engendrado por Dios le guarda, <u>y el maligno no le toca</u>."*

IX. El ministerio angelical.

Ef. 1:20-22; 25-6; *"la cual operó en Cristo, resucitándole de los muertos y sentándole a su diestra en los lugares celestiales, sobre todo principado y autoridad y poder y señorío, y sobre todo nombre que se nombra, no sólo en este siglo, sino también en el venidero; y sometió todas las cosas bajo sus pies, y lo dio por cabeza sobre todas las cosas a la iglesia,...aun estando nosotros muertos en pecados, nos dio vida juntamente con Cristo (por gracia sois salvos), y juntamente con él nos resucitó, y asimismo nos hizo sentar en los lugares celestiales con Cristo Jesús,"*

1ª P. 3:22; *"quien habiendo subido al cielo está a la diestra de Dios; y a él están sujetos ángeles, autoridades y potestades."*

Mt. 26:53; *"¿Acaso piensas que no puedo ahora orar a mi Padre, y que él no me daría más de doce legiones de ángeles?"*

He. 1:14; *"<u>¿No son todos espíritus ministradores, enviados para servicio a favor de los que serán herederos de la salvación?</u>"*

Sal. 35:5-6; 103:20-21; *"Sean como el tamo delante del viento, Y el ángel de Jehová los acose. Sea su camino tenebroso y resbaladizo, Y el ángel de Jehová los persiga...Bendecid a Jehová, <u>vosotros sus ángeles, Poderosos en fortaleza, que ejecutáis su palabra</u>, Obedeciendo a la voz de su precepto. Bendecid a Jehová, vosotros todos sus ejércitos, Ministros suyos, que hacéis su voluntad."*

Realmente la armadura de Dios es una armadura de oración porque después de vestirnos con la armadura, la Biblia dice: *"Orando con toda oración"*. Así que el propósito de ponernos la armadura es poder entrar en la batalla de oración e intercesión atacando y destruyendo a los demonios mencionados en Efesios 6:12; *(contra principados, contra potestades, contra los gobernadores de las tinieblas de este siglo, contra huestes espirituales de maldad)*. El tema de la guerra espiritual es muy extenso y abarca diferentes aspectos de la vida del cristiano pero debemos tener presente algunas cosas en esta guerra.

Efesios 6:10-13; v.10 – *"Por lo demás, hermanos míos, fortaleceos en el Señor y en su fuerza poderosa"*. Versículo 11- *"Vestíos de toda la armadura de Dios, para que podáis estar firmes contra las asechanzas del diablo"*, versículo 12 – *"Porque no tenemos lucha contra sangre y carne, sino contra principados, contra potestades, contra los gobernadores de las tinieblas de este mundo, contra huestes espirituales de maldad en las regiones celestes"*. Versículo 13- *"Por tanto, tomad toda la armadura de Dios, para que podáis resistir en el día malo, y habiendo acabado todo, estar firmes"*.

La guerra espiritual abarca aspectos estratégicos, conocimientos en las esferas espirituales, en las que nos estamos moviendo, también abarca conocimiento de los movimientos del enemigo, rangos y sistemas en los cuales opera, en la guerra se han de seguir planes y otras cosas relacionadas con la misma. Si vemos en la Biblia podemos notar que el enemigo tiene niveles en los cuales se mueve y al parecer tienen rangos: principados, potestades, gobernadores de las tinieblas, huestes espirituales de maldad, todo esto en esferas espirituales o regiones celestes.

La Biblia habla de lucha, o sea que la guerra es de cerca, en la lucha debe haber contacto, se miden fuerzas, es por eso que el cristiano debe prepararse para esa lucha, debería entrenarse al igual que un luchador profesional que aprende técnicas, se ejercita diariamente, se alimenta adecuadamente, su vida se centra en lo que está haciendo, pero a diferencia de la lucha deportiva la lucha a la que se refiere Pablo es la lucha a muerte en la cual sobrevivirá solamente el vencedor. Dios no permitirá que luchemos a muerte en contra de Satanás y sus huestes en desventaja, él ha provisto un cerco de protección para el cristiano, es por eso que un recién convertido no tiene que saber mucho acerca de guerra espiritual por que el Señor vela por él, pero cuando creces y conoces los aspectos espirituales es allí donde el Señor demanda que vayas al campo a rescatar a tu familia, nación o amigos.

La guerra espiritual está presente aún antes de la fundación del mundo, desde el mismo momento en que Satanás se rebeló en contra de Dios formo un ejército con miles de ángeles para desafiar a Dios. Satanás también aprovecho su superioridad para apoderarse de la autoridad dada al hombre sobre la tierra y tomar control sobre el mundo y sobre el mismo hombre, haciendo caer a Adán y a Eva, allí la autoridad delegada al hombre paso a manos de Satanás; Dios ideó un plan por el cual iba a rescatar al hombre y a recobrar el terreno que le pertenece, he hizo dos cosas en una con la venida de nuestro Señor Jesucristo, su muerte y su resurrección; el Diablo tenía razón al ofrecerle a Jesús los reinos de la tierra si Jesús le adoraba, puedes notar que Satanás no ofreció la tierra sino los reinos, quiere decir que tenía solamente autoridad sobre los reinos propiamente dichos y no sobre la tierra, Lucas 4:5-7; *"Y le llevó el diablo a un alto monte, y le mostró en un momento todos los reinos de la tierra. Y le dijo el diablo: A ti te daré toda esta potestad, y la gloria de ellos; porque a mí me ha sido entregada, y a quien quiero la doy. Si tú postrado me adorares, todos serán tuyos."*

Pero Jesús al morir en la cruz le quito toda autoridad a Satanás y el dominio que él ostentaba le fue quitado y lo tiene nuevamente Jesús, pero el enemigo no entregara fácilmente esta autoridad y estos territorios a los seguidores de Cristo, es por eso que sigue engañando y sigue mintiendo.

Hoy en día existen localidades que rinden cultos a seres espirituales y demonios a cambio de buenas cosechas, de beneficio económico, para que su ganado no muera o para no sufrir inundaciones y hacen pacto con la tierra y esos seres, personas que presentan a sus hijos a seres espirituales, pueblos enteros que adoran a otros nombres que no es el nombre de Jesús es allí donde seres espirituales se entronan sobre esas regiones haciendo difícil entrar con el evangelio.

Es por eso que en regiones como estas el mensaje del Señor no ha penetrado con fuerza debido a los grandes principados que bloquean esas regiones sustentados por millones de seguidores, es hacia esos lugares en todo el mundo donde el esfuerzo de la guerra se estará concentrando en los próximos años, debemos prepararnos para los nuevos ataques del maligno y tomar nuestra posición y prevalecer en contra del infierno. Existen regiones dominadas por espíritus territoriales extremadamente fuertes, que no permiten que el mensaje del evangelio penetre en sus zonas de influencia, ahí Dios tiene que enviar ángeles con autoridad para que abran camino y pueda llegar el mensaje así como abrió camino con un ángel para enviar respuesta al Profeta Daniel. Daniel 10:12; *"Entonces me dijo: Daniel, no temas; porque desde el primer día que dispusiste tu corazón a entender y a humillarte en la presencia de tu Dios, fueron oídas tus palabras; y a causa de tus palabras yo he venido."*

En el versículo 13 – *"Mas el príncipe del reino de Persia se me opuso durante veintiún días; pero he aquí Miguel, uno de los principales príncipes, vino para ayudarme, y quedé allí con los reyes de Persia."*

En el versículo 14 – *"He venido para hacerte saber lo que ha de venir a tu pueblo en los postreros días; porque la visión es para esos días."*

Verso 20 dice, *"Él me dijo: ¿Sabes por qué he venido a ti? Pues ahora tengo que volver para pelear contra el príncipe de Persia; y al terminar con él, el príncipe de Grecia vendrá."*

Actualmente en la tierra existen áreas que están bajo el dominio del enemigo, una de estas áreas es la ventana 10/40 llamada así porque se encuentra entre un meridiano y un paralelo que llevan estos nombres (números), así también es llamado por los misioneros de todo el mundo, ellos han estado concentrando su esfuerzo para llegar a esta ventana, en esta región se encuentran los países musulmanes, los hinduistas, los budistas, y cientos de religiones más, también aquí se encuentra la mayor concentración de población del mundo, y existen millones de personas que aún no han oído el mensaje de Jesús.

Solamente se estima que existen más de 900, 000, 000 de musulmanes que no han recibido el mensaje de salvación. Estos principados que cuidan esta región son sustentados por los ritos y entregas que hacen sus seguidores y que son millones, por ejemplo existen un ritual de ayuno que hacen, llamado *Ramadán,* en el cual millones de personas, ayunan cierto periodo de tiempo y lo hacen todos los años, imagínese la fuerza espiritual que otorgan a esos principados; y a nosotros los cristianos nos cuesta ayunar siquiera un día, y muchas veces ponemos obstáculos doctrinales para no hacerlo.

Actualmente se están enviando misioneros a estas áreas pero la demanda es mucha y los trabajadores pocos como dice la Palabra del Señor, *"Oren para que el Señor envíe obreros a su mies".* Pues Jesús dice en su Palabra la mies es mucha y los obreros pocos. Por eso es que debemos prepararnos y preparar obreros para que trabajemos todos juntos en la obra de nuestro Señor y Salvador, pues que triste es ver como las almas andan atribuladas por el mundo y nosotros los obreros del Señor bien gracias, no hacemos nada y decimos, que tenemos amor.

TEMA 18

◆

Los siete pasos para la liberación

"Así que, si el Hijo os libertare, seréis verdaderamente libres." Juan 8:36

Introducción.

Para recibir liberación verdadera, el ministrado deberá asegurarse ante Dios de que cumple con los siguientes siete pasos, los cuales muestran la verdadera santificación del creyente. Estos siete pasos son muy importantes, por lo tanto, prestemos la debida atención.

I. Honestidad.

Es preciso ser honesto con Dios, con uno mismo, y con los demás, si se espera recibir la bendición de la liberación de Dios. La falta de honestidad mantiene áreas de la vida en tinieblas. Los espíritus inmundos se crecen en tales tinieblas, pero la honestidad ayuda a sacarlos a la luz. Por lo tanto, no mintamos contra la verdad, seamos honestos. Todo pecado que no se confiese, o del cual no hay arrepentimiento, otorga al demonio un derecho legal para quedarse. Pide al Señor que te ayude a verte a ti mismo como Él te ve, y a traer a la luz cualquier cosa que no sea del Señor.

Salmos 32:5; *"Mi pecado te declaré, y no encubrí mi iniquidad. Dije: Confesaré mis transgresiones a Jehová; y tú perdonaste la maldad de mi pecado."*

Salmos 139:23-24; *"Examíname, oh Dios, y conoce mi corazón; pruébame y conoce mis pensamientos; y ve si hay en mí camino de perversidad, y guíame en el camino eterno."*

II. Humildad.

Esto implica reconocer que uno debe depender siempre de Dios y de su provisión para la liberación. Santiago 4:6(b)-7; *"...Dios resiste a los soberbios, y da gracia a los humildes. Someteos, pues, a Dios; resistid al diablo, y huirá de vosotros."*

Esto también implica una apertura y confianza completa hacia los siervos de Dios que ministran liberación, por el siguiente principio escritural: *"Confesaos vuestras ofensas unos a otros, y orad unos por otros, para que seáis sanados...",*

(Santiago 5:16a). Si esa confianza y apertura no se dan, difícilmente saldrán los demonios.

III. Arrepentimiento.

El arrepentimiento es un cambio radical para apartarse del pecado y de Satanás. Es indispensable aborrecer el mal, y dejar de estar de acuerdo con él. Si uno no está de acuerdo, el otro (en este caso el pecado y el diablo) nada pueden hacer al respecto: *"¿Andarán dos juntos, si no estuvieren de acuerdo?"*, Amós 3:3.

El propósito del arrepentimiento, entre otros, es el de aborrecer el pecado. Cuanto más se aborrezca el pecado, más rápido los demonios se desenganchan y salen. Pide al Señor que te de aborrecimiento por el pecado.

Ezequiel 20:43; *"Y allí os acordaréis de vuestros caminos, y de todos vuestros hechos en que os contaminasteis; y os aborreceréis a vosotros mismos a causa de todos vuestros pecados que cometisteis."*

Esto último implica dolor en el corazón por el pecado cometido. Entonces se cumple lo siguiente: *"Al corazón contrito y humillado no despreciarás tú, oh Dios."*, Salmos 51:17b. ¡Ahí es cuando Dios restaura!

Recordemos que toda la base legal que el diablo puede llegar a tener es sin duda alguna el pecado consentido del ministrado.

¡Acordémonos! LA LIBERACIÓN NO SE DEBE USAR SIMPLEMENTE COMO UN ALIVIO, como aquél que va al dentista a que le extirpen una muela estropeada y doliente, y luego ya se olvida de todo y vuelve a su vida habitual. ¡LA LIBERACIÓN ES EL PROCESO QUE NOS AYUDA A SER MÁS COMO JESÚS!

Arrepentimiento es dejar todo aquello que estorba el crecimiento espiritual, el ministerio, y el compañerismo. El arrepentimiento necesita una confesión sincera de todos los pecados. Esto quita cualquier derecho legal a los espíritus demoníacos.

IV. Renuncia y restitución.

La renuncia es dejar el mal. La renuncia es la acción que resulta del arrepentimiento: Mateo 3:7-8; *"Haced, pues, frutos dignos de arrepentimiento."* Los frutos de arrepentimiento son los que se ven después de las palabras de confesión. Son la evidencia de que realmente ha habido un cambio. Por ejemplo, si alguien se ha arrepentido de la idolatría religiosa, destruirá todo objeto idolátrico. Si alguien se ha arrepentido de la lujuria y concupiscencia, destruirá todo material pornográfico o afín.

Los recién convertidos de Efeso, así lo experimentaron cuando quemaron sus costosísimos libros de hechicería: Hechos 19:18-19; *"Y muchos de los que habían creído venían, confesando y dando cuenta de sus hechos. Asimismo muchos de los que habían practicado la magia trajeron los libros y los quemaron delante de todos; y hecha la cuenta de su precio, hallaron que era cincuenta mil piezas de plata."*

Renunciar significa una completa ruptura con Satanás y con todas sus obras. Y por supuesto que deberá verse un cambio en la persona en sí. Un cambio real, espiritual, no sólo en la apariencia, sino en el corazón, y desde el corazón. Por eso el Señor nos lo dejó bien claro, cuando dijo: *"Por sus frutos les conoceréis."*

La restitución.

Restituir implica *la devolución de una cosa o cosas a su dueño o tenedor, o el restablecimiento de una cosa a su estado original.* Es, una vez entendido el agravio hecho a Dios y al prójimo, con todas las fuerzas y de todo corazón, devolver lo sustraído, o lo dañado a su dueño original, y si es virtualmente imposible hacerlo, estar dispuestos a asumir las consecuencias. Si alguien ha robado, buscará restituir lo robado, aunque eso pueda llevarle a la cárcel o a pagar una multa.

El dolor causado por el pecado en el corazón, nunca será menor que el que pueda recibir al sufrir las consecuencias del mismo. Este dolor no asegura un arrepentimiento genuino.

V. Perdón.

Dios perdona libremente a todos los que confiesan sus pecados y piden perdón por medio de Su Hijo: 1ª Juan 1:9; *"Si confesamos nuestros pecados, él es fiel y justo para perdonar nuestros pecados, y limpiarnos de toda maldad."*

De la misma forma, Él espera que nosotros perdonemos a quienes nos hayan herido en cualquier forma: Mateo 6:14-15; *"Porque si perdonáis a los hombres sus ofensas, os perdonará también a vosotros vuestro Padre celestial; más si no perdonáis a los hombres sus ofensas, tampoco vuestro Padre os perdonará vuestras ofensas."*

LA VOLUNTAD DE PERDONAR ES ABSOLUTAMENTE ESENCIAL PARA LA LIBERACIÓN, Mateo 18:21-35; *"Entonces se le acercó Pedro y le dijo: Señor, ¿cuántas veces perdonaré a mi hermano que peque contra mí? ¿Hasta siete? Jesús le dijo: No te digo hasta siete, sino aun hasta setenta veces siete. Por lo cual el reino de los cielos es semejante a un rey que quiso hacer cuentas con sus siervos. Y comenzando a hacer cuentas, le fue presentado uno que le debía diez mil talentos. A éste, como no pudo pagar, ordenó su señor venderle, y a su mujer e hijos, y todo lo que tenía, para que se le pagase la deuda. Entonces aquel siervo, postrado, le suplicaba, diciendo: Señor, ten paciencia conmigo, y yo te lo pagaré todo. El señor de aquel siervo, movido a misericordia, le soltó y le perdonó la deuda. Pero saliendo aquel siervo, halló a uno de sus consiervos, que le debía cien denarios; y asiendo de él, le ahogaba, diciendo: Págame lo que me debes. Entonces su consiervo, postrándose a sus pies, le rogaba diciendo: Ten paciencia conmigo, y yo te lo pagaré todo. Más él no quiso, sino fue y le echó en la cárcel, hasta que pagase la deuda. Viendo sus consiervos lo que pasaba, se entristecieron mucho, y fueron y refrieron a su señor todo lo que había pasado. Entonces, llamándole su señor, le dijo: Siervo malvado, toda aquella deuda te perdoné, porque me rogaste. ¿No debías tú también tener misericordia de tu consiervo, como yo tuve misericordia de ti? Entonces su señor, enojado, le entregó a los verdugos, hasta que pagase todo lo que le debía. Así también mi Padre celestial hará con vosotros si no perdonáis de todo corazón cada uno a su hermano sus ofensas."*. Ningún ministro de liberación puede realizar su labor con éxito, a menos que el ministrado cumpla con las condiciones de Dios, en este caso es perdonar a todos sus ofensores.

VI. Oración.

Pide a Dios que te libere en el nombre de Jesús: Joel 2:32; *"Y todo aquel que invocare el nombre de Jehová será salvo; (liberado)"*

Busca a Dios en oración y súplica. La oración es dirigida a Dios, y ayuda a crear una sana dependencia del Espíritu Santo, ya que cuando oramos con fe, se espera el mover de Dios, y se tiende a dejar de lado toda actuación en la carne, o en las fuerzas de uno. Cuanto más aprendamos a depender de Dios, mayor va a ser el poder de Dios en nuestras vidas. Como consecuencia, menor va a ser la incidencia del ataque del diablo en nosotros. Todo esto se consigue a través de la oración y del ayuno.

VII. Guerra espiritual.

La oración y la guerra espiritual, son dos actividades separadas y distintas. La oración es hacia Dios, y la guerra es contra el enemigo espiritual. Nuestra batalla contra las potestades demoníacas no es carnal, sino espiritual (ver Efesios 6:12:2; *"Porque no tenemos lucha contra sangre y carne, sino contra principados, contra potestades, contra los gobernadores de las tinieblas de este siglo, contra huestes espirituales de maldad en las regiones celestes. "*, y 2ª Corintios 10:3-5; *"Pues aunque andamos en la carne, no militamos según la carne; porque las armas de nuestra milicia no son carnales, sino poderosas en Dios para la destrucción de fortalezas, derribando argumentos y toda altivez que se levanta contra el conocimiento de Dios, y llevando cautivo todo pensamiento a la obediencia a Cristo,"*). Es indispensable usar como armas la sumisión a Dios, la sangre de Jesús, la Palabra de Dios, el propio testimonio como creyentes, y la armadura de Dios.

Santiago 4:7; *"Someteos, pues, a Dios; resistid al diablo, y huirá de vosotros."*

Apocalipsis 12:11; *"Y ellos le han vencido por medio de la sangre del Cordero y de la palabra del testimonio de ellos, y menospreciaron sus vidas hasta la muerte."*

Efesios 6:17; *"Y tomad el yelmo de la salvación, y la espada del Espíritu, que es la palabra de Dios;"*

2ª Corintios 10:3-5; *"Pues aunque andamos en la carne, no militamos según la carne; porque las armas de nuestra milicia no son carnales, sino poderosas en Dios para la destrucción de fortalezas, derribando argumentos y toda altivez que se levanta contra el conocimiento de Dios, y llevando cautivo todo pensamiento a la obediencia a Cristo,"*

Hay que identificar los espíritus, dirigirse a ellos directamente por su nombre o naturaleza, y con voz de mando y en fe, ordenarles salir en el nombre de Jesús. Hay que entrar en batalla con decisión y seguridad de victoria. Cristo nunca falla; Él es el libertador.

Marcos 16:17;*"Y estas señales seguirán a los que creen: En mi nombre echarán fuera demonios..."*

Lucas 10:19;*"He aquí os doy potestad de hollar serpientes y escorpiones, y sobre toda fuerza del enemigo, y nada os dañará."*

Salmos 18:2;*"Jehová, roca mía y castillo mío, **y mi libertador...**"*

Efesios 6:12; *"No tenemos lucha contra sangre y carne, **sino contra principados, contra potestades, contra los gobernadores de las tinieblas de este siglo, contra huestes espirituales de maldad en las regiones celestes.**"*

Toda esa actuación precisa de un común denominador: La fe. Esa fe deberá ser muy práctica, creyendo que los demonios están sujetos a nosotros en el nombre de Jesús, les mandamos que salgan. Tienen que saber y ver que nosotros:

- Creemos que somos hijos de Dios.
- Actuamos como hijos de Dios.
- Creemos que tenemos la autoridad de Cristo como hijos de Dios que somos.
- Ponemos en práctica lo que somos y creemos.

Consejo sabio para los que ministran liberación.

Según hemos constatado a través de la experiencia, como norma general (siempre hay honrosas excepciones), antes de entrar en el proceso de mandar a los demonios que salgan de una persona, es preciso que ésta crezca en el Señor (si es nueva en la fe). Cuanto más de Dios pueda recibir, más fácil será el proceso de liberación consiguiente. Por otro lado, también veremos si la persona es genuina o no. ¡Cuántas veces hemos perdido el tiempo ministrando a personas nuevas en el Evangelio y en el proceso se desentendieron y volvieron atrás!; todo porque nos precipitamos al ver la necesidad, y no supimos esperar el momento adecuado.

La aparente necesidad no nos dirigirá, sino la sabiduría. En este contexto: Siempre habrá tiempo para ministrar la liberación.

TEMA 19

◆

COMO MANTENERNOS LIBRES

"Estad, pues, firmes en la libertad con que Cristo nos hizo libres, y no estéis otra vez sujetos al yugo de esclavitud." Gá. 5:1

Introducción.

Dios quiere librarnos, pero también quiere que aprendamos a conservar nuestra libertad.

2ª Co. 3:17; *"Porque el Señor es el Espíritu; y donde está el Espíritu del Señor, allí hay libertad"*

Jn. 8:32; *"y conoceréis la verdad, y la verdad os hará libres"*

Gá. 2:4; *"para reducirnos a esclavitud,"*

I. El enemigo.

A. Quiere robar nuestra libertad.

Mt. 12:43-45; *"Cuando el espíritu inmundo sale del hombre, anda por lugares secos, buscando reposo, y no lo halla. Entonces dice: Volveré a mi casa de donde salí; y cuando llega, la halla desocupada, barrida y adornada. Entonces va, y toma consigo otros siete espíritus peores que él, y entrados, moran allí; y el postrer estado de aquel hombre viene a ser peor que el primero. Así también acontecerá a esta mala generación."*

Jn.10:10; *"El ladrón no viene sino para hurtar y matar y destruir; yo he venido para que tengan vida, y para que la tengan en abundancia."*

1. "Volveré a mi casa", no puede vivir fuera del cuerpo humano.
2. Alguien liberado puede perder su libertad.

B. Nos intenta seducir con la concupiscencia de la carne y con las contaminaciones del mundo para hacernos otra vez sus esclavos.

2ª P. 2:18-20; *"Pues hablando palabras infladas y vanas, seducen con concupiscencias de la carne y disoluciones a los que verdaderamente habían huido de los que viven en error. Les prometen libertad, y son ellos mismos esclavos de corrupción. Porque el que es vencido por alguno es hecho esclavo del que lo venció. Ciertamente, si habiéndose ellos escapado de las contaminaciones del mundo, por el conocimiento del Señor y Salvador Jesucristo, enredándose otra vez en ellas son vencidos, su postrer estado viene a ser peor que el primero."*

1. El diablo ofrece libertinaje.

   Gá. 5:13; *"Porque vosotros, hermanos, a libertad fuisteis llamados; solamente que no uséis la libertad como ocasión para la carne, sino servíos por amor los unos a los otros."*

2. Volver a la esclavitud – es mejor no ser liberado.

   2ª P. 2:21-22; *"Porque mejor les hubiera sido no haber conocido el camino de la justicia, que después de haberlo conocido, volverse atrás del santo mandamiento que les fue dado. Pero les ha acontecido lo del verdadero proverbio: El perro vuelve a su vómito, y la puerca lavada a revolcarse en el cieno."*

C. Quiere ponernos yugo y aprisionarnos.

   Gá. 5:1; *"Estad, pues, firmes en la libertad con que Cristo nos hizo libres, y no estéis otra vez sujetos al yugo de esclavitud."*

   1. El yugo - va sobre la cerviz (voluntad) - quiere someterla.
   2. Firmes – es una expresión militar.

II. El proceso.

A. Primero se mira – ese tipo de mirada encierra peligro. Lc. 17:30-31; *"Así será el día en que el Hijo del Hombre se manifieste. En aquel día, el que esté en la azotea, y sus bienes en casa, no descienda a tomarlos; y el que en el campo, asimismo no vuelva atrás."*

B. Segundo – se vuelve atrás. Los Israelitas recordaban su vida de esclavitud aún después de ser liberados con mano poderosa. A Cristo le costó todo nuestra libertad. He. 2:14-15; *"Así que, por cuanto los hijos participaron de carne y sangre, él también participó de lo mismo, para destruir por medio de la muerte al que tenía el imperio de la muerte, esto es, al diablo, y librar a todos los que por el temor de la muerte estaban durante toda la vida sujetos a servidumbre."*

III. ¿Cómo mantenernos libres?

Lc. 8:38-39; *"Y el hombre de quien habían salido los demonios le rogaba que le dejase estar con él; pero Jesús le despidió, diciendo: Vuélvete a tu casa, y cuenta cuán grandes cosas ha hecho Dios contigo. Y él se fue, publicando por toda la ciudad cuán grandes cosas había hecho Jesús con él."*

A. Acercándonos al Señor. "Le rogaba estar con él".

1. En una estrecha e íntima relación con Dios.
2. No hay comunión con Dios, si no estoy en comunión con la Iglesia.

1ª Jn. 3:3,6,7; *" Y todo aquel que tiene esta esperanza en él, se purifica a sí mismo, así como él es puro...Todo aquel que permanece en él, no peca; todo aquel que peca, no le ha visto, ni le ha conocido. Hijitos, nadie os engañe; el que hace justicia es justo, como él es justo.*

Se debe asistir a la Iglesia con la mayor frecuencia posible.

He. 10:24-25; *"Y considerémonos unos a otros para estimularnos al amor y a las buenas obras; no dejando de congregarnos, como algunos tienen por costumbre, sino exhortándonos; y tanto más, cuanto veis que aquel día se acerca."*

B. Testificando de nuestra liberación: "Cuenta cuan grandes cosas ha hecho Dios contigo".

1. Hay que ser realistas, no alargarle, ni acortarle.
2. Testificar sin temor.

C. Obedeciendo estrictamente la Palabra de Dios y a su voz: "y él se fue. . ."

1. No preguntó.
2. No objetó.

D. Sirviendo: La suegra de Pedro.

Lc. 4:38-39; *"Entonces Jesús se levantó y salió de la sinagoga, y entró en casa de Simón. La suegra de Simón tenía una gran fiebre; y le rogaron por ella. E inclinándose hacia ella, reprendió a la fiebre; y la fiebre la dejó, y levantándose ella al instante, les servía."*

E. Sometiéndose a Dios.

Stg. 4:7; *"Someteos, pues, a Dios; resistid al diablo, y huirá de vosotros."*

F. Resistir al diablo, (luchar).

1ª P. 5:8-9; *"Sed sobrios, y velad; porque vuestro adversario el diablo, como león rugiente, anda alrededor buscando a quien devorar; al cual resistid firmes en la fe, sabiendo que los mismos padecimientos se van cumpliendo en vuestros hermanos en todo el mundo."*

G. Sosteniendo la obra de Dios.

Lc. 8:2-3; *"y algunas mujeres que habían sido sanadas de espíritus malos y de enfermedades: María, que se llamaba Magdalena, de la que habían salido siete demonios, Juana, mujer de Chuza intendente de Herodes, y Susana, y otras muchas que le servían de sus bienes."*

Mal. 3:10-11; *"Traed todos los diezmos al alfolí y haya alimento en mi casa; y probadme ahora en esto, dice*

Jehová de los ejércitos, si no os abriré las ventanas de los cielos, y derramaré sobre vosotros bendición hasta que sobreabunde. Reprenderé también por vosotros al devorador, y no os destruirá el fruto de la tierra, ni vuestra vid en el campo será estéril, dice Jehová de los ejércitos."

H. No pecando.

Jesús declaró en Juan 14:30; *"el maligno viene contra mí, pero no halla nada en mí"*.

Nm. 23:20-23; *"He aquí, he recibido orden de bendecir; El dio bendición, y no podré revocarla. No ha notado iniquidad en Jacob, Ni ha visto perversidad en Israel. Jehová su Dios está con él, Y júbilo de rey en él. Dios los ha sacado de Egipto; Tiene fuerzas como de búfalo. Porque contra Jacob no hay agüero, Ni adivinación contra Israel. Como ahora, será dicho de Jacob y de Israel: ¡Lo que ha hecho Dios!"*

Cuando Balam quizo maldecir al pueblo de Israel, no pudo hacerlo porque no había pecado, ni iniquidad en la nación. Por lo tanto no había base legal para una maldición. No pecando es la mejor forma de mantenernos libres.

TEMA 20

◆

No se permiten demonios

"Someteos, pues, a Dios; resistid al diablo, y huirá de vosotros." Stg. 4:7

J esús es el libertador. La Biblia no nos dice ¿cómo, cuándo y dónde? Jesús solo dijo: *"Y estas señales seguirán a los que creen: En mi nombre echarán fuera demonios..."*, Marcos 16:17.

Al igual que la salvación es una experiencia y el bautismo en el Espíritu Santo con la evidencia de hablar en lenguas es una experiencia, la liberación (expeler demonios) es una experiencia. Todos los ministerios de liberación con los que hemos entrado en contacto realizan la liberación de un modo distinto. Algunos ponen las manos sobre los creyentes que necesitan liberación; otros esperan manifestaciones violentas, mientras que ciertos creyentes solo se sientan en silencio y no muestran manifestación alguna pero los demonios salen.

No vamos a decir que algunos de estos métodos sean erróneos. No obstante, la única evidencia real de que usted ha recibido liberación es que su vida cambie. Aquellos demonios que le controlaban, atormentaban y hostigaban ya no están más en usted. Si usted robaba, usted ya no robará más. Si fumaba, ya no lo hará más. Si tenía alguna adicción a cierta droga o alcohol, no la tendrá más. Si estaba deprimido, enfermo, o dominado por el miedo, ya no sentirá más depresión, miedo ni enfermedad.

I. El primer paso: Creer y conocer su autoridad.

Marcos 16:17, dice *"Y estas señales acompañarán a aquellos que CREEN: en mi nombre echarán fuera demonios..."*

A. Creer:

El primer paso para la liberación es creer que el cristiano puede tener demonios. En efecto, que usted, que es nacido de nuevo, lleno del Espíritu, que habla en lenguas, que ama y adora a Jesús puede y tiene demonios. Jesús dijo que la liberación era el "pan de sus hijos" en Mateo 15:26; *"Respondiendo él, dijo: No está bien tomar el pan de los hijos, y echarlo a los perrillos."*, y en Marcos 7:27; *"Pero Jesús le dijo: Deja primero que se sacien los hijos, porque no está bien tomar el pan de los hijos y echarlo a los perrillos."*

Usted es un ser trino - espíritu, alma y cuerpo. 1ª Ts. 5:23; *"Y el mismo Dios de paz os santifique por completo; y todo vuestro ser, espíritu, alma y cuerpo, sea guardado irreprensible para la venida de nuestro Señor Jesucristo."* Su alma está compuesta de mente, voluntad y emociones.

Primero veamos su cuerpo. ¿Usted o algún familiar tiene cáncer? Ese es un demonio. ¿Qué me dice de presión alta, problemas de corazón, etc.? Todos ellos son demonios.

Segundo, veamos su alma. ¿Tiene usted mal genio? Ese es un demonio. ¿Existe enfermedad mental alguna en su familia o en sus antepasados? Ese es un demonio. ¿Tiene dificultad de servir a Dios? Ese es un demonio. ¿Tiene problemas con malos pensamientos? Ese es un demonio.

Tercero: Su espíritu. Los demonios tienen a su espíritu (acorralado, oprimido, pero no poseído, porque ahora que usted es cristiano Jesús es su dueño).

De manera que aquí nos encontramos, hijos de Dios y nuestros cuerpos y mentes están enfermos a tal punto que no conseguimos servir a Dios de la manera que intentamos. ¡¡Bingo!! Exacto, son los demonios los causantes de todo esto. Jesús dijo en Juan 10:10 que satanás vino para matar, robar y destruir pero que Él (Jesús) vino para darnos vida, y vida en abundancia. Jesús vino para destruir las obras del Diablo (1ª Juan

3:8; *"El que practica el pecado es del diablo; porque el diablo peca desde el principio. Para esto apareció el Hijo de Dios, para deshacer las obras del diablo."*)

En el capítulo 7 de Marcos comenzando en el versículo 21 Jesús dijo: *"Porque de dentro, del corazón de los hombres salen los malos pensamientos, los adulterios, las fornicaciones, los homicidios, los hurtos, las avaricias, las maldades, el engaño, la lascivia, la envidia, la maledicencia, la soberbia, la insensatez. Todas estas maldades de dentro salen, y contaminan al hombre."* Todos estos nombres son de demonios.

Sabiendo que Jesús dijo esto, ¿No siente usted el deseo de echar fuera todo rastro maligno de su interior? La única manera de hacerlo es mediante la liberación.

B. Su autoridad:

De conformidad con el creer que tiene demonios, usted debe conocer su autoridad en el nombre de Jesús. Lucas 10:19 dice: *"He aquí os doy potestad de hollar serpientes y escorpiones, y sobre toda fuerza del enemigo, y nada os dañará."*

También dijo en 2ª Co. 10:4; *"porque las armas de nuestra milicia no son carnales (ni carne ni sangre), sino poderosas en Dios para la destrucción de fortalezas."*

En Efesios 6, Él dijo que no tenemos lucha contra sangre ni carne sino contra principados, contra potestades, contra los gobernadores de las tinieblas de este siglo, contra huestes espirituales de maldad en las regiones celestes. También se nos instruye revestirnos de toda la armadura de Dios para poder resistir en el día malo y habiendo acabado todo, estar firmes. El enemigo le va poner a prueba para saber si usted está en serio o si solo está jugando a la guerra. Por lo tanto estudie la Palabra de Dios y conozca su autoridad en el nombre de Jesús.

El miedo es el arma número uno que satanás usa. Pero Jesús dijo que no nos ha dado el espíritu de cobardía, sino de poder, de amor y de dominio propio. 2ª Ti. 1:7.

II. El segundo paso: El perdón.

Mateo 6:12; *"Y perdónanos nuestras deudas, como también nosotros perdonamos* (echarlo fuera de nosotros y expulsar el resentimiento) *a nuestros deudores."*

Mateo 6:14-15; *"Porque si perdonáis a los hombres sus ofensas, os perdonará también a vosotros vuestro Padre celestial; más si no perdonáis a los hombres sus ofensas, tampoco vuestro Padre os perdonará vuestras ofensas."*

El Segundo paso es el perdón. Jesús dijo en las escrituras arriba mencionadas que si no perdonamos a las personas que nos han herido, tampoco recibiremos perdón divino. Este es un asunto muy serio. Si quiero ser perdonado, tengo que recordar si hay personas que me han herido a mi y perdonarlas de inmediato para que nada impida que a mi se me otorgue el perdón.

Si usted no perdona a la gente que le ha herido, entonces no podrá recibir liberación alguna. Los demonios operan con derecho legal y la falta de perdón les da el poder para quedarse en nosotros. Es por ello que esa señora tan amable se muere de cáncer, o tiene artritis. La amargura y falta de perdón causan esas enfermedades.

Una oración modelo es la siguiente: Padre, en el nombre de Jesús, perdono a mi madre, padre, hermanos, hermanas, tíos, tías, abuelos (as), profesores, amigos, jefes(as), ex esposos (as) y a cualquier otra persona que me haya herido y ofendido. Amen. Si algún nombre viene a su mente pronúncielo. Por ejemplo, un padrastro, o el predicador o cualquiera de la Iglesia o Iglesias a las cuales ha asistido.

Si usted tiene dificultad para perdonarlos con certeza usted tiene demonios. Usted puede decir: *"Padre, en el nombre de Jesús, mi voluntad es perdonar a fulano(a) o zutano(a), Amen."* Usted no tiene que sentir algo agradable en su pecho para saber que es momento de perdonar a esa gente, usted solo tiene que perdonar por obediencia al Señor Jesús y empleando la decisión de su propia voluntad. El Señor Jesús se encargará del resto.

Mateo 18:32-35; *"Entonces, llamándole su señor, le dijo: Siervo malvado, toda aquella deuda te perdoné, porque me rogaste. ¿No debías tú también tener misericordia de tu consiervo, como yo tuve misericordia de ti? Entonces su señor, enojado, le entregó a los verdugos, hasta que pagase todo lo que le debía. Así también mi Padre celestial hará con vosotros si no perdonáis de todo corazón cada uno a su hermano sus ofensas."*

La falta de perdón acarrea el tormento. Las Escrituras nos enseñan que Dios permite que los demonios (verdugos) nos atormenten si no perdonamos.

TEMA 21

◆

"UN CASO BÍBLICO DE LIBERACIÓN"

El endemoniado gadareno

Marcos 5:1-20; *"Vinieron al otro lado del mar, a la región de los gadarenos. Y cuando salió él de la barca, en seguida vino a su encuentro, de los sepulcros, un hombre con un espíritu inmundo, que tenía su morada en los sepulcros, y nadie podía atarle, ni aun con cadenas. Porque muchas veces había sido atado con grillos y cadenas, más las cadenas habían sido hechas pedazos por él, y desmenuzados los grillos; y nadie le podía dominar. Y siempre, de día y de noche, andaba dando voces en los montes y en los sepulcros, e hiriéndose con piedras. Cuando vio, pues, a Jesús de lejos, corrió, y se arrodilló ante él. Y clamando a gran voz, dijo: ¿Qué tienes conmigo, Jesús, Hijo del*

Dios Altísimo? Te conjuro por Dios que no me atormentes. Porque le decía: Sal de este hombre, espíritu inmundo. Y le preguntó: ¿Cómo te llamas? Y respondió diciendo: Legión me llamo; porque somos muchos. Y le rogaba mucho que no los enviase fuera de aquella región. Estaba allí cerca del monte un gran hato de cerdos paciendo. Y le rogaron todos los demonios, diciendo: Envíanos a los cerdos para que entremos en ellos. Y luego Jesús les dio permiso. Y saliendo aquellos espíritus inmundos, entraron en los cerdos, los cuales eran como dos mil; y el hato se precipitó en el mar por un despeñadero, y en el mar se ahogaron. Y los que apacentaban los cerdos huyeron, y dieron aviso en la ciudad y en los campos. Y salieron a ver qué era aquello que había sucedido. Vienen a Jesús, y ven al que había sido atormentado del demonio, y que había tenido la legión, sentado, vestido y en su juicio cabal; y tuvieron miedo. Y les contaron los que lo habían visto, cómo le había acontecido al que había tenido el demonio, y lo de los cerdos. Y comenzaron a rogarle que se fuera de sus contornos. Al entrar él en la barca, el que había estado endemoniado le rogaba que le dejase estar con él. Mas Jesús no se lo permitió, sino que le dijo: Vete a tu casa, a los tuyos, y cuéntales cuán grandes cosas el Señor ha hecho contigo, y cómo ha tenido misericordia de ti. Y se fue, y comenzó a publicar en Decápolis cuán grandes cosas había hecho Jesús con él; y todos se maravillaban. "

1. La necesidad de la liberación. Uno tiene que ver si aquella persona lo necesita o no, esto es para no perder el tiempo.
2. El camino a la liberación.
3. El método de la liberación.

4. Los resultados de la liberación.
5. El propósito de la liberación.
6. La oposición de la liberación.

Punto 1. La necesidad de la liberación. Al igual que en la medicina, la necesidad de la liberación se descubre a través del diagnóstico.

Se tiene que hacer una Historia clínica: De donde procede; si han consultado a hechiceros, etc. → El trato con su familia (padres, hermanos etc.).

Se tiene que hacer una evaluación: En qué área necesita ayuda.

El gadareno tiene un espíritu inmundo que lo atormenta (versículo 2 y 15), lo hace un ermitaño que vive en el cementerio (versículo 3), es solitario (no es sociable); no puede expresar sus sentimientos; esta aprisionado dentro de su propio cuerpo. Tiene fuerza sobrenatural, es indomable (versículos 3 y 4), no se sujeta, es rebelde, quizás ese es su principal problema (no se puede sujetar). La rebelión (necedad) es por naturaleza. Proverbios 22:15; *"La necedad está ligada en el corazón del muchacho; Mas la vara de la corrección la alejará de él. "*

Padece insomnio, (versículo 5); *Porque de día y de noche iba dando voces en los montes.* Tiene híper-actividad demoniaca, es un nómada. Da voces (gritos), (tiene desesperación, congoja, ansiedad, aflicción de espíritu). Se hiere (se desfigura con piedras), la inmolación es un espíritu de destrucción masoquista, lo hace seguido (se goza sufriendo), la auto-destrucción lo está llevando al suicidio, ha perdido el amor propio y no tiene deseos de vivir. Anda desnudo y se exhibe, ha perdido la decencia, el pudor, el recato, la modestia, y la vergüenza. Lucas 8:27; *"Al llegar él a tierra, vino a su encuentro un hombre de la ciudad, endemoniado desde hacía mucho tiempo; y no vestía ropa, ni moraba en casa, sino en los sepulcros.* Todo extremo es peligroso.

Lucas 8:29; *"Porque mandaba al espíritu inmundo que saliese del hombre, pues hacía mucho tiempo que se había apoderado de él; y le ataban con cadenas y grillos, pero rompiendo las cadenas, era impelido por el demonio a los desiertos."* → Esta impelido (agitado, acelerado, sin control). Tiene una conducta compulsiva, sin fuerza de voluntad (impulso irresistible), es dominado por un espíritu demoníaco. Tiene (hábitos, vicios), que lo dominan y no los puede evitar.

Mateo 8:28; *"Cuando llegó a la otra orilla, a la tierra de los gadarenos, vinieron a su encuentro dos endemoniados que salían de los sepulcros, feroces en gran manera, tanto que nadie podía pasar por aquel camino."* Es agresivo y violento, las personas le temen y le huyen. Tiene un carácter repulsivo y repugnante.

El ministerio de liberación es muy difícil.

Punto 2. El camino a la liberación. Pasos a seguir para ser liberados.

A. Vio de lejos a Jesús. Versículo 6, *"Cuando vio, pues, a Jesús de lejos, corrió, y se arrodilló ante él."* Tuvo un momento de lucidez (y se dio cuenta de quién era Jesús y que él podía ayudarle).

La vista le ayudo a ver a Jesús, revelación de ¿Quién era Jesús?, y a verse a sí mismo, revelación de sí mismo. Dios es el que abre los ojos. El Espíritu Santo hace un diagnóstico a una Iglesia en Ap. 3:17; *"Porque tú dices: Yo soy rico, y me he enriquecido, y de ninguna cosa tengo necesidad; y no sabes que tú eres un desventurado, miserable, pobre, ciego y desnudo."*

B. Corrió. Versículo 6; *"Cuando vio, pues, a Jesús de lejos, corrió, y se arrodilló ante él.".* No se hizo del rogar, tuvo iniciativa propia (se apresuró) → Reconoció que tenía una oportunidad de cambiar y no la quiso perder. En todos los casos de liberación → Jesús nunca se ofreció; sino que los endemoniados o alguna persona muy allegada a ellos buscaron a Jesús.

C. Salió al encuentro. Versículo 2; *"Y cuando salió él de la barca, en seguida vino a su encuentro, de los sepulcros, un hombre con un espíritu inmundo,"*

Tuvo un encuentro personal con Cristo. Estos 3 pasos los hizo siendo incrédulo (inconverso).

D. Adoró. Versículo 6; *"Cuando vio, pues, a Jesús de lejos, corrió, y se arrodilló ante él."*. Se arrodilló (redención y entrega), le rindió culto. En este momento el aceptó a Cristo; reconoció el Señorío de Cristo. El Señor pide entrega TOTAL.

E. Clamó. Versículo 7; *"Y clamando a gran voz, dijo: ¿Qué tienes conmigo, Jesús, Hijo del Dios Altísimo? Te conjuro por Dios que no me atormentes."* → Clamar significa pedir con insistencia o vehemencia, y estar dispuesto a someterse a la oración y al ayuno.

*NUNCA se debe orar por un endemoniado con los ojos cerrados. Ni se debe poner de rodillas; ni debe estar la persona de pie; (sino hay que sentarla y orar por ella con los ojos bien abiertos). Un espíritu (demonio) → puede fraccionarse y salir en pedazos o convertirse en animales, etc.

Punto 3. El método de la liberación:

A. Se arrodilló delante de él; Lo primero que reconoció el Gadareno, fue la deidad de Jesucristo, ya que el único que merece adoración es Dios. La escritura asienta que la adoración es exclusiva de Dios → Mateo 4:10; *"Entonces Jesús le dijo: Vete, Satanás, porque escrito está: Al Señor tu Dios adorarás, y a él sólo servirás."* Compare:

Hechos 10:25-26; *"Cuando Pedro entró, salió Cornelio a recibirle, y postrándose a sus pies, adoró. Más Pedro le levantó, diciendo: Levántate, pues yo mismo también soy hombre."* → Pedro no la aceptó.

Apocalipsis 22:8-9; *"Yo Juan soy el que oyó y vio estas cosas. Y después que las hube oído y visto, me postré para adorar a los pies del ángel que me mostraba estas cosas. Pero él me dijo: Mira, no lo hagas; porque yo soy consiervo tuyo, de tus hermanos los profetas, y de los que guardan las palabras de este libro. Adora a Dios."* → El ángel no la aceptó.

Hechos 12:20-23; *"Y Herodes estaba enojado contra los de Tiro y de Sidón; pero ellos vinieron de acuerdo ante él, y sobornado Blasto, que era camarero mayor del rey, pedían paz, porque su territorio era abastecido por el del rey. Y un día señalado, Herodes, vestido de ropas reales, se sentó en el tribunal y les arengó. Y el pueblo aclamaba gritando: ¡Voz de Dios, y no de hombre! Al momento un ángel del Señor le hirió, por cuanto no dio la gloria a Dios; y expiró comido de gusanos."* → Herodes la aceptó.

Hechos 14:11-15; *"y diciendo: Varones, ¿por qué hacéis esto? Nosotros también somos hombres semejantes a vosotros, que os anunciamos que de estas vanidades os convirtáis al Dios vivo, que hizo el cielo y la tierra, el mar, y todo lo que en ellos hay."* → Pablo y Bernabé no la aceptaron.

Mateo 14:33; *"Entonces los que estaban en la barca vinieron y le adoraron, diciendo: Verdaderamente eres Hijo de Dios."* → Jesucristo la aceptó.

Lucas 24:52; *"Ellos, después de haberle adorado, volvieron a Jerusalén con gran gozo;"* → Los discípulos le adoraron.

Mateo 28:9, 17; *"he aquí, Jesús les salió al encuentro, diciendo: ¡Salve! Y ellas, acercándose, abrazaron sus pies, y le adoraron... Y cuando le vieron, le adoraron; pero algunos dudaban."* → Las Marías le adoraron.

B. Clamó a gran voz, y reconoció la autoridad del Señor Jesucristo.

C. Los demonios tuvieron que confesar lo que Jesús les preguntó.

D. Le ordenó que saliera y los demonios no pudieron resistir su autoridad. Y tuvieron que obedecer a la voz de Jesús.

Punto 4. Los resultados de la liberación:

Cuando se efectúa la liberación de una persona, hay resultados espirituales y físicos. Por ejemplo si se libera a un padre de familia, los beneficios también influyen en la esposa y los hijos. En este caso en particular hubieron diferentes resultados:

A. Dos mil cerdos se precipitaron en el mar.
B. Los que cuidaban a los cerdos se asustaron.
C. Transformación total: El hombre estaba sentado, vestido y en su juicio cabal. No hay quien tenga un encuentro con Jesús y una liberación total que no sea transformado.

Punto 5. El propósito de la liberación:

A. El primer propósito es liberar al cautivo y que recupere su valor y dignidad como ser humano.
B. Dar testimonio a la familia: "... *Vete a tu casa, a los tuyos, y cuéntales cuán grandes cosas el Señor ha hecho contigo, y cómo ha tenido misericordia de ti.*" Marcos 5:19.
C. Predicar en todos los lugares donde estés: "*Y se fue, y comenzó a publicar en Decápolis cuán grandes cosas había hecho Jesús con él; y todos se maravillaban.*" Marcos 5:20

Punto 6: La oposición de la liberación:

A. Destrucción de los negocios ilícitos; los judíos tenían prohibido comer la carne de cerdo, pero los habitantes de gadara se dedicaban a la crianza de cerdos, en contra de la ley de Dios. Esa fue la razón por la que Jesús les permitió a los demonios entrar en ellos. "*Y le preguntó: ¿Cómo te llamas? Y respondió diciendo: Legión me llamo; porque somos muchos. Y le rogaba mucho que no los enviase fuera de aquella región. Estaba allí cerca del monte un gran hato de cerdos paciendo. Y le rogaron todos los demonios, diciendo: Envíanos a los cerdos para que entremos en ellos. Y luego Jesús les dio permiso. Y saliendo aquellos espíritus inmundos, entraron en los cerdos, los cuales eran como dos mil; y el hato se precipitó en el mar por un despeñadero, y en el mar se ahogaron.".* Marcos 5:9-13

Como también en el caso de Efeso, donde se quemaron los libros de brujería, Hch.19:19; *"Asimismo muchos de los que habían practicado la magia trajeron los libros y los quemaron delante de todos; y hecha la cuenta de su precio, hallaron que era cincuenta mil piezas de plata."*

B. Temor: En este caso tuvieron miedo del poder de Cristo, y pensaron que iba a destruir todo lo que ellos tenían.

C. Le pidieron que se fuera de toda su región. No querían que Jesús estuviera entre ellos. Siempre que hay liberación va a haber oposición de los demonios, de los hacedores de maldad y de los que manejan negocios ilícitos. Como en el caso de Filipos, en Hch. 16:19; *"Pero viendo sus amos que había salido la esperanza de su ganancia, prendieron a Pablo y a Silas, y los trajeron al foro, ante las autoridades;"*

TEMA 22

♦

LA LLAVE A UNA LIBERACIÓN DURADERA

"Como el gorrión en su vagar, y como la golondrina en su vuelo, Así la maldición nunca vendrá sin causa."
Pr. 26:2

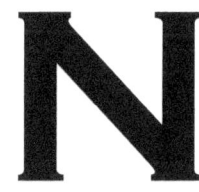unca la maldición vendrá sin causa. Donde hay una maldición naturalmente hay una causa. Las maldiciones son cosas reales. Mientras no las identifiquemos jamás podremos eliminarlas. Es muy importante saber cuándo y cómo entro el enemigo, ¿Cuál fue la puerta que utilizo? para que por ahí mismo lo saquemos, y después de eso cerrar la puerta, para que no vuelva a entrar. No basta con demostrar que Cristo ahora es el dueño de esa propiedad, también necesitamos el poder del Espíritu Santo para poder sacar al enemigo de nuestras vidas, y derribar las fortalezas. Stg. 4:7; *"Someteos, pues, a Dios; resistid al diablo, y huirá de vosotros."*

Lc.22:30-31; *"para que comáis y bebáis a mi mesa en mi reino, y os sentéis en tronos juzgando a las doce tribus de Israel. Dijo también el Señor: Simón, Simón, he aquí Satanás os ha pedido para zarandearos como a trigo;"*

Mr.14:29; *"Entonces Pedro le dijo: Aunque todos se escandalicen, yo no. "*, Satanás vio el orgullo que había en Pedro, y aprovechó esa oportunidad para intentar destruirlo.

Ec. 4:13; *"Mejor es el muchacho pobre y sabio, que el rey viejo y necio que no admite consejos;"*

2^a Co. 2:11; *"para que Satanás no gane ventaja alguna sobre nosotros; pues no ignoramos sus maquinaciones."* Es muy importante que conozcamos las artimañas del enemigo, no es difícil echar fuera a los demonios, lo difícil es mantenerlos afuera.

Siete áreas claves para guardarnos libres de los demonios que nos afectaron.

1. Perdonar rápidamente.

En Mt.6:14-15; *"Porque si perdonáis a los hombres sus ofensas, os perdonará también a vosotros vuestro Padre celestial; más si no perdonáis a los hombres sus ofensas, tampoco vuestro Padre os perdonará vuestras ofensas. "*, vemos que el perdón es en dos vías, debo pedir perdón rápidamente y debo aprender a perdonar rápidamente. Debe ser sinceramente, y de todo corazón.

2. Disciplinándose en su tiempo diario con Dios.

Ef.6:18; *"orando en todo tiempo con toda oración y súplica en el Espíritu, y velando en ello con toda perseverancia y súplica por todos los santos;"*. No debe haber día sin que pasemos tiempo con Dios, normalmente con toda persona que amamos deseamos pasar tiempo a solas. Marcos 1:35; *"Levantándose muy de mañana, siendo aún muy oscuro, salió y se fue a un lugar desierto, y allí oraba."*, Jesús pasaba tiempo a solas con su Padre, cuanto más nosotros debemos hacerlo. Mt.26:41; *"Velad y orad, para que no entréis en tentación; el espíritu a la verdad está dispuesto, pero la carne es débil.* ", Salmos 16:11; *"Me mostrarás la senda de la vida; En tu presencia hay plenitud de gozo; Delicias a tu diestra para siempre."*, es vital buscar con diligencia al Señor todos los días, si es que queremos tener y mantener el poder de Dios en nuestras vidas.

3. Enamorarse de la Palabra de Dios.

Solo conociendo la Palabra podemos derribar las mentiras que el enemigo intenta introducir en nuestra mente y corazón. El enemigo siendo mentiroso y padre de mentira por naturaleza, nos dice mentiras acerca de Dios, de nosotros mismos, de los demás, y aún de él mismo. Hch.17:10-11; *"Inmediatamente, los hermanos enviaron de noche a Pablo y a Silas hasta Berea. Y ellos, habiendo llegado, entraron en la sinagoga de los judíos. Y éstos eran más nobles que los que estaban en Tesalónica, pues recibieron la palabra con toda solicitud, escudriñando cada día las Escrituras para ver si estas cosas eran así."*

Jn. 5:39; *"Escudriñad las Escrituras; porque a vosotros os parece que en ellas tenéis la vida eterna; y ellas son las que dan testimonio de mí;"*

Es necesario memorizar la Palabra de Dios, y estudiarla todos los días, y hacer una lectura anual de toda la escritura.

4. Evitar basura mental.

Ro.12:1-2; *"Así que, hermanos, os ruego por las misericordias de Dios, que presentéis vuestros cuerpos en sacrificio vivo, santo, agradable a Dios, que es vuestro culto racional. No os conforméis a este siglo, sino transformaos por medio de la renovación de vuestro entendimiento, para que comprobéis cuál sea la buena voluntad de Dios, agradable y perfecta."*

Tenemos que cuidar lo que miramos, lo que oímos y aún lo que tocamos, no importa si son cosas que son conocidas como "entretenimiento" debemos tener cuidado. El Internet también tiene su lado oscuro, y es utilizado para pervertir la mente del mundo, pero también tiene su lado positivo, por eso debo usar la sabiduría para no dejarme influenciar, ni pervertir por ello.

1ª Co. 10:21; *"No podéis beber la copa del Señor, y la copa de los demonios; no podéis participar de la mesa del Señor, y de la mesa de los demonios."* El tiempo que pasamos viendo televisión, es el mismo tiempo que debemos de pasar en la presencia del Señor.

5. Construir un patrón de ayuno consistente.

Mt.9:15; *"Jesús les dijo: ¿Acaso pueden los que están de bodas tener luto entre tanto que el esposo está con ellos? Pero vendrán días cuando el esposo les será quitado, y entonces ayunarán."*

Eso nos ayudará a mantener la carne sometida a la vida del espíritu. El ayuno no es opcional para el cristiano. Nuestra carne debe mantenerse crucificada todo el tiempo, para no ser derrotados por el enemigo. Queremos vivir como nos da la gana, comer lo que queramos, levantarnos a la hora que queramos, pero aparte de eso queremos todas las bendiciones de Dios sobre nuestra vida. Jesucristo siempre vivió una vida de disciplina, en la que agradaba a su Padre en todo y por todo, ayunaba, oraba, se levantaba muy de mañana para ejercitar su relación con Dios. Tenemos que aprender a romper con todos los hábitos del pasado, y para eso necesitamos aprender disciplina.

6. Ser transparentes y estar atentos para recibir la corrección en las relaciones con otras personas.

Stg.5:16; *"Confesaos vuestras ofensas unos a otros, y orad unos por otros, para que seáis sanados. La oración eficaz del justo puede mucho."*

Tenemos que aprender a rendir cuentas de nuestra vida a nuestras autoridades, tenemos que aprender a ser totalmente transparentes. No olvidemos que nuestra autoridad en el mundo espiritual, es en base al sometimiento que tengamos a nuestras autoridades espirituales superiores. Este es uno de los principios más importante de todos, los llaneros solitarios, nunca alcanzan completa libertad; ya que Dios nos llamó a formar parte de un cuerpo. La liberación es más efectiva cuando formamos parte de una comunidad, ya que la comunidad es parte de la protección que Dios ha puesto a nuestro alrededor. Para poder ser alguien que ministre liberación, necesito tener una autoridad sobre mi vida.

7. Debemos aprovechar cada oportunidad que tengamos para ministrar liberación.

Mt.10:7-8; *"Y yendo, predicad, diciendo: El reino de los cielos se ha acercado. Sanad enfermos, limpiad leprosos, resucitad muertos, echad fuera demonios; de gracia recibisteis, dad de gracia."*

Lo que hemos recibido de gracia, debemos darlo de gracia, debemos tener un espíritu de compasión para poder ministrar liberación a otros. Esto también nos ayuda a mantener nuestra liberación, porque entre más regalo, más el Señor me devuelve a mí. Nunca le puedo dar a Dios, más de lo que él me da a mí.

Si aplicamos estos principios, definitivamente nos vamos a mantener libres de la influencia demoníaca en nuestra vida. Y mantendremos una vida plena y en constante libertad.

Unas palabras finales a manera de conclusión

No pretendemos haber cubierto todos los temas concernientes al *"pan de los hijos"*, LA LIBERACIÓN, pero queremos motivarte a que cada día mantengas tu vida libre. Libre de toda influencia demoníaca, contaminación espiritual o pecado. Ya que el pecado en cualquiera de sus formas abre la puerta a la operación de demonios en nuestra vida, en nuestra familia y en los bienes materiales y espirituales que Dios nos ha confiado. Como dice el escritor de Hebreos en el Capitulo 12, versículo 1, *"Por tanto, nosotros también, teniendo en derredor nuestro tan grande nube de testigos, despojémonos de todo peso y del pecado que nos asedia, y corramos con paciencia la carrera que tenemos por delante,"*

Esperamos que al llegar al final de este recorrido a través de cada una de las páginas leídas puedas ser mejor, caminar diferente y VIVIR LIBRE. Porque para esto vino el hijo de Dios para deshacer las obras del diablo.

El diablo y los demonios son enemigos vencidos, no debes tenerles miedo, pero recuerda que es un enemigo que va a aprovechar cualquier debilidad, herencia generacional, como derecho legal. Ec. 10:8; *"El que hiciere hoyo caerá en él; y al que aportillare vallado, le morderá la serpiente."*

Pablo dijo: ...."*no deis lugar al diablo*" y que *"no ignoramos sus maquinaciones"*; Ef. 4:27; 2ª Co. 2:12; esto es una advertencia a tener cuidado de nosotros mismos, y que velemos siempre porque los días son malos.

Pero en Cristo tenemos la victoria, él nos ha dejado las armas de nuestra milicia para declarar la victoria que Cristo obtuvo en la cruz del calvario, usa las armas, vive una vida en el Espíritu, vive la Palabra de Dios, ponla por obra, adora, este es el momento de caminar en plena libertad, solo que no uses la libertad para lo carnal.

Disfruta al máximo cada uno de los beneficios que Jesús nos da y que están incluidos en la Salvación. No vivas en mediocridad, ni en esclavitud, porque a libertad hemos sido llamados. Ya Jesús lo declaró: *"conoceréis la verdad y la verdad os hará libres"* Jn. 8:32.

Así es que a partir de ahora caminemos en victoria sobre el pecado, sobre nuestra naturaleza pecaminosa, y sobre los demonios. Es tiempo de ir de gloria en gloria hasta que el día sea perfecto.

"SE LIBRE EN TODAS LAS ÁREAS DE TU VIDA."

OTROS LIBROS DEL DR. MIGUEL RAMÍREZ

Alcanzando Tus Sueños

Todo mundo tiene sueños, pero son pocos los que los alcanzan. Este libro presenta todos los aspectos que intervienen para poder alcanzar nuestros sueños, y expone de manera detallada, paso por paso cómo puedes lograrlo.

Que su Iglesia Crezca

Un excelente libro que aborda los principios del crecimiento de la Iglesia basado en el libro de los Hechos. Es un análisis profundo pero práctico que todo pastor y líder debe leer. Presenta cómo puede hacer crecer su Iglesia.

Restauración Total
Saliendo del pantano del adulterio

El adulterio es un problema social de grandes proporciones, también lo es en la esfera social cristiana. Este libro pretende aportar soluciones prácticas para cortar de raíz el problema del adulterio en una persona.

OTROS LIBROS DEL DR. MIGUEL RAMÍREZ

Cuando el esposo Falla

Cuando el hombre falla genera todo un panorama oscuro en su familia, pero hay esperanza para todas aquellas familias que quieren salir adelante.

Finanzas Familiares Según la voluntad de Dios

Este libro trata de manera sencilla y muy práctica la perspectiva bíblica de la administración de nuestros recursos económicos.

ABC de las Finanzas Familiares

Este libro es la reedición del Libro *Finanzas Familiares Según la Voluntad de Dios*. Trata de manera sencilla y muy práctica la perspectiva bíblica de la administración de nuestros recursos económicos.

OTROS LIBROS DEL DR. MIGUEL RAMÍREZ

ABC de la Administración
Estrategias y principios bíblicos para administrar eficazmente

En este libro, él autor trata de una forma simple pero efectiva los cuatro pasos del proceso administrativo y los fundamentos bíblicos de la administración

CONTACTO

Dr. Miguel Ramírez

mies2@hotmail.com
Cel. 333 722 25 70

www.ingramcontent.com/pod-product-compliance
Lightning Source LLC
Chambersburg PA
CBHW020055020526
44112CB00031B/152